U0941262

全国高等学校应用型法学人才培养系列规划精品教材

编委会

LAW

- 广东省高等学校教学质量与教学改革工程本科类项目“法学专业综合改革试点”（粤教高函〔2012〕204号）建设成果
- 广东省本科高校教学质量与教学改革工程建设项目“法学专业系列特色教材”（粤教高函〔2014〕97号）建设成果
- 广东教育教学成果奖（高等教育）培育项目“应用型法学人才培养系列精品教材”（粤教高函〔2015〕72号）成果

全国高等学校应用型法学人才培养系列规划精品教材

总主编／谈　萧

刑事法律实务

Criminal Law Practice

主　编◎谢雄伟　方　元

副主编◎廖劲敏

参　编◎朱文彬　夏　苗　李　军

邹世发

华中科技大学出版社

http://www.hustp.com

中国·武汉

内容提要

本书以我国刑事司法程序为主线，主要以刑事案件的侦查、审查起诉、审判、执行四个阶段为基础，兼介绍刑事司法制度中的特别程序。本书的特点之一就是在介绍刑事司法基础理论知识的基础上强调刑事司法实践技能的传授。本书在每一个章节均设置了技能训练以及实践活动环节，以期为高校开展刑事法律实务实训教学提供导向。

本教材是为高等院校培养应用型法律人才而编写的，当然，本书对于从事刑事司法实务的律师、法官、检察官等法律工作者，也是有益的参考读物。

图书在版编目(CIP)数据

刑事法律实务/谢雄伟，方元主编. —武汉：华中科技大学出版社，2015.5（2019.7 重印）
全国高等学校应用型法学人才培养系列精品规划教材
ISBN 978-7-5680-0890-7

Ⅰ.①刑… Ⅱ.①谢… ②方… Ⅲ.①刑法-中国-高等学校-教材 Ⅳ.①D924

中国版本图书馆 CIP 数据核字(2015)第 105850 号

刑事法律实务 谢雄伟 方 元 主编

策划编辑：周小方
责任编辑：刘 烨
封面设计：刘 卉
责任校对：刘 竣
责任监印：周治超
出版发行：华中科技大学出版社(中国·武汉)
武昌喻家山 邮编：430074 电话：(027)81321913
录 排：华中科技大学惠友文印中心
印 刷：武汉科源印刷设计有限公司
开 本：787mm×1092mm 1/16
印 张：16.5 插页：2
字 数：405 千字
版 次：2019 年 7 月第 1 版第 2 次印刷
定 价：49.00 元

总序

Introduction

近年来，随着法治事业的不断推进，我国各个层次的法学教育蓬勃发展。法学教材建设是法学教育的一个重要环节，当前我国法律实践日益丰富多彩，法学教育的内容更新、方法变化，以及交叉学科的涌现，都对法学教材的建设提出了新要求。

我国法制建设历经 30 余年，各个法律领域的大规模立法活动已基本完成，法制建设已开始向司法角度转型。在此背景下，法学教育也应实现面向司法实践的转型。自 2002 年开始实施国家统一司法考试，我国已建立起严格的司法职业准入制度。面向法律职业培养应用型法学专业人才，是我国绝大部分高校法学院系的核心任务；进入司法实践领域工作，也是绝大部分法学专业毕业生的首要选择。

针对法制建设和法学教育的转型，法学教材必须在理论与实践相结合方面做出更大的努力，以适应司法职业准入和司法实践的需要。为此，我利用我本人所承担的省级法学专业综合改革项目和省级系列法学精品教材建设项目的支持，组织了全国近 50 所高校 100 余名法学教师以及部分律师、法官、检察官，编写了这套"全国高等学校应用型法学人才培养系列规划精品教材"。全套教材约 40 部，包括法学专业主干课程和部分模块课程，统一编写体例，分批推进出版。

本套教材定位于法律职业教育，以法律思维训练和法律事务处理能力培养为导向，通过案例引导、法庭模拟、司考真题、技能训练、纠纷解决等模块和环节设计，配合系统法理和法律知识讲授，致力于打造最有影响力的法律职业教育教材品牌。总结来看，本套教材具有如下六个特点：

1. 注重应用性和时代性

本套教材从编写体例上要求有较强的解决实务问题的针对性，以法律技能培养为主旨。在编写过程中，各教材力争对当今社会生活中的主要法律现象有所反映，并引导学生用成熟、具有通说性的法学理论加以理解和解释，使教材更贴近现实法律生活，体现时代性，也便于学生理解与掌握。

2. 教学形式的多样化

当前，法学教学方式方法已呈现多样化的趋势，有案例教学法、模拟现场教学法、情景教学法、讲座式教学法等。本套教材在编写过程中充分融入这些教学方法，摈弃了传统教材较死板的叙述讲授式的教学方法。为了配合教师教学和学生自主学习的需要，本套教材还制作了电子课件（PPT）供教学者利用。

3. 教材体例的新颖性

本套教材内容以基本法律概念、法律程序和法律方法等体现实操性的知识、技能为主。教材中穿插体例新颖的多个栏目，如知识目标、能力目标、案例引导、典型判例、情景模拟、背景材料、文化长廊、技能训练、实践活动、练习思考等内容。

4. 教学内容的科学性

本套教材在知识内容编写方面特别注意科学性，概念表述严谨，选取无争议的法律概念和定义阐述相关知识点。每章节教学内容以目标任务为导向，目标任务以项目组或角色扮演的方式加以设计，引导学生完成。

5. 学理上的适当拓展

本套教材的教学内容除了严谨性要求外，在学理上也希冀能有所拓展。按法学理论和法律制度的逻辑顺序展开教材知识内容，同时也利用到其他学科知识、理论与方法作为分析工具，如社会学的田野调查方法，经济学的成本收益分析方法，心理学的需求、动机与行为分析方法等，但它们从属于教材整体法律科学逻辑的需要，避免大量分析性、研究性内容。

6. 适应法律职业资格考试和法律实务技能培养的需要

全套教材充分考虑国家统一司法考试及其他重要法律职业资格考试（如企业法律顾问资格考试）的要求，强调法律实务处理过程，强化技能培养与训练，侧重实操知识介绍，并强调技能与方法介绍的系统性、完整性与模块化。

高校教材及学术著作由于其专业性和学术性，一般很难通过销售来实现收支平衡。除了少量的政府资助项目，高校教材及学术著作在现行体制下缺乏充分的出版服务平台支持。而高校教材及学术著作的作者、读者和使用群体又具备较高的个人素质和良好的发展潜力，为此，我本人一直希望搭建一个高校教材及学术著作写作与民间出版资助的合作平台。希望在此平台上，将民间力量与高校及科研机构的智力资源有效地嫁接在一起，建立一个高校教材及学术著作的自助出版维持机制，改变目前学者及科研人员尤其是人文社会科学学者出版著作完全依赖政府资助的局面，同时利用优秀人文社会科学成果在“全民阅读计划”中的传媒价值，充分回馈民间支持者。

在上述愿景之下，利用我本人主持的有关教学改革项目经费的前期支持，近两年我花费了很多精力来搭建上述平台。本套教材的出版就是上述平台搭建的一个初步成果。

在我的出版平台思想的鼓舞下，全国近50所高校100余名法学教授、博士、讲师以及部分律师、法官、检察官，以自己宝贵的智力资源和对法学教育事业的热爱，加入了本套教材的编写团队；华中科技大学出版社和武汉大学出版社，不计一时的市场得失，为本套教材的出版提供了优质的出版服务；指南针、众合、万国等司法考试培训机构及部分教育服务机构，热心教育事业，为本套教材的出版提供了支援。

组织编写和搭建平台工作，其中辛苦与顿挫，自不待言。然而，正是有了前面同仁及机构的鼎力支持，让我感到这个事业是值得坚持下去的。在这里，我要深深感谢他们的付出，并向他们的热忱表达敬意！

2014年12月15日于广州工作室

前言

Preface

刑事法实务作为法律实务工作中的总要组成部分，需要综合刑事实体法、刑事程序法的知识进行处理。但是传统的教材一般是将刑事实体法、刑事程序法分别按照单个法律部门进行介绍，这并不能满足培养刑事法律实务人才的需要。《刑事法律实务》并不局限于传统的部门法体系，而是根据刑事司法运行过程的主要法律问题来安排教学内容，并结合典型的案例引导和案例分析来阐述相关知识点，通过技能训练和实践活动来提高学生处理刑事法律实务技能。

阅读本书不难发现，该书实现了刑事实体法与刑事程序法的结合，在介绍刑事法律法规基本规定的基础之上，对于如何运用上述规定解决刑事司法过程中的具体问题做详细的教学内容安排，并结合刑事司法活动中典型的案例引导和案例分析来阐述相关知识点，通过技能训练和实践活动来提高学生处理刑事法律实务问题的能力。

本书的创新之处主要有以下几点：其一，重视刑事实体法与刑事程序法的融合。刑事法律实务活动需要综合运用两者缺一不可，因此，本书在编写过程中对于刑事法律实务活动所涉及的主要实体法与程序法律法规均做了详细介绍。其二，以刑事司法活动进程作为编写逻辑顺序。本书打破常规教科书编写体系，以刑事司法活动为纲，对于侦查、审查起诉、审判阶段、刑事案件执行阶段的主要技能知识做了介绍，希望以此启发读者从事刑事法律实务工作的思路。其三，理论联系实际，突出操作技巧。本书的编写者均为具有丰富刑事法律实务经验的高校法学教师及检察院、法院的资深检察官、法官，他们将刑事司法理念、专业思维和执业技能加以总结，内容突出实用性，所以本书完全有别于传统的教材和学术专著，革新了刑事法律实务教育的体例和风格。其四，本书注重刑事法律实务实训教学平台的搭建。本书在主要章节后设置了技能训练和实践活动环节，且其取材均来源于真实的司法案例或者是由司法案例进行适当改编而来。上述环节，为读者提供了充分的动手操作的机会，这将有助于培养读者开展刑事法律实务工作的能力。当然，由于时间的限制，缺点不可避免，本书中所介绍的经验及工作方法，是编者在实践活动中的总结，

对于读者而言只能作为参考，切忌生搬硬套。

本教材由主编拟定写作提纲和写作思路，各撰稿人分章写作，然后由主编修改定稿，嘉应学院廖劲敏副教授负责通读和统稿工作。各章节的写作分工如下：

谢雄伟（广东财经大学）：绪论、第一章。

方元（广州大学松田学院）：第四章，第六章，第七章一、二节。

夏苗（广州商学院）：第二章。

朱文彬（增城市人民检察院）：第三章。

李军（佛山市中级人民法院）：第五章。

邹世发（海珠区人民法院）：第七章第三节。

最后，本书在编写过程中得到佛山市中级人民法院、广州市海珠区法院、增城市人民检察院、增城市司法局的支持，在此表示最衷心的感谢。

编　者

2015 年 8 月

目录

Contents

绪论 刑事法律实务概述

【学习目标】

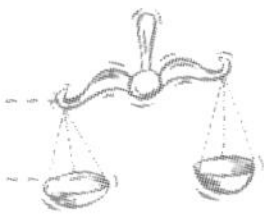

■ **知识目标：**

了解刑事法律实务的概念及其意义；

了解刑事法律实务的主要内容；

理解刑事法律实务常用的教学方法。

■ **能力目标：**

能够正确区分各个刑事诉讼活动主体开展的实务范围；

能够掌握刑事法律实务的教学方法并会熟练运用。

第一节 刑事法律实务的概念及其主要内容

一、概念

法律实务就是将所学的法律知识运用到实际的法律问题的解决过程，简而言之就是学以致用。因此，刑事法律实务是指参与刑事诉讼法律工作的主体运用刑法、刑事诉讼法等专门法律知识依法处理刑事诉讼案件的专业技能。刑事法律实务工作在我国法治事业中具有重要地位，不仅有利于国家的社会稳定，也有利于公正司法、保障公民权利。因此，在法学教育工作中，刑事法律实务技能的培养也具有以下重要意义：

1. 改变我国传统法学教育的不足

法律是专业化程度高、实践性强的，这就需要系统的专门职业教育培训和长期的实务技能培养。从1977年我国恢复高等法学教育以来，经过了30多年的高速发展，我国的法学教育已经成为兴盛的显学。[①] 但是，我国的法学教育仍然存在许多不尽如人意的地方，尤其是法学教育方法，存在着重理论轻实践、理论和实践相脱节等弊端，无法真正发挥教师的积极性和创造性；同时，法学院的毕业生存在实际操作能力差、适应社会慢等结构性缺陷。[②] 由此可见，加强法学院学生刑事法律实务技能的培养，有利于改变我国传统法学教育的不足与缺陷，从而培养出真正适合法律市场且法律实务部门需要的专门法律人才。

2. 有利于新形势下法学教育的培养目标实现

针对我国传统法学教育重理论轻实践的不足，近年来，中国高等法学教育快速发展，体系不断完善，培养了一大批优秀法律人才，为中国经济社会发展特别是社会主义民主法治建设作出了不可替代的重要贡献。但中国高等法学教育还不能完全适应社会主义法治国家建设的需要，社会主义法治理念教育还不够深入，培养模式相对单一，培养体系还不够完善，学生实践能力总体不强，应用型、复合型法律职业人才培养不足。提高法律人才培养质量成为中国高等法学教育改革发展最核心最紧迫的任务。为了全面落实依法治国基本方略，贯彻落实前总书记胡锦涛清华大学百年校庆重要讲话精神和教育规划纲要，深化高等法学教育教学改革，提高法律人才培养质量，教育部、中央政法委决定联合实施“卓越法律人才教育培养计划”。

“卓越法律人才教育培养计划”围绕提升人才培养质量的核心任务，针对法学高等教育面临的问题与挑战，将目标定位在：以提升法律人才的培养质量为核心，以提高法律人才的实践能力为重点，加大应用型、复合型法律人才的培养力度，培养、造就一批适应社会主义法治国家建设需要的卓越法律职业人才。为实现上述培养目标，卓越法律人才培养计划的主要任务包括：创新高校与实务部门联合培养机制；实施法律人才分类培养模式创新；加强师资队伍建设；优化课程体系、强化实践教学环节、推进教学方法改革等。由此可见，刑事法律实务技能的培养正是顺应了提高法律人才的实践能力为重点，加大应用型、复合型法律人才培养目标的要求，有利于实现新形势下卓越法律人才的培养目标。

二、刑事法律实务的主要内容

根据刑事法律实务工作参与主体的不同，刑事法律实务主要包括以下内容：

1. 侦查机关的刑事法律实务

根据我国《刑事诉讼法》的相关规定，我国侦查机关主要是指公安机关和检察院。侦查是指刑事诉讼中的检察院、公安等机关为了查明犯罪事实、抓获犯罪嫌疑人，依法进行的专门调查工作和采用有关强制性措施的活动。一般从立案起，到案件作出是否移送起诉的决定时止。所谓“专门调查工作”，是指为完成侦查任务依法进行的讯问、询问、勘验、检查、搜查、扣押物证或书证、鉴定、通缉等。所谓“有关强制性措施”包括两类：一是许多专门调查工作如讯问、搜查、扣押、通缉等本身所含有的强制性；二是专门针对犯罪嫌疑人适用的拘传、取保候审、监视居住、拘留和逮捕等强制措施。侦查是作为刑事案件进入法律程序的第一道关卡，其工作质量的好坏直接关系到能否及时查明犯罪事实、收集犯罪证据以及防止冤假错

---

① 骆旭旭. 实践性教学：中国法学教育的改革方向[J]. 陕西学前师范学院学报，2011(1).

② 参见甄丹：《诊所法律教育在中国——中国诊所法律教育的现状与未来》。

案，从而实现维护社会稳定和保障人权的有效统一。

2. 公诉机关的刑事法律实务

根据我国《刑事诉讼法》的相关规定，我国的公诉机关是指各级人民检察院。根据我国相关法律的规定，人民检察院主要刑事法律实务包括：

(1)对于直接受理的刑事案件，进行侦查；

(2)对于公安机关侦查的案件，进行审查，决定是否逮捕、起诉或者免予起诉；对于公安机关的侦查活动是否合法，实行监督；

(3)对于刑事案件提起公诉，支持公诉；

(4)对于人民法院的审判活动是否合法，实行严格监督；

(5)对于刑事案件判决、裁定的执行和监狱、看守所、劳动改造机关的活动是否合法，实行监督。

3. 律师的刑事辩护实务

刑事辩护作为司法制度的一项重要内容，作为刑事诉讼制度的重要组成部分，其历史要追溯到古罗马时期。该制度扎根于“尊重人的尊严”这一思想，强调犯罪嫌疑人、被告人在未经法律规定的程序判决有罪之前，被推定为无罪，而享有辩护权及其他诉讼权利，可以委托律师或其他辩护人参与刑事诉讼程序，通过充分行使辩护权，与追诉机关进行平等对抗，以维护其合法权益。该制度对于完善诉讼结构形态的构成，对于案件事实真相的查明，程序正义的实现，诉讼效率的提高都起到了一定的积极作用。因此，律师的刑事辩护实务也是刑事法律实务工作的重要部分。根据我国相关法律规定，刑事辩护实务是律师办理刑事案件的主要内容，包括：

(1)律师在刑事案件中可以接受公诉或自诉案件被告人及其近亲属的聘请，为其提供法律咨询，代理申诉、控告，申请取保候审，接受犯罪嫌疑人、被告人的委托或者人民法院的指定，担任辩护人。

(2)律师应当根据事实和法律，提出证明犯罪嫌疑人、被告人无罪、罪轻或者减轻、免除其刑事责任的材料和意见，维护犯罪嫌疑人、被告人的合法权益。

(3)律师参加诉讼活动，依照诉讼法律的规定，可以收集、查阅与本案有关的材料，同被限制人身自由的人会见和通信，出席法庭，参与诉讼，以及享有诉讼法律规定的其他权利。

(4)法庭辩论阶段，辩护意见应针对控诉方的指控，从事实是否清楚、证据是否确实充分、适用法律是否准确无误、诉讼程序是否合法等不同方面进行分析论证，并提出关于案件定罪量刑的意见和理由。

4. 审判机关的刑事法律实务

审判机关就是依照法律规定代表国家独立行使审判权的国家机关。在中国，人民法院是国家审判机关。审判机关作为输送正义的直接载体，不仅通过最后的判决结果实现正义，也在案件的审理过程中直观地向当事人及普通公民传递法律的价值，所涉及的刑事法律实务工作主要表现为依法独立行使审判权，具体实务包括自诉案件的立案受理、庭前的准备工作、庭审工作、死刑复核、审判监督等。

5. 刑事执行机关的刑事法律实务

刑事执行机关的刑事法律实务是主要负责刑罚执行。刑罚执行，是指有行刑权的司法机关将人民法院生效的判决所确定的刑罚付诸实施的刑事司法活动。其是国家对犯罪的侦查、审判、执行刑事司法活动的最后环节，这一环节是对犯罪分子实施刑法惩罚的具体施行环节。根据我国刑事诉讼法的相关规定，刑罚执行的主要机关和法律实务内容主要由行刑、减刑、释放三个部分组成，具体包括：

(1)监狱，是刑罚执行的专门机关，负责执行有期徒刑、无期徒刑、死刑缓期二年执行刑罚的执行。

(2)公安机关，负责执行被判处拘役、剥夺政治权利等刑罚的执行。

(3)人民法院负责执行罚金、没收财产、死刑的执行。

(4)县级司法行政部门社区矫正机构负责执行管制、缓刑、假释、监外执行等刑罚的执行。

第二节 | 刑事法律实务的主要教学方法

一、我国传统法学教学方法的现状及其不足

教学方法是在教学过程中，教师和学生为实现教学目标、完成教学任务而采取的教与学相互的活动方式的总称。近年来，在有关法学教育改革的讨论中，法学教学方法问题十分令人关注。这一方面是因为法学教育的快速扩展，法科招生人数已从 1978 年的 729 人到现在每年 10 万人左右，法学院或法律系数量已经超过 600 所，法学教育面临着何去何从的选择；另一方面，随着改革开放的不断推进、经济社会的纵深发展，对法律人才的需求变得非常突出。尤其是“依法治国，建设社会主义法治国家”治国方略的确立和“构建社会主义和谐社会”战略任务的提出，意味着我国向法治社会的全面转型，法律人才的培养也就变得更加紧迫，不仅要满足公、检、法、司等法律实务部门的需求，而且要适应经济建设、国家治理、和谐社会建设以及走向世界的需要。

传统上，法学教学主要采用讲授法，以教师的课堂讲授为核心，辅之以问题解答、阅读辅导、论文写作指导等，教师讲什么，学生听什么，并以是否全盘接受课堂书本知识作为衡量学生学习水平的主要标准。这种传统的讲授模式能够成为法学教学方法的主流模式并长盛不衰，自有它的独到之处。其特点是：第一，重视法学知识的系统性。教师按照自己对某一方面法律知识的框架把握，通过课堂讲授传授给学生。在这个框架体系中，既有法律概念、条文，也有法律原则；既有层次，也有重点。强调法学知识的系统性，这也是大陆法系国家的传统。在大陆法系国家，常将法律描绘成一棵树，它有两个分支即公法和私法，由此又分出许多分支和种类，这些将依次成为以后学习的科目，这些科目大多数由教学大纲中的必修课程构成。就学习而言，从系统的角度着手，无疑是一种快速的方法。第二，注重法律精神的传播。教师讲授多侧重于规范分析、价值判断，带有浓厚的注释法学的色彩，探究的是法学理论和法条背后的精神。这些法律精神在学生中一旦产生共鸣或认同感，就会成为学生思想的一部分，从而实现传播的功能。第三，教师由学者垄断。由于讲授模式对讲授者的依赖，只有经过系统训练且知识渊博并擅长理论研究的学者才能站住讲台，因而教师全由学者充

任。许多法学院早已是非博士免进，十分强调教师的学术理论功底。第四，受物质条件的局限较小。讲授式教学的成本低廉，讲授可以一对十、一对百，也可以一对千，只要有教室就行。对其他条件要求不高，如教师的数量、成熟的司法判例制度、法律实践场所等。

然而，传统法学讲授模式也存在种种弊端，主要表现为：

(1)教学内容比较单一。受大陆法系传统教育模式的影响，偏重于对法学理论、法律概念和法律条文的解析，看重学生对理论体系的把握和了解，而不能较好地将法律实践中的实务问题、热点问题进行有效衔接，从而导致课堂效果不佳、学生学习积极性也不高等消极结果。

(2)教学手段以教师讲授为主，缺乏互动。我们过去的教学方法主要是"填鸭式"的单一教学方法，教师居于中心地位，学生则是被动灌输，二者之间缺乏有效的互动，从而导致课堂气氛沉闷，教师也无法积极引导学生学习的自觉性和主动性，不能很好地鼓励学生培养积极的思维和创造的能力及运用知识的能力。尤其是刑事案件，一旦涉及实务方面，传统的法学教授方法根本不能满足教学的需求。因此，许多法学院系积极进行了改革探索：一方面对单一的讲授模式进行修正，如在教师讲授之外，增加课堂提问、课堂讨论，学生自我展示等，倡导学生主动参与和学生及老师的互动；另一方面，开展实践性教学，如案例教学、模拟法庭或模拟仲裁、诊所式教学等，以提高学生的实践能力。

二、刑事法律实务的主要教学方法

著名的教育家苏霍姆林斯基曾说过："如果教师不想方设法使学生进入情绪高昂和智力振奋的内心状态，就急于传授知识，那么，这种知识只能使人产生冷漠的态度，而不动感情的脑力劳动就会带来疲倦。"因此，有效的课堂教学方法对于学生知识或者能力的培养具有重要作用。同时，基于国家针对强化实践技能培养的教育目标，根据法律职业化的要求，诸多法学院开始尝试采用案例教学、模拟法庭教学等互动教学方法，以现实生活中出现的法律问题为选题，引入基本理论，突出法律应用，培养学生的各项法律实务专业技能。

(一)案例教学

案例教学法为19世纪70年代美国哈佛大学法学院院长克里斯托佛·哥伦布·兰戴尔所创，它是20世纪20年代美国法学院协会著名的会员法学院进行系统性和评判性分析而采用的标准化教学方法。案例教学法，是指在教师的指导下，根据教学目的和要求，组织学生对案例进行调查、阅读、思考、分析、讨论和交流等活动，教给他们分析问题和解决问题的方法或道理，进而提高分析问题和解决问题的能力，加深学生对法律基本理论和概念理解的一种特定的教学方法。[①] 案例教学法是通过对刑事案例的分析讨论理解法律的教学方法，在引发学生学习兴趣，激发其主观能动性、提高其分析问题和解决问题的能力等方面有突出的作用。特别是以培养法律职业人才为目的的教学，案例教学法更受到人们的重视。刑事法律实务的教学方法侧重于培养学生办理刑事案件的实务能力，强调实践性，教学内容除了基本法律知识外，更加重视综合职业能力的培养。综合职业能力包括了三大能力：法律知识能

---

① 储槐植.再说刑事一体化[J].法学，2004(3).

力、职业思维能力和驾驭法律信息资源能力。在整个教学活动中,教师始终扮演的是经验丰富的"引导者"角色,而不是纯粹的"教师"角色。

1.案例教学法在对学生的法律职业能力的培养上有着得天独厚的优势

通过对案例的分析讨论升华到理论,培养学生鉴别是非、分析问题、解决问题、应用法律的能力。特别是在法律实务的教学中,案例教学法可以具体引申法律原理和条文,使教学与司法实践相结合。

2.科学地运用案例教学法

案例教学法应当与我国的法学教育实际(如学生素质、法律性质等)相结合,在教学中科学合理加以运用。首先,在法学理论讲授的前提下,运用案例教学法。我国的法律是建立在一定法学理论基础之上的,对法条的理解和掌握,以理解相关的理论为基础,所以我国法学的教学模式是理论讲授—案例分析讨论。其次,对案例精挑细选。并非任何案例都可以在教学中使用,必须是有"教学价值"的案例,即能够升华理论、说明法律问题、容易造成错误理解和判断的案例。最后,案例教学法和讲授教学法的合理配置。在我国的法学教学中,不宜把某一课程完全运用一种教学方法进行教学,而应根据具体教学内容、教学环节采用相应的教学方法。案例教学法应在提高学生的综合应用能力、分析能力时运用,可以在一个相对完整的教学内容之后运用,而不是在这部分的开始或者中间进行,使其起到总结、提高、理论联系实际的作用。如果过多地、频繁地在教学中使用案例,会造成占用其他教学内容课时、基础不扎实、概念不清晰、界定不准确,甚至可能会把案例分析变成故事会的不良后果。所以案例教学法的实际运用是一个严密的系统工程。

(二)观摩审判

观摩审判是由教师选取典型案件组织学生到审判法院实际观摩真实案件审判过程的实践活动,是法律实务课程实践教学的辅助方式。观摩审判的目的是通过实案了解学习专业知识,同时对学生进行法制教育。观摩审判是把学生置于一种活生生和现实审判场景之中,既能观察法官的审判活动,也能观察到当事人、律师、证人以及刑事案件公诉人等的诉讼行为,更具有立体性。观摩审判可以通过具体的观摩了解他人对具体法律的理解和运用,并与自己的理解和认识相对照,这样就更容易在实践活动中去理解法律和法学理论,使法律和法学理论变成活的法律和活的理论,能使学生亲身体会到法庭的威严,感受庭审各阶段的进程,培养和训练学生像优秀的法律人那样去思考、去做事、去做人。①

(三)模拟教学

模拟教学法也是本书重点介绍的教学方法之一,主要表现为模拟审判。模拟教学法是一种实践性很强的教学方法,完全由学生自己进行的教学活动,可以充分地发挥学生的潜能,给学生锻炼自己、表现自己的机会。

1.模拟教学法是法学教学中必要的教学方法

模拟是学生自己充当诉讼参与人进行模拟审判或者举行模拟听证会。学生通过模拟教学活动,亲身体会了执法活动,产生直接的感受,使教学与司法实际接近。所以模拟教学法

---

① 郭英杰.《法律实务》课程实践教学形式创新探析[J].中国城市经济,2011(17):161-162.

的教学效果是其他教学方法所无法替代的。

2. 有计划地安排模拟教学的内容、时间

模拟教学是学生投入精力、时间很大的教学活动，所以不宜在一门课中多次进行，而更应当强调模拟的质量。模拟教学法在运用中涉及实体法和程序法两部分内容，所以预先在教学计划中确定模拟教学的内容、时间是模拟教学发挥其良好教学效果的必需。

3. 模拟教学法也有其运用的局限性

并非所有的法学教学内容都可以进行模拟教学，它只适用于诉讼性内容的课程，纯理论性或非诉讼实务的教学内容往往不能采用模拟教学法。

(四)诊所式法律教育

法律诊所也即诊所式的法律教育(clinical legal education)，它起源于 20 世纪 70 年代初期的美国，实践证明这是一种法学院学生获得法律经验、培养实务能力的有效方法和途径，其突出的实践性特色具有单纯课堂教育无可比拟的优势，可用于培养大量的法律实务人才，并加强对理论性研究的理解和实践配套经验。法律诊所在中国起步较晚，北大、人大等 7 所大学的法学院到 2000 年才率先引进该课程，并将课程定名为"法律诊所"，"法律诊所"产生了较广泛的影响。目前开设"法律诊所"的学校已达 180 余所，几乎覆盖了国内著名大学的法学院和政法院校，并成为法学教育改革的一项措施和内容。

"法律诊所"课程通常以真实案件为对象和"教材"，由课堂教学和案件代理两部分组成。课堂教学围绕学生承办的案件，采取提问、讨论、模拟、反馈等方式，在互动交流中，让学生自己获得事实及法律上的认识和判断，一改"满堂灌"的传统作法。课堂外，学生在教师的指导下，为弱势群体提供实实在在的法律帮助，自主完成案件的代理任务，对案件代理的全过程负责，学生感受到压力也更有动力，法律知识和实务经验得到极大的丰富，能力有明显提高，法律诊所课程因此受到学生的认同和欢迎。法律诊所教育为我国改良现有实践教育方式提供了借鉴模式，弥补了我国法学教育在现阶段的不足。

总之，我们在涉及刑事案件实务时应充分发挥讲授教学法、案例教学法和模拟教学法在法学教学中各自的优势，提高教学水平，使学生充分掌握本学科的知识，并且能够在本领域内有所创新。所以不可断然否定其中之一，也不可相互替代。因为不论何种教学方法，都不可能是绝对的好或者绝对的不好，关键在于如何科学合理地综合运用。

【本章小结】

本章是学习刑事法律实务的入门章节，主要介绍刑事法律实务的一些基础知识。包括刑事法律实务的概念及意义，重点介绍刑事案件实务中不同主体所要承担的实务范围。这些知识都是学生进一步学习具体的刑事法律实务知识的前提性知识。通过本章的学习，学生应能够了解刑事法律实务的概念及意义，能够运用除传统讲授法以外的案例教学法及模拟教学法解决刑事法律实务碰到的问题。

第一章 刑事法律实务工作的基础理念

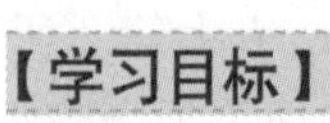

【学习目标】

■ 知识目标：

掌握刑事法律实务工作中的基础理念；

理解刑法的谦抑精神；

理解公平正义的价值内涵。

■ 能力目标：

能够正确把握刑事法律实务工作中的基础理念；

能运用刑法的谦抑精神分析、解决实际案件。

第一节 刑法的谦抑精神

【案例引导】

醉酒驾驶是否应当一律入罪？

2011年2月25日，《刑法修正案（八）》第二十二条规定了危险驾驶罪："在道路上驾驶机动车追逐竞驶，情节恶劣的，或者在道路上醉酒驾驶机动车的，处拘役，并处罚金。有前款行为，同时构成其他犯罪的，依照处罚较重的规定定罪处罚。"

此修正案一经出台，引发了民众的广泛讨论，尤其是关于本条款中醉酒驾驶是否一律入罪。公安部和最高检察院似乎主张醉酒驾驶行为一律入罪，但是，2011

年5月10日，最高人民法院党组副书记、副院长张军在重庆召开的全国法院刑事审判工作座谈会上说，各地法院具体追究刑事责任，应当慎重稳妥。虽然《刑法修正案（八）》规定追究醉酒驾驶机动车的刑事责任，没有明确规定情节严重或情节恶劣的前提条件，但根据《刑法》第13条规定的原则，危害社会行为情节显著轻微危害不大的，不认为是犯罪。对在道路上醉酒驾驶机动车的行为需要追究刑事责任的，要注意与行政处罚的衔接，防止可依据道路交通安全法处罚的行为，直接诉至法院追究刑事责任。由此，司法实务部门在对待入罪这一问题上展现了截然不同的态度，掀起了关于醉酒驾驶是否一律入罪的更大争论。

在讨论醉酒驾驶是否“一律”入罪时，有人提出了一个非常有代表性的案例：夜晚在没有车辆，也没有行人的荒野道路上，醉酒驾驶机动车。主张醉酒驾驶一律入罪的人一般认为这种情况下也应认定为危险驾驶罪，原因是该情况符合刑法规定的犯罪构成，反对醉酒驾驶一律入罪的人则认为这种情况下因不存在危险，主张不应定危险驾驶罪。

此处所涉及的问题乃是危险驾驶罪的类型归属。根据危害结果在犯罪成立中所起之作用，犯罪形态可分为行为犯和结果犯两种类型。结果犯又可分为实害犯和危险犯，实害犯是指危害行为对刑法所保护的社会关系造成了实质性损害，危险犯是指危害行为仅使刑法所保护的社会关系处于一种危险状态，且这种危险状态可能发展成为实害结果。可见，危险犯与行为犯属于两种截然不同的犯罪类型，危险驾驶罪要么属于行为犯，要么属于危险犯，二者是相斥的关系，不能既属于行为犯，又属于危险犯。

显然，公安部和最高检察院是站在行为犯的立场来解释构成要件的，即只要犯罪嫌疑人醉酒驾车，不论其他情节，一律入罪。可是，这种做法真的符合本条规制的精神，不存在刑法适用过度的嫌疑吗？首先，本罪所要保护的法益乃是公共安全，而醉酒驾驶情节轻微的行为或者根本不具备危险性的行为是不能进入到刑法规制的领域之内的，因为此种行为根本不可能对法益造成侵害。比如案例中的司机的醉驾行为。其次，不分情节的适用刑法对醉酒驾驶行为进行规制，表面上看有利于遏制此种违法行为，其实质是重刑主义的思想在作祟，认为刑法是万能的，殊不知刑法适用范围的过度扩张，损害了国民的自由，有违刑法的谦抑性。最后，醉驾入刑之后，公安、检察院、法院任务有所加重，增加了大量的司法成本。相反，如果醉驾根据法益的侵害程度及具体情节入刑，部分案件走行政处罚程序，则一方面可以节约司法成本，另一方运用较少的司法成本即可达到预防犯罪的目的。

一、刑法谦抑性的概念

“刑法的谦抑性”是一个外来的输入型概念。国内的学者们对刑法谦抑性的概念尚未达

成统一意见，定义之间多有不同。总结学者们的观点，主要包括以下两种有代表性的观点：

有学者认为刑法的谦抑性是指“立法者应当力求以最小的支出——少用甚至不用刑法刑罚（而用其他刑罚替代措施），获取最大的社会效益——有效的预防和控制犯罪。”[①]陈兴良教授持此观点，并在此基础上提出了刑法谦抑性应该具备经济性、补充性、紧缩性三个基本要素。

有学者认为刑法的谦抑性是指“刑法应该根据一定的规则控制处罚范围与处罚程度，即凡是适用其他法律足以抑制某种违法行为，足以保护合法权益时，就不要将其规定为犯罪；凡是适用较轻的制裁方法足以抑止某种犯罪行为、足以保护合法权益时，就不要规定较重的制裁方法”。[②] 张明楷教授为刑法的谦抑性进行了这样的界定。

从以上的观点中可以看出学者们从不同的角度界定了刑法谦抑的内涵，陈兴良教授认为刑法的谦抑性应当是符合刑法的经济性原则，这是从经济学的观点出发认为刑法应该是一种经济之刑，而刑法的谦抑性正好引导了刑法的这种特点。张明楷教授则认为刑法的谦抑性是刑法的自我克制和谦让，其特点包括刑法的最后适用性和被动性。这种观点是从刑和罚运作的角度论述了刑法的谦抑性，概括出了刑法谦抑性的本质内容。

“刑法的谦抑”一词来自于日本，由日本刑法学者宫本英修提出，后经日本刑法学家平野龙一发展，总结了刑法的谦抑性精神，认为刑法的谦抑性包括刑法的补充性、刑法的不完整性、刑法的宽容性三层基本含义。刑法的谦抑性是伴随着近代自然法学的发展和人权保障理念的倡导而产生的，其思想基础可以追溯到18世纪后期开始的启蒙思想。在这场资产阶级的文化大变革中，人们的思想产生了极大的转变，民主和法治的理念被提出，人权和自由的理念深入人心。新兴的资产阶级及其启蒙思想家在社会契约的基础上提出了国家权力的制约，反对恣意的刑罚，提倡刑罚的人道化。并在此基础上确立了罪刑法定主义、罪责刑相适应、刑罚人道主义的近代刑法的基本原则，刑法的谦抑精神已经在其中闪耀光芒。

19世纪后期，是自由资本主义迅速发展的时期，在这一时期社会积聚大量财富，但是人类社会的犯罪则呈现出上升趋势，运用刑法抑制犯罪的效果并不理想，学者们开始质疑古典刑法在现代社会中的功效和作用。同时，受自由主义和人权进步理念的影响，犯罪学研究理论的兴起，学者们深刻剖析了犯罪现象，认识到犯罪有其深刻的社会原因，并不是一味的处罚就可以消除这种人类的痼疾。实现犯罪人的矫治，社会生活秩序的安宁才是现代刑法应该背负的任务。刑法的谦抑性理念在这样的背景下应运而生。日本刑法深受德国法和法国法的影响，承继了刑法谦抑的原理和精神，并逐渐发展成刑法学上完整的概念。刑法谦抑的概念是在中国刑法的社会控制效果并不理想，却出现刑法泛化和重刑主义趋势的背景下引入的。刑法谦抑性在我国传统法律文化中一直都有体现，因此，中国社会引入刑法的谦抑精神有其合理的基础，中国也应当承继刑法谦抑的合理性基础。

“谦抑”的基本含义就是刑法的紧缩、限制、克制以及谦让的意思。刑法谦抑性的实质是刑法“慎刑”思想的表现，指的是刑罚权的审慎适用。刑法制度应该谨慎地恪守自己的界限，在其他法律制度都无法提供有力保障的时候，是最后的社会保障制度，是迫不得已实施的调

---

① 陈兴良.刑法的价值构造[M].2版.北京：中国人民大学出版社，2006.

② 张明楷.论刑法的谦抑性.法商研究[J]，1995(4).

整社会关系的第二性法律规范。刑法的谦抑性既包括犯罪圈的收缩,也包括刑罚圈的退让,在这其中还应该加之刑法经济目的的考虑。刑法谦抑性的实质就是在认识到刑法是一种"恶"的前提下,对刑罚权运作进行控制,尽量限制和减少刑罚权的适用。总结学者们的观点,刑法的谦抑性应该主要包括以下几个基本要素:

第一,刑法的补充性,即刑法是国家最后考虑的社会调整手段,只有在适用其他社会手段都不足以维护社会秩序,或者不足使社会秩序恢复到正常状态的时候,才最后采用的社会强制手段。不适用这种强制性手段进行调整,社会秩序将会崩溃,在这样的情况下才适用刑法的调整。刑法在和民法等社会法律规范发生冲突时,不应该优先考虑。

第二,刑法的经济性。刑罚权的运作需要耗费大量的社会资源,成本代价很高,此外刑事司法和立法需要大量的人力和物力的投入,刑事设施的建立和维持也需要物质成本作为支持。刑法谦抑是出于经济目的的考虑,要求刑法的节俭,以最少的支出获得最大的经济效益,这是社会效率价值的追求。

第三,刑法的片段性是指刑法的调整范围应该是局限且保守的,只调整最为严重的社会越轨行为,即调整范围的有限性。

第四,刑法的适应性。这是日本学者关哲夫提出的观点,刑法的适用会带来极大的副作用,不正确地使用刑罚会带来难以估量的危害,在这样的情况下,要考虑刑罚和具体事件的对应性,而不能脱离事件的制约单独没有目的地适用。

刑法的谦抑是一种法律原则,还是法律精神,抑或是一个刑法概念?对于这个问题,学者们还存有争议,笔者认为这样的争议并不存在实质上的意义,刑法的谦抑性可以作为一种刑法的基本原则,也可以作为刑法上的基本精神,而更重要的是,刑法的谦抑是一种基本的刑事法律价值追求,贯穿整个刑事法律制度之中,是基本的刑法理念。

二、刑法谦抑性的实现

作为现代刑法的一个基本理念,刑法的谦抑性影响着刑事立法、刑事司法和刑罚执行的各个环节。为了实现刑法谦抑性从理念到现实的转变,并最大限度地彰显谦抑性的刑法价值,我们应当从我国实际国情出发来研究刑法谦抑性的实现问题。

(一)刑事立法上的实现

刑事立法就是国家立法机关创制刑事法律,包括刑事法律的制定、修改和废止。刑法谦抑性在刑事立法上的实现,就是国家创制的刑事法律必须体现谦抑的刑法精神,将"犯罪圈"限制在不得不动用刑法的范围内,将刑罚的程度限定在足以控制犯罪的强度之内,禁止刑罚过剩。

在制定刑法时,必须严格把住刑法入罪的关口,慎重对待社会上新出现的、具有一定社会危害性的现象。如,近一段时期以来,"人肉搜索"、"恶意欠薪"等现象能否入罪化一度成为人们热议的焦点问题。对于这些确实侵害合法权益、具有一定社会危害性的行为,很多人建议应该将它们在刑法中另立新罪、用刑罚手段进行打击。对此我们应该慎重对待。在决定将一种新类型行为进行犯罪化处理之前,应该综合考虑这种行为的社会危害性是否达到了应该动用刑罚的程度、是否穷尽控制这种行为的其他措施、用刑罚制裁能否收到抑制这类行为的效果等诸方面的问题,凡是不符合动用刑罚条件的,坚决不能入罪。在对犯罪行为规定刑罚措施的时候,刑罚强度要尽量宽缓。既要考虑该种行为可能具有的最严重性程度,也要考虑到其可能具有的轻微情形,然后在控制犯罪必要性的限度内确定相应的刑罚种类和刑罚幅度。我国刑法规定的刑罚强度基本体现了这一要求,但也存在个别刑罚下限过高的情况,造成刑罚强度整体偏高,与刑法的谦抑性要求不符。如,许霆案涉及的盗窃罪刑罚幅度就存在这种情况,刑法对盗窃金融机构数额特别巨大的,规定法定最高刑为死刑,而最低刑为无期徒刑,没有拉开适当的距离。确实,该种犯罪情形的危害性较大,但也并不是所有的同类行为都需要判处无期徒刑以上刑罚,本案许霆的行为就是一个典型的例子。另外,刑法规定的绑架罪的刑罚下限也偏高,实践中有些绑架犯罪的手段非常轻微,也没有造成严重后果,而一旦构成犯罪就要判处10年以上有期徒刑,确实可能存在刑罚过剩的问题。为了消除这种不合理状况,国家有必要在适当时候对有些规定进行调整。除了在立法时需要考虑不同犯罪情形对刑罚强度的影响外,对刑罚种类和刑罚幅度的选择还应该尊重社会公众情感,禁止制定超出公众认同的刑罚。

当然,由于人们对行为危害性和刑罚强度的认识不是一成不变的,随着经济、文化、社会环境和社会价值观的变化,有些曾经被规定为犯罪的行为可能逐渐被公众所认可,有些曾经被认为强度适宜的刑罚可能逐渐被公众觉得难以容忍。在这种情况下,就需要及时对刑法有关条文进行修改,将已经为社会认可的犯罪行为去犯罪化,退出刑法对这种行为的干预;将强度超出社会容忍限度的刑罚在刑足治罪的限度内给予适度降低。

(二)刑事司法上的实现

谦抑性在刑事司法中的实现,主要体现在对犯罪人适用刑罚要尽量轻缓,可定罪可不定罪时则不定罪,刑可轻可重时则判其轻,可判监禁刑也可判非监禁刑时判非监禁刑,避免单纯将犯罪人作为预防犯罪的工具而给予过重的刑罚处罚。

但是,刑事司法谦抑不能脱离刑法规定。我国是制定法国家,要求司法活动必须依法进行,不能像判例法国家那样,任由法官根据自己的价值判断自行决定。对于行为是否构成犯罪,应当判处多重的刑罚强度,刑法都作出了明确规定,如果法官单纯从刑法谦抑的角度任意对犯罪人定罪量刑,必然违背了法治的基本要求,刑法的谦抑性也就无从实现。然而,依法进行的司法活动却不一定实现刑法的谦抑性。虽然刑法已经对定罪量刑问题作出了明确规定,但是如果没有谦抑性理念作为指导,司法活动很可能会偏离谦抑性的要求。

刑事司法活动必须依法进行,而依法进行又不一定实现谦抑性。那么如何协调依法进行和实现谦抑两者之间的关系就成为解决这一问题的关键。我们认为,只要法官在谦抑理念的指导下严格按照刑法规定定罪量刑,就能做到既依法办案又实现刑法谦抑的双重效果。法官只要自觉增强刑法谦抑的意识,在量刑时就会在相应刑罚幅度内选择相对轻缓又足以治罪的刑罚,在发现刑法规定的法定最低刑仍然较重,难以体现谦抑的刑法要求时,就要主动根据《刑法》第63条第2款的减轻处罚规定,对犯罪人在法定刑以下减轻处罚。这样一来,法官的司法活动既实现了刑法谦抑,又没有违反刑法规定。相反,如果法官没有谦抑理念的指导,其在司法活动中就不可能意识到要尽量从轻判罚或自觉地运用减轻处罚条款,就会导致像许霆案一审被判无期那样的结果发生。同时,法官在谦抑性理念的指导下自觉运用《刑法》第63条第2款的减轻处罚规定,还可以解决刑法规定中刑罚下限过高不能满足谦抑性要求的个别情况,从而避免刑事立法的个别缺陷对刑事司法活动的影响。

(三)刑罚执行上的实现

刑法的谦抑性,较多被作为刑事立法和刑事司法的基本理念,而较少地被运用到刑事执行方面。我们认为,刑法谦抑性基于对刑罚轻缓、经济性的基本要求,将其运用到刑罚执行领域会对人权保障和司法资源节俭产生积极效果,也应当在刑罚执行中实现谦抑性的要求。具体说就是,在刑罚执行中尽可能地多用宽和、人道的方法,探索行刑方式更加经济、改造效果更为明显的执行方式,力求以最小的行刑成本投入取得最大的行刑效益。

刑罚谦抑主张刑罚的宽缓,必然要求在行刑中体现人性化。诚然,罪犯也是人,不能因为实施了犯罪行为而将他们作为另类。要实现刑罚执行的人性化,就是要按照人之为人的要求来对待罪犯。第一,尊重罪犯的基本人权。罪犯也是人,他具有人之为人的基本权利,对于一个人的应有权利,只要法律没有剥夺,就应该予以尊重和保护,如身体健康权、人格权、财产权等。第二,尊重罪犯的基本需要。罪犯作为一个人,是自然性与社会性的统一,既有基本的生理欲求也有得到尊重的需要,这些人性的需求应该受到尊重和满足。第三,避免使用造成肉体痛苦和精神折磨的手段。趋乐避苦是人的本性,没有人愿意忍受痛苦和遭受折磨,"己所不欲,勿施于人",应当采用人性化的刑罚执行方式,避免给罪犯造成不必要的痛苦。

行刑过程的节俭和行刑效益的提高是实现刑罚执行谦抑的客观要求。为此,需要对已有的刑罚执行程序进行梳理,在保证执行安全运行的前提下,精简不必要的繁杂手续,更新更有效的执行手段,探索新类型的行刑方式。有效利用行刑奖励机制鼓励罪犯积极接受改造,并通过减刑、假释等手段及时修正罪犯的服刑期限,避免刑期过剩造成的行刑成本浪费。对监狱执行进行改革,进一步完善监狱分类机制,设置警戒程度不同的监狱,推进监狱行刑社会化,实现社会力量参与监狱行刑的制度化、经常化。进一步完善社区矫正制度,增强非监禁刑的执行能力,改善执行效果。

第二节 公平正义的刑事司法价值

迟到的正义非正义?

被告人赵作海,男,1952年10月出生于河南省柘城县,汉族,文盲,住柘城县老王集乡赵楼村。1999年5月9日因涉嫌故意杀人犯罪被柘城县公安局刑事拘留,同年6月19被依法逮捕。

1998年2月15日,被害人赵振晌的侄子赵作亮、赵作印到柘城县老王集派出所报案称:其叔赵振晌于1997年10月30日晚无故失踪,与其叔关系最好的同村村民赵作海在赵振晌失踪时脸上有伤,且赵作海对其脸伤的形成原因说谎话,怀疑其叔的失踪与赵作海有关系。1999 年 5 月 8 日赵楼村在村西淘井时，从井中打捞出一具无头、无四肢的男尸，遂向柘城县公安局报案。刑警大队通过调查访问，得知附近村庄赵楼村村民赵振晌于 1997 年 10 月 30 日失踪，于是围绕赵振晌的失踪展开调查，并根据赵作亮、赵作印的反映材料，将赵作海列为重大嫌疑人。经审讯，赵作海供述了杀害赵振晌后碎尸抛尸的犯罪事实。

法院审理查明：被告人赵作海和被害人赵振晌均与本村妇女杜某某有通奸关系。1997 年 10 月 30 日夜，赵作海在杜某某家与杜某某通奸时被赵振晌碰见，赵振晌持刀将赵作海面部砍伤。赵作海逃离杜家后，赵振晌追赶至赵院内，赵作海持刀将赵振晌杀死并将尸体肢解、隐藏。商丘市中级人民法院以故意杀人罪判处赵作海死刑，缓期两年执行，剥夺政治权利终身。河南省高级人民法院核准了赵作海的死缓判决。

2010 年 5 月 6 日，商丘市中级人民法院报告河南省高院，本案被害人赵振晌又回到村中，请求河南省高院审查处理。在得知"亡者归来"后，河南省高院于 5 月 8 日启动了再审程序，核实相关证据，作出再审决定，采取赔偿措施。5 月 9 日上午，河南省高院向赵作海送达了再审判决书，宣告被告人赵作海无罪，赵作海被无罪释放。张立勇院长亲自向赵作海鞠躬，对赵作海个人表示道歉。

对于上述赵作海的冤案，其发生的原因主要有以下几个方面：

(一)超期羁押是导致冤案发生的温床

对于犯罪嫌疑人的最长羁押期限，刑事诉讼法有明确的规定。司法机关对犯罪嫌疑人从刑事拘留到终审判决，最长期限为 752 天，也就是说，司法机关应该在这个期限内结案，不得超期。如果超过这个期限继续羁押就是违法行为。而在赵作海案中，赵作海从被错拘到一审错判，前后历时 43 个月，累计羁押时间超过 1290 天。已经严重超出了最长羁押期限，属于严重的程序违法，破坏了程序公正，对冤案的发生有着直接的因果关系。

(二)刑讯逼供是导致冤案发生的毒瘤

从 1996 年 5 月 8 日至 6 月 10 日，赵作海先后被控制在柘城县老王集乡派出所和柘城县公安局刑警队，在审讯过程中，赵作海分别被铐在连椅上、床腿上和摩托车后轮上，公安办案人员分班轮流审讯和看守。证人杜某某回忆说，当年，民警让她跪在木棍上，用木棍打，用皮鞭抽，直到杜某某按着公安的意思做了证言，才停止殴打。证人赵作海的前妻赵某也说，她曾被警方关在乡里一个酒厂一个多月，被罚跪和遭毒打，要求指认赵作海杀人，但她一直咬牙否认。最后赵某实在扛不住折磨，只得按照警察的要求做了辨认笔录。《刑事诉讼法》第五十条明确规定禁止刑讯逼供。而在赵作海案中，公安机关为了尽早破案，不惜采用非法手段获取被告人供述和证人证言，程序违法现象处处可见。

(三)未严格履行非法证据排除规则是导致冤案发生的制度诱因

《刑事诉讼法》第五十四条规定了严格的非法证据排除规则。但在赵作海案中，对于公安机关刑讯逼供所获得的非法证据，检察院和法院在各自的司法领域内,没能严格遵守非法证据排除规则,正是由于检察院和法院没能严格履行非法证据排除规则,才能让公安机关的刑讯逼供获得的非法证据,在整个案件中畅通无阻。

(四)政法委协调办案是导致冤案发生的体制症结

刑事诉讼法规定公检法三机关"应当分工负责,互相配合,互相制约"。但是,现实司法实践中却是公检法三机关只有相互合作却没有相互制约。赵作海冤案的发生正是公检法三机关只讲合作、不讲制约的典型体现,特别是在检察机关坚持不排除疑点就不起诉的情况下,商丘市政法委仅仅通过召开一次协调会议,就定下了赵作海案件的基调。政法委协调办案,公检法三机关确实能提高办案效率,但如果不是建立在以事实为依据、以法律为准绳的条件上,则可能会颠倒是非黑白,并导致冤假错案的发生。

在这样的个案中,我们可以看到程序正义的价值是如何被践踏,进而导致实体处理结果的不公。也许具体个案的公平正义对于整个司法制度来说微不足道,可公平正义的实现难道不是依赖于一个个具体个案公平正义的实现吗?特别是对于当事人,具体个案的正义才是他所关注的全部。卢梭曾有一句经典名言:法律既不是铭刻在大理石上,也不是铭刻在铜表上,而是铭刻在公民的心里。司法机关只有牢牢守住司法公正的底线,把每一个案件都作为依法办事的考场,把每一个司法实践过程都视为普法教育的课堂,真正做到在每一个案中实现好实体公正与程序公正的价值。那么,老百姓才能感受到公平正义就在身边,进而法律才能被真正信仰,法治中国才会越来越成为真实的图景。

一、公平正义的内涵

关于公平正义的内涵,人们多在价值层面探讨。站在不同立场的人会作出不同的回答,争论主要集中于公平正义所指向的具体内容。

(一)自然法的视角

自然法的理论认为,法是自然的神圣规则,自然所蕴含的社会的基本善,就是公平正义的价值理念,这构成了人类社会最根本的社会秩序和价值追求。梅因认为:"如果自然法没有成为古代世界中一种普遍信念,这就很难说思想的历史,因此也就是人类的历史,究竟会朝哪个方向发展了。"人类社会生存和发展过程中,长期以来自然形成的基本的道德观念和伦理价值,是社会规则和社会秩序得以维系的前提和保证。自然法的任务不是给我们一个关于理想法令的普遍立法,而是给我们一种对实在法中的理想成分的鉴定。即使绝对的理想不能被证实,这种鉴定可以确定和陈述出一定时间和地点的社会理想,并且使它成为对各种论证、解释和适用标准的出发点进行选择的尺度。这一系列能够使社会的争端得以解决,个人之间的内心能够寻求到宁静的基本价值,就是社会中长期自然形成的公平正义理念,构成了社会得以维系的基本条件。

（二）实证法的视角

实证法的理论认为，社会中的法律来自于统治者的强权，历来注重“强权即公理”。霍布斯认为，“法律是统治的工具，法律不是劝告，而是命令；不是任何人对任何人的命令，而是一个人所发布的对以前许诺服从他的人们的命令”。社会中主权者的命令构成了社会最基本的价值取向。公平正义理念，就在于主权者对权力进行的划分和分配，具有一种天然的社会合理性，符合社会的普遍公理，构成社会根本的价值追求。人们将法律实证主义理解成这样一种观念：每一合秩序产生的法律，不考虑其内容均具有约束力。“法律”在此关联上，意指有权威的权力之文件，通过这个权力，外在可见的法的品质，被赋予一个具体的规范性内容。因此，在一切其余的法律渊源供由立法者支配时，在规范层面上，法律几乎就是法律渊源。公平正义的理念在现实的社会运转过程中，体现为对现存法律规范的遵守和维护，现实中的法律规定，一定意义上就构成了公平正义的理念和价值追求，客观上要求所有的社会成员必须无条件地遵守和维护，一切以实在法为依据，只有符合现实的法律规定的要求，才会符合公平正义的价值理念和追求。

（三）社会法的视角

社会法理论认为，社会上长期存在的价值观念和对社会事务的处理方式构成了社会的基本结构。社会学法学的核心是强调法律的社会作用和效果，社会现实中的“活法”才是普通人对公平正义价值客观要求的真实体现。社会上存在的各类社会规范都有其合理性，人们对长期存在的一系列社会问题的解决，构成了相对固定的处理方式和习惯。这一系列的处理方式，构成了社会发展中最基本的观念和意识，这一系列观念和意识就是社会中基本的价值选择，是社会得以维系的重要条件，也就是公平正义的价值理念。

自然法、实证法及社会法三种不同的视角，从应然到实然层面对于法律这一社会事物给予了不同的解释。法律作为化解社会纠纷和社会争端的有效方式，本身具有特定的价值追求。公平正义的价值理念是法律在社会现实中实际发挥作用的根本前提，法律规范实际运作的过程中，只有真正体现了公平正义的基本价值追求，才可能发挥其应有的社会实效，实现法律自身的价值目标。

二、司法中公平正义价值的选择

（一）法律的内在价值选择

法律是一系列规则的组合，本身就要求同类事务同样处理，给予公平对待才能实现社会的内在价值和长期稳定。托马斯·阿奎那认为：“我们可以得出正确的法律定义，它不外乎是对于种种有关公共幸福的事项的合理安排，由任何享有管理社会之责任的人予以公布。”法律着眼于社会事务的处理和社会矛盾的解决，在解决的过程中，需要有一定的标准和规则去遵循，离开了对准则的遵照，社会运行将出现冲突和矛盾的激化的可能，会带来社会秩序的不稳定。

法律本身具有一种逻辑的自洽性，这种内在的逻辑能够使社会大众形成一种天然的秩序感，促使有章可循的社会运行方式的形成。社会大众在选择社会争端解决方式时，自觉选择了法律，法律也由此而产生权威，这对于社会秩序的实现无疑具有无可替代的作用。司法的重要作用在于将法律的条文规定变为现实中活生生的规范,使社会中的每个成员都能自觉遵守,形成一种自觉选择。这在一定程度上,就是将社会普遍认可的道德观念和社会伦理在现实中给予必要的引导,实现积极的导向功能。司法是在操作法律规范,而法律得以存在的前提,就是条文所包含的公平正义价值在社会中的实现。因此,公平正义价值的选择和实现,是司法的当然选择。

(二)法的运行的必然要求

法律的条文规定仅仅只是书面上的形式,如果法律在现实中没有得到有力的执行,只是纸上的具文,没有现实意义。法律的任务在于以最少的浪费来调整各种利益冲突,保障和实现社会利益。现实中,只有得到人们自觉遵守和有力执行的法律才能有效发挥其应有的作用。如果法律规定不能得到执行,社会中的各种利益不能有效地分配、合理处置,只会引起社会利益争端的加剧,进一步影响到社会稳定。司法的本质,就在于将纸上的法律条文规定,变成社会中的现实规范,促使规范得到人们的自觉遵守和维护。"法律必须得到信仰,否则将形同虚设"。法律得到信仰的前提是,法律在现实中发挥作用的实际效果,能够得到社会大众的肯定,符合社会的正常伦理和道德观念的要求。这就是需要进行正确合理的价值选择,法律的规定和执行只有符合了公平正义的价值选择,才会在实际生活中发挥积极作用,也才能得到民众的自觉维护,民众也才会自觉遵守,从而法律的权威才得以产生。法律在现实中得不到遵守,必将失去法律规范存在的意义,无法解决社会现实中的各类冲突和矛盾。

(三)法的实效的客观需要

法律的实效,是指法律在社会现实中得到运行所产生的实际效果。法律在社会现实中发挥的作用,直接影响到法律的权威性和各种社会价值的具体实现。法律作为社会矛盾和社会冲突的解决方式之一,在纷繁复杂的社会事务处理的过程中,离不开对社会正常秩序的维护和社会伦理价值的维系,社会上不同的个体在遭遇到各类社会矛盾时,有的人可能会选择较为激烈的争端解决方式,有的人则可能会尽其可能地选择温和的争端解决方式,这无疑都是一种自觉的选择,但所带来的经济成本和社会影响截然不同。司法的重要任务之一就是正确地处理社会矛盾和社会冲突,实现维护社会的稳定和长治久安。司法的功能在于将社会的主导价值观念和基本的社会伦理予以保障和维护。司法的主要职能在于定纷止争,解决纠纷,疏导与化解社会矛盾,将社会上的冲突和矛盾给予必要的释放和引导,进而缓解和解决社会冲突和矛盾。司法无疑是众多争端解决方式中最和缓的一种,司法能够保持客观公平的态度对待当事人双方,缓和或解决社会矛盾。历史的发展,已经证明借助司法实现社会转型是最经济和代价最小的选择。从社会现实效果方面考虑,公平正义的价值选择无疑是司法的必然选择,公平正义价值的客观实现无疑能够成功地缓和或解决社会冲突与矛盾,能够积极引导社会朝着正常、健康的方向发展。

三、司法中公平正义价值的实现

(一)尊重当事人的正当诉求

当纠纷发生以后,双方当事人既然已经寻求了司法途径来解决,无非是希望从司法机关找到维护切身利益的手段，归根到底也就是希望能够保证公平正义价值的实现。司法机关在处理具体的纠纷过程中，应该提供给双方当事人充分展示具体诉求的平台。对双方当事人合理诉求的尊重，不仅表现在法律实体上的保护，更表现在法律程序上的强有力保障。当事人诉求在法律程序上的保障，就是指司法机关需要给予双方当事人正常表达诉求，合理论证的机会。只有保证了当事人双方在法律程序上的权利之后，司法机关才可能发挥其居中裁判的作用，在具体个案处理时充分考量当事人的诉求以及论证理由，最终依法作出合理的裁判，从而在司法实践中化解社会矛盾，维护社会稳定，实现法律公平正义的价值。

法是根据政治社会的强制力而被保障执行的社会规范。因强有力的国家的确立，大多数的社会规范之时效性不是由以前存在的各种社会性团体的强制力来保证，而是由国家强制力的强制秩序来保证。在司法过程中，通过尊重当事人的正当、合理的诉求来尽可能合理地解决社会纠纷。在充分发挥司法的实际作用的同时，也必须保持必要的警醒，司法是寻求社会公平正义的最后一道防线，始终处于社会争端解决的最后关口。司法应该尽可能坚守中立者的立场，对社会问题的介入只能是在当事人在对可能选择的各类手段进行分析评估以后，选择了司法途径来寻求帮助时才能介入社会事务的处理。需要始终明确的一点，司法只是众多争端解决方式中的一种，决不能将它的地位过分拔高。司法始终应该坚持客观公正的立场来处理社会问题，同时也要保持一种必要的克制，不应该进行主动出击，更不能大包大揽，否则将严重超出司法可能承担的功能和负荷，不利于矛盾和冲突的真正解决。

（二）自觉维护法律职业伦理

法律职业伦理是对法律职业者在道德上的一种要求，属于自律性的范畴。法律工作者在具体的司法实践中，可能基于立场上的差别会有各自的利益诉求，但是这绝不能成为舍弃职业道德，破坏职业共同体的职业伦理的理由和借口。实际运行中的法律，法律工作者不管是基于何种立场，都应该有相对一致的价值选择和追求，而不是沦为特定利益群体的“打手”或“帮凶”，甚至在明知有违职业伦理的情况下，仍然助纣为虐，危害一方。法律在实践中发挥作用，就是为了维护社会的公平正义，保证社会中的弱势者不受欺凌。法律工作者在从事每一种职业行为时，都应该自觉维护法律职业共同体的职业伦理，保障社会中不同利益体的正当、合理诉求的实现，维护社会的正常运转，实现社会的基本公平和正义。

法律职业伦理的维护能够促使司法产生相应的权威，同时司法的权威性又能够更好地保证社会公平正义的实现。如果我们探讨应该成为一切立法体系最终目的的全体最大的幸福究竟是什么，我们便会发现它可以归结为两大主要的目标：自由和平等。

司法的权威，一方面来自于立法者对社会现实充分的考量，在对社会事实和社会根基进行充分的衡量以后，及时有效地进行立法，只有符合社会现实需要和社会整体价值选择的立法，才能真正体现民众的需求，才能得到不同阶层的个体的自觉遵守和拥护，从而使社会矛盾和争端在正常、和平的氛围中得到解决，无形中就是维护法律职业者所共同维系的职业伦理，也是这一群体在社会上寻求存在合法性的理由。司法的权威，另一方面来自于司法过程中产生的社会效果。由社会公约而得出的第一条法律，也是唯一真正根本的法律，就是每个人在一切事物上都应该以全体的最大幸福为依归。不同的社会主体，在不同的立场上会有不同的利益诉求。当不同的主体选择同一方式来解决社会争端时，无疑是对这一争端解决方式的肯定。不同社会主体之间出现争端和矛盾时，都寻求司法这一手段来化解矛盾和冲突，无形中就是对法律权威地位的肯定，有助于司法权威性的产生和维护。法律职业伦理应该内化为法律工作者自觉的行动指南，落实在具体的司法实践过程中。无论是法律职业共同体还是社会大众对于法律都可以有不同的理解，但是关系到社会根本的公平正义价值和社会正常的伦理观念的维系时，如果能够自觉地选择法律来维护社会的公平与正义，实现社会矛盾的化解，无疑是对法律正当合法地位的维护，有助于司法权威的产生和维护。

（三）实现正义与秩序价值的均衡

司法实践中存在过多强调秩序价值而忽视了正义价值的现实，司法作为社会矛盾和社会冲突解决的有效手段，其中最主要价值选择无非是法律本身所体现出的社会正义的实现。社会正义不仅包括实体正义结果的实现，还包括程序正义的保障。对我们周遭的宏观世界所做的观察表明，它并不是由无秩序的和不可预测的事件构成的一个混乱体，相反它所表现的则是意义重大的组织一致性和模式化。这就是社会的秩序，正是由于稳定的社会秩序的存在，才使得社会的正常有序发展得到一个良好的外部环境，从而整体社会也才会得到持续发展的机会和可能。在司法过程中，司法者有时过多强调了案件处理的政治效果和社会效果，从根本上忽视了案件处理的法律依据和要求。当时可能一时是达到了现实需要的社会秩序和稳定，但无形之中造成的是对社会正义的一种忽视和损害，更长远来看，是对整个社会长远价值的舍弃，最终也会破坏了社会整体秩序的稳定和维护。

司法本来就是定纷止争，使破坏的社会秩序重新得到修复，恢复遭受破坏的原有社会利益和社会价值的过程。社会正义和社会秩序双重价值必须在司法中得到良好的实现，并保持必要的均衡，绝不能有所偏废。法律的控制虽然不完全是，却主要是通过双重意义上的普遍性指导来实现的。我们必须假定，在普遍命令适用范围内的人们中间，存在着一个普遍的确信：若拒不服从很可能招致伤害性威胁的实施，不仅在命令公布之初是如此，而且，在该命令被撤销或废止之前的整个持续期间都是如此。只有对不同问题的解决采取同样的立场，给予同等对待，才能让不同个体对自己的行为可能产生的后果有着合理的预期，才会在社会成本最小化的考虑下，尽可能地遵守既有的社会规则，推动社会事务有效处理，实现个人利益的最大化。这对于社会、个体而言，无疑是一种双赢的选择，当然也会得到多数民众的支持和自觉遵守。

卢梭认为：首先的而且最大的公共利益，永远是正义。大家都要求条件应该人人平等，而正义也就不外是这种平等。事物的经常倾向就是要破坏平等，而法律的经常倾向就应该是维护平等。

司法只有坚持公平正义的理念，在处理每一起纠纷和争端时，站在客观公正的立场上，保证中立者的身份，给予双方当事人公平的对待和处理，才能保证社会矛盾和冲突的疏解与缓和，实现社会的平稳运行与和谐稳定。

【本章小结】

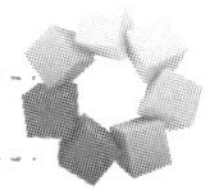

本章是学习刑事法律实务工作的基础理念，重点介绍了刑法的谦抑精神及公平正义的价值。通过本章的学习，使学生能够正确把握两种基础理念从而贯穿在后面章节的学习中。

【本章练习】

案例分析题

(1)2011 年 10 月 13 日下午 5 时 30 分，一出惨剧发生在佛山南海黄岐广佛五金城：年仅两岁的女童小悦悦走在巷子里，被一辆面包车两次碾压，几分钟后又被一小货柜车碾过。让人难以理解的是，七分钟内在女童身边经过的十八个路人，竟然对此不闻不问。最后，一位捡垃圾的阿姨陈贤妹把小悦悦抱到路边并找到她的妈妈。小悦悦在广州军区陆军总医院重症监护室，脑干反射消失，已接近脑死亡。2011 年 10 月 21 日，小悦悦经医院全力抢救无效，在 0 时 32 分离世。

问题：针对小悦悦事件中民众的冷漠，许多人主张应效仿法国(法国刑法典 223 条第 6 款规定："任何人对一项损害，侵犯他人人身安全的重罪或者轻罪，能够采取个人行动或唤起救助行动，且对其本人或第三者无危险，却故意不救助，要被判处 5 年监禁与 75000 欧元的罚款。同样任何人对陷入危险境地的他人，能够采取个人行动或者唤起救助行动，且对其本人或第三者无危险，却故意不去救助，也要被判处与上同样的惩罚。")在我国刑法典增设见危不救罪，但有人对此也有不同意见。请从刑法谦抑精神的角度谈谈自己的看法。

(2)2013 年 8 月 31 日 10 时许，被告人罗某携带雨衣袋子、刀片等作案工具在湖南省益阳市资阳区法院路口乘坐 13 路公交车至资阳区汽车北站途中，用手中的袋子做掩护，扒窃乘客龚某西裤口袋里的一元现金，将纸币揉成一团迅速藏进自己口袋，得手后罗某被公安干警当场抓获。资阳区人民检察院以被告人罗某的行为构成盗窃罪，向资阳区人民法院提起公诉。法院审理认为，公诉机关所指控的罪名成立。但鉴于被告人罗某如实供述自己的罪行，且当庭自愿认罪，对其从轻处罚，最后法院一审以盗窃罪判处罗某拘役 3 个月，并处罚金 1000 元。

问题：《刑法修正案(八)》对刑法第二百六十四条做了重大修改，进一步完善了盗窃罪的构成标准，将实际中频繁发生的扒窃行为规定为盗窃并予以定罪处罚。即本案中，罗某虽然涉案金额只有仅仅一元钱，但因手段为公共场合的扒窃行为，因此，根据刑法的规定不受盗窃数额之限。请结合《刑法》第二百六十四的规定以及对刑法谦抑精神的理解，从刑事司法角度分析本案被告人是否应被定罪处罚？

第二章 侦查机关常用刑事实务

【学习目标】

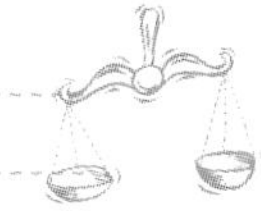

■ 知识目标：

理解刑事案件的管辖及立案的条件；

理解刑事强制措施的种类及各种强制措施适用的条件；

理解讯问的程序和策略；

了解侦查终结的条件。

■ 能力目标：

能准确区分公安机关立案的案件类型和检察机关立案的案件类型；

能掌握各种强制措施的适用程序；

能掌握具体案件的讯问策略，制订讯问计划；

熟练操作侦查终结后的处理方法。

第一节 刑事立案与管辖实务

【案例引导】

没有犯罪事实就不应当立案！

1995年3月20日，山东省荣成市石岛茂发渔业公司与大连獐子岛渔业集团修造船厂签订了《订造船合同》。合同约定由大连獐子岛渔业集团修造船厂为山东省荣成市石岛茂发渔业公司制造两对渔船，造船所用的主机和钢板由大连海洋兴港水产经销公司提供，付款方式为大连海洋兴港水产经销公司与山东省荣成市石岛茂发渔业公司结算。后来由于造船的规格有变动,影响了交船的时间,三方因价格方面的争议起诉至法院。1998年12月21日,辽宁省高级人民法院对此案作出终审判决,三方签订了《执行和解协议》。2000年7月15日,公安机关以涉嫌诈骗罪对大连獐子岛渔业集团修造船厂原厂长刘官章立案侦查,并于2000年9月25日向一审法院发函,要求把从山东省荣成市石岛茂发渔业公司执行回来的30万元划转到公安局账户上。

大连市检察院在介入一起渎职侵权案件时,发现了上述情况。经审查认为,这是一起利用职权插手经济纠纷的案件,对不应当追究刑事责任的当事人刘官章立案侦查是严重违法行为,遂于2003年12月3日依法向公安机关发出了《纠正违法通知书》。大连市公安局立即对此案进行了调查,认为犯罪嫌疑人刘官章的行为不构成犯罪,责令原办案机关终止侦查,撤销案件。13天后,这起违法立案侦查3年多的案件被撤销。

一、刑事管辖

(一)刑事管辖的概念

刑事管辖是指公安机关、检察机关和审判机关等在直接受理刑事案件上的权限划分以及审判机关系统内部在审理第一审刑事案件上的权限划分。依据我国现行刑事诉讼法和诉讼理论,一般将管辖划分为立案管辖和审判管辖;审判管辖又分为普通管辖和专门管辖;普通管辖又进一步划分为级别管辖、地区管辖和指定管辖。这是一套科学的、行之有效的刑事案件管辖体系。

(二)立案管辖

立案管辖,又称职能管辖或部门管辖,是指人民法院、人民检察院和公安机关各自直接受理刑事案件的职权范围,也就是人民法院、人民检察院和公安机关之间,在直接受理刑事案件范围上的权限划分。立案管辖所要解决的是哪类刑事案件应当由公安司法机关中的哪一个机关立案受理的问题。具体地讲,也就是确定哪些刑事案件不需要经过侦查,而由人民法院直接受理审判;哪些刑事案件由人民检察院直接受理立案侦查;哪些刑事案件由公安机关立案侦查。

立案管辖主要是根据下列因素划分的:其一,公安司法机关的性质与诉讼职能。我国公、检、法机关是刑事诉讼中的主要诉讼主体,但由于各自的性质和诉讼职能不同,划分管辖必须与之相适应。其二,刑事案件的性质、案情的轻重、复杂程度等。这些情况也是划分管辖的重要依据。我国《刑事诉讼法》第十八条对人民法院、人民检察院和公安机关的立案管辖范围做了概括性的规定。为了便于在实际工作中执行这一法律规定,最高人民法院、最高人民检察院、公安部、国家安全部、司法部和全国人大常委会法制工作委员会联合对刑事案件的立案管辖作出了更为具体的规定。

1. 公安机关直接受理的刑事案件

《刑事诉讼法》第十八条第一款规定：刑事案件的侦查由公安机关进行，法律另有规定的除外。法律的除外规定是指：

(1)《刑事诉讼法》第四条规定：国家安全机关依照法律规定，办理危害国家安全的刑事案件，行使与公安机关相同的职权。

(2)《刑事诉讼法》第十八条第二款规定的人民检察院直接受理立案侦查的刑事案件。

(3)《刑事诉讼法》第二百九十条规定：军队保卫部门对军队内部发生的刑事案件行使侦查权。对罪犯在监狱内犯罪的案件由监狱进行侦查。军队保卫部门、监狱办理刑事案件，适用本法的有关规定。

由此可见，除"法律另有规定"的这些案件由其他特定的机关行使侦查权外，绝大多数的刑事案件由公安机关负责立案侦查。公安机关是国家的治安保卫机关，肩负维护社会秩序，保障公民安全的职责，并具有同犯罪做斗争的丰富经验和必要的专门侦查手段。因此，法律把绝大多数需要侦查的刑事案件交由公安机关立案侦查，是与公安机关的性质、职能和办案条件相适应的，同时，也是完全符合同犯罪做斗争的需要的。

2. 人民检察院直接受理的刑事案件

《刑事诉讼法》第十八条第二款规定："贪污贿赂犯罪，国家工作人员的渎职犯罪，国家机关工作人员利用职权实施的非法拘禁、刑讯逼供、报复陷害、非法搜查的侵犯公民人身权利的犯罪以及侵犯公民民主权利的犯罪，由人民检察院立案侦查。对于国家机关工作人员利用职权实施的其他重大的犯罪案件，需要由人民检察院直接受理的时候，经省级以上人民检察院决定，可以由人民检察院立案侦查。"依照我国《刑法》第九十三条的规定，这里所说的"国家工作人员"是指：国家机关中从事公务的人员。国有公司、企业、事业单位、人民团体中从事公务的人员和国家机关、国有公司、企业、事业单位委派到非国有公司、企业、事业单位、社会团体从事公务的人员，以及其他依照法律从事公务的人员，以国家工作人员论。

从上述法律规定中可以看出，人民检察院直接自行侦查的案件主要有以下三类犯罪案件：

(1)贪污贿赂犯罪。

这类犯罪是指刑法分则第八章规定的国家工作人员贪污案，贿赂案，挪用救灾、抢险等款物案，挪用公款案，巨额财产来源不明案，隐瞒不报境外存款案等，以及其他章节中明确规定按照刑法分则第八章贪污贿赂罪的规定定罪处罚的犯罪。

(2)国家工作人员的渎职犯罪。

根据刑法分则第九章的有关规定，这类犯罪包括国家工作人员玩忽职守案，泄露国家秘密案，徇私枉法案，徇私舞弊案，私放在押的犯罪嫌疑人、被告人或者罪犯案等。另外，刑法分则第四章第二百四十八条规定的监管人员殴打、体罚、虐待被监管人罪，由人民检察院管辖。

(3)国家机关工作人员利用职权实施的侵犯公民人身权利和民主权利的犯罪。

主要是指国家机关工作人员利用职权实施的非法拘禁案、刑讯逼供案、报复陷害案、非法搜查案、暴力取证案以及破坏选举案等。

除上述三类犯罪案件外，《刑事诉讼法》第十八条第二款还规定了国家机关工作人员利用职权实施的其他重大犯罪案件，对此应理解为是人民检察院以立案侦查的方式，加强对公安机关立案侦查活动的个案监督。对于大部分刑事案件的立案侦查活动应当严格依照刑事诉讼法的规定进行，只有当出现极个别的国家机关工作人员利用职权实施的其他重大犯罪案件，确实不宜由公安机关立案侦查，必须由人民检察院直接管辖的，经省级以上人民检察院决定，才可以由人民检察院立案侦查。对于司法实践中有案不立、有罪不究、以罚代刑等问题，人民检察院应当根据《刑事诉讼法》第一百一十一条的规定，通知公安机关立案侦查。《刑事诉讼法》第十八条第二款的上述规定应属于检察机关直接受案方面的弹性规定，但必须在具体执行中严格掌握，不宜做任意扩大解释。

由人民检察院直接受理的上述刑事案件，其犯罪主体限于国家工作人员，而且属于国家工作人员职务上的犯罪或者利用职务上的便利进行的犯罪。人民检察院是国家的法律监督机关，对国家工作人员是否遵守法律负有特殊的监督责任。所以，法律规定这些与国家工作人员职务有关的犯罪案件，由人民检察院立案侦查，是同人民检察院的性质及其法定职责相适应的。

3.人民法院直接受理的刑事案件

由人民法院直接受理的刑事案件，是指刑事案件不需要经过公安机关或者人民检察院立案侦查，不通过人民检察院提起公诉，而由人民法院对当事人提起的诉讼直接立案和审判。这类刑事案件，在刑事诉讼中称为自诉案件。《刑事诉讼法》第十八条第三款规定：自诉案件，由人民法院直接受理。这一规定清楚地表明，人民法院直接受理的刑事案件，只限于自诉案件。所谓自诉案件，是指由被害人本人或者其近亲属向人民法院起诉的案件。根据刑事诉讼法第二百零四条的规定，自诉案件包括下列三类案件：

(1)告诉才处理的案件。

所谓告诉才处理的案件，在我国刑事诉讼中是指只有被害人或其法定代理人提出控告和起诉，人民法院才予以受理解决的案件；如果被害人因受到强制、威吓、无法告诉的，人民检察院或者被害人的近亲属也可以告诉。根据我国刑法的规定，告诉才处理的案件共有四种：刑法分则第二百四十六条第一款规定的公然侮辱、诽谤案(但是严重危害社会秩序和国家利益的除外)，第二百五十七条第一款规定的暴力干涉婚姻自由案，第二百六十条第一款规定的虐待案和第二百七十条规定的侵占他人财物案。这四种案件，犯罪情节轻微，案情都比较简单，不需要侦查即可查清案件事实，所以适宜由人民法院直接受理。需特别说明的是依照刑事诉讼法第八十八条的规定，告诉才处理的案件，如果被害人死亡或者丧失行为能力，其法定代理人、近亲属有权向人民法院起诉，人民法院应当依法受理。

(2)被害人有证据证明的轻微刑事案件

这主要是指人民检察院没有提起公诉，被害人有证据证明的，不需要进行专门调查和采取有关强制性措施即可查清案件事实的案件。这是对原刑事诉讼法关于人民法院直接受理的所谓“不需要进行侦查的轻微的刑事案件”规定的修改，有利于防止公、检、法三机关在刑事诉讼中相互推诿而使被害人告状无门的现象发生。

这类刑事案件主要包括：①故意伤害案(轻伤)；②重婚案；③遗弃案；④妨害通信自由案；⑤非法侵入他人住宅案；⑥生产、销售伪劣商品案(严重危害社会秩序和国家利益的除外)；⑦侵犯知识产权案(严重危害社会秩序和国家利益的除外)；⑧属于刑法分则第四章、第五章规定的，对被告人可以判处3年有期徒刑以下刑罚的其他轻微刑事案件等。

这类案件不仅案情比较轻微，而且事实明显，被告人明确，被害人有能够证明案件真实情况的事实，不需要动用侦查机关的力量去侦查，只需采用一般的调查方法就可以查明案件事实，所以也适宜由人民法院直接受理。上述所列八项案件中，被害人直接向人民法院起诉的，人民法院应当依法受理，对于其中证据不足、可由公安机关受理的，应当移送公安机关立案侦查。被害人向公安机关控告的，公安机关应当受理。被害人无证据或证据不充分的，人民法院应当说服其撤诉或者裁定驳回起诉。必要时，人民法院也可以将案件移送公安机关处理。

(3)被害人有证据证明对被告人侵犯自己人身、财产权利的行为应当依法追究刑事责任，而公安机关或者人民检察院已作出不予追究的书面决定的案件。

依据《刑事诉讼法》第一百七十条第三项的规定，这类案件从性质上说原属于公诉案件范围，若成为自诉案件，必须具备三个条件：一是被害人有足够证据证明；二是被告人侵犯了自己的人身、财产权利，应当追究被告人刑事责任的；三是公安机关或者人民检察院不予追究，并已经作出书面决定的。这类刑事案件的范围很广，既包括公安机关或检察机关不立案侦查或撤销的案件，也包括检察机关决定不起诉的案件。这样规定的目的，是为了加强对公安、检察机关立案管辖工作的制约，维护被害人的合法权益，解决司法实践中存在的“告状难”的问题。

上述由被害人起诉的案件，由人民法院直接受理，有无证据证明，是否属于轻微刑事案件，应由人民法院根据立案标准予以确认，并可以进行调解(《刑事诉讼法》第一百七十条第三项规定的案件除外)，这样既可以简化诉讼程序，避免诉讼的拖延，减轻群众的讼累，又有利于案件的解决和处理。

二、立案

(一)侦查部门立案的含义

刑事诉讼中的立案，是指公安机关、人民检察院发现犯罪事实或者犯罪嫌疑人，或者公安机关、人民检察院、人民法院对于报案、控告、举报和自首的材料，以及自诉人起诉的材料，按照各自的管辖范围进行审查后，决定作为刑事案件进行侦查或者审判的一种诉讼活动。

立案作为刑事诉讼开始的标志，是每一个刑事案件都必须经过的法定阶段，同时，这一诉讼阶段具有相对独立性和特定的诉讼任务，简而言之就是决定是否开始刑事诉讼程序。

(二)侦查部门立案的条件

立案的条件，是指立案必须具备的基本条件，也就是决定刑事案件成立，开始进行刑事追究所必须具备的法定条件。正确掌握立案的条件，是准确、及时地解决应否立案问题的关键。

《刑事诉讼法》第一百一十条规定：人民法院、人民检察院或者公安机关对于报案、控告、举报和自首的材料，应当按照管辖范围，迅速进行审查，认为有犯罪事实需要追究刑事责任的时候，应当立案；认为没有犯罪事实，或者犯罪事实显著轻微，不需要追究刑事责任的时候，不予立案，并且将不立案的原因通知控告人。控告人如果不服，可以申请复议。

根据这一规定，立案必须同时具备两个条件：一是有犯罪事实，称为事实条件；二是需要追究刑事责任，称为法律条件。

1.有犯罪事实

有犯罪事实，是指客观上存在着某种危害社会的犯罪行为，是立案的首要条件。如果没有犯罪事实存在，也就谈不到立案的问题了。有犯罪事实，包含两个方面的内容：

(1)要立案追究的，必须是依照刑法的规定构成犯罪的行为。根据刑法的规定，犯罪行为是指触犯刑律的、应受刑罚处罚的危害社会的行为。立案应当而且只能对犯罪行为进行。如果不是犯罪的行为，就不能立案。没有犯罪事实，或者根据《刑事诉讼法》第十五条第一项的规定，有危害社会的违法行为，但是情节显著轻微，危害不大，不认为是犯罪的，就不应立案。需要指出的是，由于立案是追究犯罪的开始，此时所说的有犯罪事实，仅是指发现有某种危害社会而又触犯刑律的犯罪行为发生，于整个犯罪的过程、犯罪的具体情节、犯罪人是谁等，并不要求在立案时就全部弄清楚。这些问题应当通过立案后的侦查或审理活动来解决。

(2)要有一定的事实材料证明犯罪事实确已发生。所谓确已发生就是指犯罪事实确已存在，包括犯罪行为已经实施、正在实施和预备犯罪。犯罪事实确已发生，必须有一定的事实材料予以证明，而不能是道听途说、凭空捏造或者捕风捉影。当然，立案仅仅是刑事诉讼的初始阶段，在这一阶段，尚不能要求证据达到能够证实犯罪嫌疑人为何人以及犯罪的目的、动机、手段、方法等一切案情的情节。但是，在这一阶段必须有一定的证据证明犯罪事实确已发生。

2.需要追究刑事责任

需要追究刑事责任，是指依法应当追究犯罪行为人的刑事责任。这是立案必须具备的另一个条件。只有存在依法需要追究行为人刑事责任的犯罪事实，才具有立案的价值。只有当有犯罪事实发生，并且依法需要追究行为人刑事责任时，才有必要而且应当立案。

根据《刑事诉讼法》第十五条的规定，虽有犯罪事实发生，但犯罪已过追诉时效期限的；经特赦令免除刑罚的；依照刑法告诉才处理的犯罪，没有告诉或者撤回告诉的；犯罪嫌疑人、被告人死亡的；其他法律规定免予追究刑事责任的，均不追究刑事责任。因此，凡犯罪行为人具有上述法定不追究刑事责任的情形之一的，就不应当立案。

对于有犯罪事实，需要追究刑事责任，但不属于自己管辖的案件，应当报经领导批准移送有管辖权的机关处理。

【案例分析】

公安机关对张某某立案的做法是否正确？

2011年10月份，犯罪嫌疑人常某外出打工回来，得知清凉店镇某村的张某曾两次强行与其妻张某某发生性关系，遂对张某怀恨在心。2012年3月5日凌晨，常某携带刀子翻墙进入张某居住的家中，用刀猛扎张某和张某的妻子刘某，致张某、刘某夫妇死亡。常某随后返回家中，告诉妻子张某某，要去西安打工，将自己身上的衣服洗一洗，但没有告诉张某某杀人的犯罪事实。2012 年 3 月 6 日，武邑县公安局以故意杀人罪对常某刑事拘留，以包庇罪对张某某立案并取保候审。该院经审查认为：在常某的整个犯罪过程中，张某某并不明知常某的故意杀人行为，也没有向公安机关做虚假证明，因而不构成犯罪，不应当对张某某立案并采取强制措施。经检察长批准，该院于 2012 年 3 月 20 日向公安机关发出《纠正违法通知书》，建议撤销对张某某的立案和强制措施。2012 年 3 月 21 日武邑县公安局通知该院，已撤销对张某某的取保候审措施。

第二节 刑事强制措施实务

【案例引导】

本案诉讼程序中有哪些错误之处？

某市和平区北京路派出所，2001 年 2 月 1 日晚接到被害人报案，称其在北京路上遭遇歹徒实施强奸。公安干警紧急出动，根据被害人指认，将犯罪嫌疑人刘某抓获。当夜，派出所所长签发了拘留证，48 小时后，侦查人员对刘某进行了讯问。2 月 6 日，公安机关提请人民检察院对刘某批准逮捕。人民检察院在 7 日之内作出了不批准逮捕的决定，公安机关认为人民检察院的决定有错误，于是向上一级人民检察院提请复核，并将刘某继续关押。

本案中程序错误的地方有：①派出所所长签发拘留证错误，应当由县级以上公安机关负责人签发。②48 小时后进行讯问错误，应当在拘留以后的 24 小时内进行讯问。③直接提请上一级人民检察院复核错误，应当先要求同级人民检察院复议，如果意见不被接受，可以向上一级人民检察院提请复核。④继续关押犯罪嫌疑人错误，公安机关接到人民检察院不批准逮捕的决定，必须将被拘留的人立即释放。

刑事诉讼中的强制措施，是指公安机关、人民检察院和人民法院为保证刑事诉讼的顺利进行，依法对刑事案件的犯罪嫌疑人、被告人的人身自由进行限制或者剥夺的各种强制性方法。我国的刑事强制措施包括拘传、取保候审、监视居住、拘留、逮捕五种，这五种措施是依照强制力度由轻到重的顺序依次排序的。

一、拘传

1. 拘传的概念

拘传是指侦查机关对需要拘传的犯罪嫌疑人，或者经过传唤没有正当理由而拒不到案的犯罪嫌疑人，所采取的强制其到达指定地点接受讯问的一种强制措施。

2. 拘传的对象

拘传的对象有两种。第一种是经过侦查机关合法传唤，没有正当理由而拒不到案的犯罪嫌疑人。第二种虽然未经传唤，但因侦查工作需要，对于某些犯罪嫌疑人也可以直接拘传，即为查清案件事实，对于作为侦查对象的犯罪嫌疑人，可不经传唤直接拘传。

3. 拘传的程序

(1)填写拘传证，并报负责人审批。

办案人员根据办案情况，认为需要采用拘传措施的，应首先填写呈请拘传报告书，并附上相关材料，报县级以上公安机关负责人或者人民检察院检察长批准，并签发拘传证。

(2)拘传的执行。

拘传应当由两人以上的执行人员执行。拘传时，应当向被拘传人出示拘传证，对抗拒拘传的，可以使用械具，强制到案。

(3)拘传的次数与时间。

法律未对拘传次数作出限制性规定，由侦查机关根据具体情况掌握，但不得以连续拘传的形式变相拘禁犯罪嫌疑人，为了保证犯罪嫌疑人的饮食和必要休息，两次拘传间隔的时间不得少于 12 小时。拘传持续的时间最长不得超过 12 小时，案情特别重大、复杂，需要采取拘留、逮捕措施的，拘传持续的时间不得超过 24 小时。

(4)拘传的地点。

拘传的地点，应在犯罪嫌疑人、被告人所在的市、县以内。如果犯罪嫌疑人的工作单位、户籍地与居住地不在同一市、县的，拘传应当在犯罪嫌疑人的工作单位所在地的市、县进行；特殊情况下，也可以在犯罪嫌疑人户籍地或者居住地所在的市、县内进行。

(5)拘传的结果。

公、检、法机关将犯罪嫌疑人、被告人拘传到案后，应当立即讯问。讯问结束后，应根据案件的情况作出不同的处理：认为依法应当限制或剥夺其人身自由的，可以采用其他相应的强制措施；认为不宜适用其他强制措施的，应立即释放，不得变相羁押。

二、取保候审

取保候审是指侦查机关责令犯罪嫌疑人提供保证人或者交纳保证金，保证其不逃避侦查，并能随传随到，而不对其实施羁押的一种强制措施。

1. 取保候审的条件

根据刑事诉讼法和相关规定，当犯罪嫌疑人符合下列条件时，可以取保候审：

(1)可能判处管制、拘役或者独立适用附加刑的；

(2)可能判处有期徒刑以上刑罚,采取取保候审不致发生社会危险性的;

(3)患有严重疾病、生活不能自理,怀孕或者正在哺乳自己婴儿的妇女,采取取保候审不致发生社会危险性的;

(4)对拘留的犯罪嫌疑人,证明不符合逮捕条件,需要继续侦查的;

(5)提请逮捕后,检察机关不批准逮捕需要继续侦查的;

(6)犯罪嫌疑人羁押期限届满,案件尚未办结,需要继续侦查的;

(7)持有有效护照等入境证件,可能逃避侦查,但不需要逮捕的。

根据《公安机关办理刑事案件程序规定》第七十八条:“对累犯,犯罪集团的主犯,以自伤、自残办法逃避侦查的犯罪嫌疑人,严重暴力犯罪以及其他严重犯罪的犯罪嫌疑人不得取保候审,但犯罪嫌疑人具有本规定第七十七条第一款第三项、第四项规定情形的除外。”

根据《人民检察院刑事诉讼规则(试行)》第八十四条规定:“人民检察院对于严重危害社会治安的犯罪嫌疑人,以及其他犯罪性质恶劣、情节严重的犯罪嫌疑人不得取保候审。”

2. 被取保候审人的义务

根据《刑事诉讼法》第六十九条规定,被取保候审的犯罪嫌疑人、被告人应当遵守以下规定:

(1)未经执行机关批准不得离开所居住的市、县;

(2)住址、工作单位和联系方式发生变动的,在24小时以内向执行机关报告;

(3)在传讯的时候及时到案;

(4)不得以任何形式干扰证人作证;

(5)不得毁灭、伪造证据或者串供。

此外,侦查机关可以根据案件情况,责令被取保候审的犯罪嫌疑人、被告人遵守以下一项或者多项规定:①不得进入特定的场所;②不得与特定的人员会见或者通信;③不得从事特定的活动;④将护照等出入境证件、驾驶证件交执行机关保存。

取保候审人违反规定或者在取保候审期间重新犯罪应当承担相应的后果。被取保候审人违反规定的,已经交纳保证金的,没收保证金。应当没收保证金的,由县级以上执行机关作出没收部分或者全部保证金的决定,并通知决定机关。被取保候审人没有违反法律规定的取保候审期间的义务,但在取保候审期间涉嫌重新犯罪被侦查机关立案侦查的,执行机关应当暂扣其保证金,待法院判决生效后,再决定是否没收。对故意重新犯罪的,应当没收保证金;对过失重新犯罪或者不构成犯罪的,应当退还保证金。犯罪嫌疑人在取保候审期间未违反规定的,取保候审结束的时候应当退还保证金。

3. 取保候审的程序

被羁押的犯罪嫌疑人及其法定代理人、近亲属或者辩护人有权申请取保候审。申请应采用书面形式,有关机关应在收到书面申请后3日内作出决定。对符合取保候审条件并提出了保证人或者能交纳保证金的,侦查机关应当同意。对不符合条件不同意取保候审的,应当告知申请人并说明不同意的理由。

三、监视居住

监视居住指侦查机关为了防止犯罪嫌疑人逃避侦查或者妨碍侦查的顺利进行,依法命

令其不得擅自离开住所或者指定的居所,并对其活动予以监视和控制的一种强制方法。

1.监视居住的条件

根据刑事诉讼法和相关规定,对符合逮捕条件,有下列情形之一的犯罪嫌疑人可以监视居住:

(1)患有严重疾病、生活不能自理的;

(2)怀孕或者正在哺乳自己婴儿的妇女;

(3)系生活不能自理的人的唯一扶养人;

(4)因为案件的特殊情况或者办理案件的需要,采取监视居住措施更为适宜的;

(5)羁押期限届满,案件尚未办结,需要采取监视居住措施的;

(6)对检察机关决定不批准逮捕的犯罪嫌疑人,需要继续侦查的;

(7)对符合取保候审条件,但犯罪嫌疑人不能提出保证人,也不交纳保证金的;

(8)被取保候审人违反规定义务的,可以监视居住。

2.被监视居住人的义务

《刑事诉讼法》第七十五条规定了被监视居住的犯罪嫌疑人、被告人应当遵守以下规定:

(1)未经执行机关批准不得离开执行监视居住的处所;

(2)未经执行机关批准不得会见他人或者通信;

(3)在传讯的时候及时到案;

(4)不得以任何形式干扰证人作证;

(5)不得毁灭、伪造证据或者串供;

(6)将护照等出入境证件、身份证件、驾驶证件交执行机关保存。

被监视居住的犯罪嫌疑人、被告人违反前款规定,情节严重的,可以予以逮捕;需要予以逮捕的,可以对犯罪嫌疑人、被告人先行拘留。

3.监视居住的程序

根据《刑事诉讼法》第七十七条规定,侦查机关机关对犯罪嫌疑人的监视居住最长不得超过六个月。侦查机关对同一个犯罪嫌疑人不得重复采用监视居住措施。侦查机关决定对犯罪嫌疑人监视居住的,应当向其本人宣布,并由其本人在监视居住决定书上签名和按手印。

四、拘留

拘留是指在侦查过程中,在紧急情况下,依法临时剥夺其某些现行犯或者重大嫌疑分子人身自由的一种强制措施。

1.拘留的对象

拘留的对象包括两种:一种是罪该逮捕的现行犯,即正在实施犯罪行为而且有可能判处徒刑以上刑罚的人;另外一种是有证据证明有重大犯罪嫌疑的人。侦查机关对于现行犯或者重大嫌疑分子,如果有下列情形之一的,可以先行拘留:

(1)正在预备犯罪、实行犯罪或者在犯罪后即时被发觉的;

(2)被害人或者在场亲眼看见的人指认他犯罪的;

(3)在身边或者住处发现有犯罪证据的；

(4)犯罪后企图自杀、逃跑或者在逃的；

(5)有毁灭、伪造证据或者串供可能的；

(6)不讲真实姓名、住址，身份不明的；

(7)有流窜作案、多次作案、结伙作案重大嫌疑的；

(8)被取保候审、监视居住的犯罪嫌疑人违反取保候审、监视居住规定，情节严重，需要予以逮捕的，可以先行拘留。

在人民检察院直接受理的案件中，当出现以下两种情况时，检察院有权利决定拘留：①犯罪后企图自杀、逃跑或者在逃的；②有毁灭、伪造证据或者串供可能的。

人民检察院决定拘留后，由公安机关执行。

2. 拘留的程序

公安机关是拘留的执行机关，公安机关拘留犯罪嫌疑人，应当填写呈请拘留报告书，经县级以上公安机关负责人批准，签发拘留证；对于检察院直接受理的案件，检察机关作出拘留决定后，送达同级公安机关执行，必要时人民检察院可以协助公安机关执行。拘留应遵守以下程序：

(1)公安机关执行拘留必须出示县级以上公安机关负责人签发的拘留证(持证)；

(2)执行拘留的人员不得少于两人；

(3)拘留后，应当立即将被拘留人送看守所羁押，至迟不得超过 24 小时；

(4)除无法通知或者涉嫌危害国家安全犯罪、恐怖活动犯罪通知可能有碍侦查的情形以外，应当在拘留后 24 小时以内，通知被拘留人的家属，有碍侦查的情形消失以后，应当立即通知被拘留人的家属；

(5)公安机关对被拘留的人，应当在拘留后的二十四小时以内进行讯问。在发现不应当拘留的时候，必须立即释放，发给释放证明。

(6)公安机关在异地执行拘留的时候，应当通知被拘留人所在地的公安机关，被拘留人所在地公安机关应当予以配合。

3. 拘留的期限

对于公安机关依法决定和执行的刑事拘留，拘留的期限是法律分别规定的公安机关提请人民检察院批准逮捕的时间和人民检察院审查批准逮捕的时间的总和。

公安机关对被拘留的人认为需要逮捕的，应当在拘留后的 3 日以内，提请人民检察院审查批准。在特殊情况下，经县级以上公安机关负责人批准，提请审查批准的时间可以延长 1 日至 4 日。对于流窜作案、多次作案、结伙作案的重大嫌疑分子，经县级以上公安机关负责人批准，提请审查批准的时间可以延长至 30 日。

人民检察院应当自接到公安机关提请批准逮捕书后的 7 日以内，作出批准逮捕或者不批准逮捕的决定。人民检察院不批准逮捕的，公安机关应当在接到通知后立即释放犯罪嫌疑人，并且将执行情况及时通知人民检察院。对于需要继续侦查，并且符合取保候审、监视居住条件的，依法取保候审或者监视居住。

人民检察院对直接受理的案件中被拘留的人，认为需要逮捕的，应当在 10 日内作出决定。在特殊情况下，决定逮捕的时间可以延长 1 日至 4 日。对于不需要逮捕的，应当立即释放。对于需要继续侦查,并且符合取保候审、监视居住条件的,依法取保候审或者监视居住。

综上所述,一般情况下,刑事诉讼拘留的期限最长为 14 日。流窜作案、多次作案、结伙作案的重大嫌疑分子,拘留期限最长为 37 日。人民检察院刑事拘留的期限最长为 14 日。

五、逮捕

《刑事诉讼法》第七十九条规定:对有证据证明有犯罪事实,可能判处徒刑以上刑罚的犯罪嫌疑人、被告人,采取取保候审、监视居住等方法,尚不足以防止发生社会危险性,而有逮捕必要的,可以逮捕。

逮捕是刑事诉讼强制措施中最严厉的一种,它不仅剥夺了犯罪嫌疑人、被告人的人身自由,而且逮捕后除发现不应当追究刑事责任和符合变更强制措施条件的以外,对被逮捕人的羁押期间一般要到人民法院判决生效为止。正确、及时地使用逮捕措施,可以发挥其打击犯罪、维护社会秩序的重要作用,有效地防止犯罪嫌疑人或者被告人串供、毁灭或者伪造证据、自杀、逃跑或继续犯罪,有助于全面收集证据、查明案情、证实犯罪,保证侦查、起诉、审判活动的顺利进行。所以逮捕是同犯罪做斗争的重要手段。但错捕滥捕会伤害无辜,侵犯公民的人身权利和民主权利,破坏社会主义法制的尊严和权威,损害公安司法机关的威信。因此,必须坚持“少捕”和“慎捕”的刑事政策,切实做到不枉不纵,既不能该捕不捕,也不能以捕代侦,任意逮捕。对无罪而错捕的,要依照国家赔偿法的规定对受害人予以赔偿。

1.逮捕的适用条件

根据《刑事诉讼法》的规定,逮捕必须同时具备以下三个条件:

(1)有证据证明有犯罪事实,可能判处徒刑以上刑罚,采取取保候审尚不足以防止发生特定的社会危险性的,应当予以逮捕。

根据有关规定,有证据证明有犯罪事实是指同时具备下列情形:①有证据证明发生了犯罪事实。犯罪事实既可以是单一犯罪行为的事实,也可以是数个犯罪行为中任何一个犯罪行为的事实。对实施多个犯罪行为或者共同犯罪案件的犯罪嫌疑人,具有下列情形之一即可:有证据证明犯有数罪中的一罪的;有证据证明有多次犯罪中的一次犯罪的;共同犯罪中已有证据证明有犯罪行为的。②有证据证明犯罪事实是犯罪嫌疑人实施的。③证明犯罪嫌疑人实施犯罪行为的证据已有查证属实的。逮捕不同于定罪,逮捕的标准低于定罪的标准,不要求证明犯罪嫌疑人实施犯罪行为的所有证据都已查证属实,只要求有证据已被查证属实即可。

可能判处徒刑以上刑罚,这是关于犯罪严重程度的规定。基于已有证据证明的犯罪事实,根据我国刑法的有关规定,初步判定犯罪嫌疑人、被告人可能被判处有期徒刑以上的刑罚,而不是可能被判处管制、拘役、独立适用附加刑等轻刑或者可能被免除刑罚的。

采取取保候审尚不足以防止发生社会危险性,而有逮捕必要的。具体包括以下情形:①可能实施新的犯罪的;②有危害国家安全、公共安全或者社会秩序的现实危险的;③可能毁灭、伪造证据,干扰证人作证或者串供的;④可能对被害人、举报人、控告人实施打击报复的;⑤企图自杀或者逃跑的。

(2)有证据证明有犯罪事实,可能判处十年有期徒刑以上刑罚的,或者有证据证明有犯罪事实,可能判处徒刑以上刑罚,曾经故意犯罪或者身份不明的,应当予以逮捕。

(3)被取保候审、监视居住的犯罪嫌疑人、被告人违反取保候审、监视居住规定，情节严重的，可以予以逮捕。

2.逮捕的适用机关

我国《宪法》第三十七条规定：任何公民，非经人民检察院批准或者决定或者人民法院决定，并由公安机关执行，不受逮捕。《刑事诉讼法》第七十八条规定：逮捕犯罪嫌疑人、被告人，必须经过人民检察院批准或者人民法院决定，由公安机关执行。

据此，逮捕犯罪嫌疑人、被告人的批准权或者决定权属于人民检察院和人民法院。对于公安机关移送要求审查批准逮捕的案件，人民检察院有批准权。人民检察院在侦查及审查起诉中，认为犯罪嫌疑人符合法律规定的逮捕条件，应予逮捕的，依法有权自行决定逮捕。人民法院直接受理的自诉案件中，对被告人需要逮捕的，人民法院有决定权。对于人民检察院提起公诉的案件，人民法院在审判阶段发现需要逮捕被告人的，有权决定逮捕。公安机关无权自行决定逮捕。逮捕的执行权属于公安机关，人民检察院和人民法院决定逮捕的都必须交付公安机关执行。

3.批准和决定程序

(1)人民检察院对公安机关提请逮捕的批准程序。

公安机关要求逮捕犯罪嫌疑人的时候，应当经县级以上公安机关负责人批准，制作提请批准逮捕书一式三份，连同案卷材料、证据，一并移送同级人民检察院审查。

检察机关在接到公安机关的报捕材料后，由审查逮捕部门指定办案人员进行审查。办案人员应当查阅案卷材料，制作阅卷笔录，提出批准或者不批准逮捕的意见，经部门负责人审核后，报请检察长批准或者决定；重大案件应当经检察委员会讨论决定。必要的时候，人民检察院可以派人参加公安机关对于重大案件的讨论。

对公安机关提请批准逮捕的犯罪嫌疑人已被拘留的，人民检察院应当在 7 日内作出是否批准逮捕的决定；未被拘留的，应当在接到提请批准逮捕书后的 15 日以内作出是否批准逮捕的决定，重大、复杂的案件不得超过 20 日。

检察机关经审查应当分别作出以下决定：①对于符合逮捕条件的，作出批准逮捕的决定，制作批准逮捕决定书；②对于不符合逮捕条件的，作出不批准逮捕的决定，制作不批准逮捕决定书，说明不批准逮捕的理由，需要补充侦查的，应当同时通知公安机关。

人民检察院办理审查逮捕案件，发现应当逮捕而公安机关未提请批准逮捕的犯罪嫌疑人的，应当建议公安机关提请批准逮捕。公安机关认为建议正确的，应当立即提请批准逮捕；认为建议不正确的，应当将不提请批准逮捕的理由通知人民检察院。如果公安机关不提请批准逮捕的理由不能成立的，人民检察院也可以直接作出逮捕决定，送达公安机关执行。

对于人民检察院批准逮捕的决定，公安机关应当立即执行，并且将执行回执在 3 日以内送达作出批准决定的人民检察院。如果未能执行，也应当将执行回执送达人民检察院，并写明未能执行的原因。如果公安机关发现逮捕不当，应当及时予以变更，并将变更的情况及原因在作出变更决定后 3 日内通知原批准逮捕的人民检察院。人民检察院认为变更不当的，应当通知作出变更决定的公安机关纠正。

对于不批准逮捕的，人民检察院应当说明理由，需要补充侦查的，应当同时通知公安机关。对于人民检察院决定不批准逮捕的，公安机关在收到不批准逮捕决定书后，应当立即释放在押的犯罪嫌疑人或者变更强制措施，并将执行回执在收到不批准逮捕决定书后的3日以内送达作出不批准逮捕决定的人民检察院。对于需要继续侦查，并且符合取保候审、监视居住条件的，依法取保候审或者监视居住。

公安机关对人民检察院不批准逮捕的决定，认为有错误的时候，可以向同级人民检察院要求复议，但是必须将被拘留的人立即释放。如果意见不被接受，可以向上一级人民检察院提请复核。上级人民检察院应当立即复核，作出是否变更的决定，通知下级人民检察院和公安机关执行。

(2)人民检察院决定逮捕的程序。

人民检察院决定逮捕犯罪嫌疑人有以下两种情况：

①对于人民检察院自己立案侦查的案件，侦查与逮捕应该分别由不同的部门负责，以加强人民检察院的内部制约。人民检察院对于自己立案侦查的案件，需要采取逮捕措施时，先由侦查部门填写逮捕犯罪嫌疑人意见书，连同案卷材料和证据一起移送审查批准逮捕部门审查，由检察长决定。对重大、疑难、复杂案件的犯罪嫌疑人的逮捕，提交检察委员会讨论决定。

②人民检察院对于公安机关移送起诉的案件认为需要逮捕的，由审查起诉部门填写逮捕犯罪嫌疑人审批表，连同案卷材料和证据，移送审查批准逮捕部门审查后，报检察长或者检察委员会决定。

人民检察院决定逮捕的，由检察长签发决定逮捕通知书，通知公安机关执行。

4.执行程序

逮捕犯罪嫌疑人、被告人，一律由公安机关执行。公安机关在接到执行逮捕的通知后，必须立即执行，并将执行的情况通知人民检察院、人民法院。公安机关执行逮捕的程序是：

(1)对于人民检察院批准或者决定，人民法院决定逮捕的犯罪嫌疑人、被告人，应当由县级以上公安机关负责人签发逮捕证，立即执行。

(2)执行逮捕的人员不得少于2人。执行逮捕时，必须向被逮捕人出示逮捕证，并责令被逮捕人在逮捕证上签名(盖章)或按手印。被逮捕人拒绝在逮捕证上签字或按手印的，应在逮捕证上注明。

(3)逮捕犯罪嫌疑人、被告人后，提请批准逮捕的公安机关、批准或决定逮捕的人民检察院或者作出逮捕决定的人民法院，应当在24小时之内进行讯问。对于发现不应当逮捕的，应当变更强制措施或者立即释放。立即释放的，应当发给释放证明。除有碍侦查或者无法通知的情形外，应在24小时以内将逮捕的原因和羁押的处所，通知被逮捕人的家属或所在单位。不便通知的，应将不通知的原因在案卷中注明。

(4)到异地逮捕的，公安机关应当通知被逮捕人所在地的公安机关。公安机关到异地执行逮捕时，应携带批准逮捕决定书及其副本、逮捕证、介绍信以及被逮捕人犯罪的主要材料等，被逮捕地的公安机关应当协助执行。

(5)公安机关释放被逮捕的人，或者将逮捕变更为取保候审或监视居住的，应当通知人民检察院。

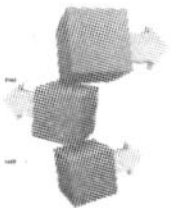

【案例分析】

本案中,公安机关决定对犯罪嫌疑人王某取保候审是否正确?犯罪嫌疑人王某在取保候审期间多次企图掐死自己的孩子并企图自杀,公安机关是否可以将其依法逮捕?

犯罪嫌疑人王某与丈夫感情不和,在一次争吵后,王某趁丈夫熟睡将其打成重伤,后企图自杀,被邻居救下以后扭送公安机关。公安机关经过审查发现其有一个未满一周岁的孩子需要哺育,于是决定对其取保候审。在取保候审期间,犯罪嫌疑人王某多次企图掐死自己的孩子并企图自杀,都被邻居救下,邻居将其送公安机关要求将其逮捕。

本案中,公安机关决定对犯罪嫌疑人王某取保候审是正确的。刑事诉讼法规定,对应当逮捕的犯罪嫌疑人、被告人,如果患有严重疾病,或者是正在怀孕、正在哺乳的妇女,可以采用取保候审或者监视居住的办法。犯罪嫌疑人王某有一个未满一周岁的孩子需要哺育,符合刑事诉讼法的规定,可以对其取保候审。犯罪嫌疑人王某在取保候审期间多次企图掐死自己的孩子并企图自杀,公安机关可以将其依法逮捕。刑事诉讼法规定,对有证据证明有犯罪事实,可能判处徒刑以上刑罚的犯罪嫌疑人、被告人,采取取保候审、监视居住等方法,尚不足以防止发生社会危险性,而有逮捕必要的,应即依法逮捕。犯罪嫌疑人王某在取保候审期间多次企图掐死自己的孩子并企图自杀,说明对其采取取保候审方法,尚不足以防止发生社会危险性,而有逮捕必要,公安机关可以报请。

第三节 刑事讯问实务

【案例引导】

该案件的破获侦查讯问起了至关重要的作用!

一起普通的交通肇事案,牵出了系列瞠目结舌的盗车案。××××年8月1日正午,南昌至九江的高速公路东线新祺周服务区道口旁,40岁的水电维修工胡某在等候往北的客车时,被一辆白色本田轿车撞伤后在送往医院的途中死亡,肇事司机是一位着警服的男子,肇事后下落不明。经查证,此车是被盗的赣A13×××轿车。

经多方侦查，确定特警支队勤务处副处长刁×有重大盗窃和交通肇事逃逸嫌疑，遂对其采取了措施，当场缴获了他随身携带的2张伪造的本田轿车行车证。审讯中，刁×对交通肇事逃逸的事实供认不讳，但盗窃车辆一事，经多次审讯未取得进展。侦查讯问人员根据掌握的情况对案情反复进行了分析研究，认为刁×盗窃车辆嫌疑非常大，需进一步加强工作、扩大战果。

据此，专案组准备了几套方案，正面攻不下，就采取迂回包抄的战术。一是通过对其社会关系和社会活动情况进行调查，发现了同案嫌疑人；二是通过各种侦查手段查获了一部分赃车和其他物证；三是针对刁×这样的嫌疑人，制定了详细的讯问方案。

刁×一直从事公安工作，曾干过刑警，有较强的反侦查意识。侦查讯问人员在审讯前认真分析了案情，充分研究了刁×的性格特点和心理状态，明确了产生侥幸心理的原因，有针对性地制定了讯问策略和方法，并规定了严格的工作纪律。由于外围证据确凿、事实充分、审讯方法得当，刁×在人证、物证面前，心理发生了动摇，加之审讯人员在施以强大的政策攻势的同时，在生活上给他热忱的关心照顾，致使刁×十分感动，最后，他痛哭流涕地开口交代了他盗窃系列高档轿车的作案经过。根据刁×的口供，通过进一步的侦查工作，基本查清了刁×等八人(民警三人)在南昌市区盗窃本田等高档轿车29辆及销往北京、杭州、山东等地的犯罪事实。

该案的成功侦破，既是各项侦查措施综合运用的结果，同时也说明了侦查讯问在查清全案事实、发现其他犯罪行为和线索、扩大战果等方面的重要作用。

一、讯问犯罪嫌疑人概念

讯问犯罪嫌疑人，是侦查人员依照法定的程序，以言词的方式对被怀疑犯有罪行的人进行讯问的一种侦查行为。在国外，因赋予犯罪嫌疑人沉默权，犯罪嫌疑人面对侦查人员的讯问有保持沉默的权利，并不能因为犯罪嫌疑人在被讯问时保持沉默即对犯罪嫌疑人作出不利推论或者处罚，因而，其侦查讯问并非一项强制侦查行为，而是一种任意侦查。由于我国《刑事诉讼法》规定犯罪嫌疑人不享有沉默权，而对侦查人员的讯问有如实陈述的义务，因而，在我国，讯问犯罪嫌疑人是一项强制侦查行为。

二、讯问犯罪嫌疑人程序[①]

根据刑事诉讼法和有关规定，讯问犯罪嫌疑人必须遵守下列程序：

1. 讯问的主体

讯问犯罪嫌疑人应当由侦查人员进行，非侦查人员不得讯问犯罪嫌疑人。讯问犯罪嫌

① 万毅，林喜芬. 刑事诉讼法[M]. 北京：清华大学出版社，2010.

疑人时，侦查人员不得少于两人。之所以要求讯问犯罪嫌疑人时，侦查人员不得少于两人，按照我国理论界的通说，一是因为侦查人员一人讯问时，自审自记，容易出现篡改笔录以及刑讯逼供、威胁、引诱、欺骗等非法方法讯问犯罪嫌疑人，因此，讯问犯罪嫌疑人时二人同行、互相监督；二是为了确保侦查人员的人身安全，防止犯罪嫌疑人暴起行凶。

2. 讯问的时间、地点

对于不需要逮捕、拘留的犯罪嫌疑人，可以传唤到犯罪嫌疑人所在市、县指定的地点或者到他的住处进行讯问。换言之，对不需要逮捕、拘留的犯罪嫌疑人不得进行异地讯问。犯罪嫌疑人已被拘留或逮捕的，讯问时应当填写提讯证，在看守所或公安机关的工作场所进行讯问。

3. 讯问犯罪嫌疑人应当个别进行

对同案犯罪嫌疑人进行讯问时应当个别进行，以防止其相互影响，但在必要时，可以批准或者要求同案犯罪嫌疑人相互对质。

4. 讯问的步骤、方法

侦查人员在讯问犯罪嫌疑人之前，应当了解案件情况和证据材料，制订讯问计划，列出讯问提纲。侦查人员在第一次讯问时，应当问明犯罪嫌疑人的姓名、别名、曾用名、出生年月日、户籍所在地、暂住地、籍贯、出生地、民族、职业，文化程度、家庭情况、社会经历，是否受过刑事处罚或行政处理等情况。

侦查人员在问明基本情况后，应当首先讯问犯罪嫌疑人是否有犯罪行为，让他陈述有罪的情节或者无罪的辩解，然后再向他提出问题，此即自然陈述原则。自然选择的主要目的是防止侦查人员先入为主。侦查人员在讯问犯罪嫌疑人时，应当不带任何偏见和成见地让他自然陈述，在其承认犯罪的情况下，再详细讯问犯罪的事实和情节；如果犯罪嫌疑人否认犯罪应当认真听取他申辩的事实和理由。然后，就供述或辩解中的不清楚、不全面或者前后矛盾的地方向他提问，以保证讯问工作的客观、公正。

5. 犯罪嫌疑人承担如实陈述的义务

根据我国《刑事诉讼法》第一百一十八条的规定："犯罪嫌疑人对侦查人员的提问，应当如实回答。但是对于与本案无关的问题，有拒绝回答的权利。"据此，在我国，犯罪嫌疑人在侦查中并不享有沉默权，而承担如实陈述的义务。

6. 严禁非法取供

《刑事诉讼法》第五十条规定，侦查人员在讯问犯罪嫌疑人时，严禁刑讯逼供和以威胁、引诱、欺骗以及其他非法的方法获取犯罪嫌疑人的供述。《最高人民法院关于执行〈中华人民共和国刑事诉讼法〉若干问题的解释》也规定，严禁以非法的方法收集证据。凡经查证确实属于采取刑讯逼供或者威胁、引诱、欺骗等方法获取的证人证言、被害人陈述、被告人供述，不能作为定案的根据。《人民检察院刑事诉讼规则》也有类似的规定。

7. 讯问未成年和聋、哑等犯罪嫌疑人的特殊要求

对未成年人犯罪的追诉和矫正程序，有其特殊性。讯问未成年犯罪嫌疑人，也应当针对未成年人的身心特点，采取不同于成年人的方式，包括：除有碍侦查或者无法通知的情形外，应当通知其家长、监护人或者教师到场；讯问可以在公安机关进行，也可以到未成年人的住

所、单位、学校或其他适当的地点进行。讯问聋哑犯罪嫌疑人，应当有通晓聋、哑手势的人参加，并在讯问笔录上注明犯罪嫌疑人的聋、哑情况，以及翻译人的姓名，工作单位，和职业。讯问不通晓当地语言文字的犯罪嫌疑人，应当配备翻译人员。

8. 讯问笔录的制作

《刑事诉讼法》规定讯问犯罪嫌疑人，应当制作讯问笔录。侦查人员应当将问话和嫌疑人的供述或者辩解如实的记录清楚。根据公安部《公安机关办理刑事案件程序规定》第一百八十四条与第一百八十五条对讯问笔录的制作要求做了如下详细规定：讯问笔录应当交给犯罪嫌疑人核对或者向他宣读。如果记录有差错或者遗漏，应当允许犯罪嫌疑人更正或补充，并且按手印。笔录经犯罪嫌疑人核对无误后，应当由其在笔录上逐页签名(盖章)、按手印，并在末页写明“以上笔录我看过(或向我宣读过)，和我说的相符”。拒绝签名(盖章)、按指印的，侦查人员应当在笔录上注明。讯问笔录上所列项目，应当按规定填写齐全。侦查人员、翻译人员应当在讯问笔录上签名或者盖章。犯罪嫌疑人请求自行书写供述的，应当准许；必要时，侦查人员也可以要求犯罪嫌疑人亲笔书写供词。犯罪嫌疑人应当在亲笔供词的末页签名(盖章)、按手印。侦查员收到后，应当在首页右上方写明“于某年某月某日收到”并签名。

9. 讯问犯罪嫌疑人，在文字记录的同时可以根据需要录音、录像

录音、录像可以更为客观真实的记录讯问全部过程，对于防止侦查人员采用刑讯逼供、威胁、引诱、欺骗等非法方法收集证据具有非常重要的意义。但要注意的是，在录音、录像的同时，仍然需要制作书面讯问笔录，并不是说有了录音录像就无需制作讯问笔录；另一方面，音、像是根据需要而进行，并非每一刑事案件均需要录音、录像。实践中公安机关由于侦查的案件数量较大也无法做到每案均有录音、录像，而是针对重大刑事案件讯问过程录音、录像。

三、讯问犯罪嫌疑人的一般策略[①]

1. 制定讯问的一般策略的依据

讯问策略是指侦查人员组织、计划和进行讯问活动时，依据根据讯问需要的情景，施加积极的心理影响，从被讯问人那里获得客观的真实性供述和辩解的最合理、最适宜、最有效的行为方式。讯问策略方法是指讯问人员为促使犯罪嫌疑人如实供述犯罪事实以及案件有关情况所实施的讯问计谋与策略。由于讯问是侦查人员与犯罪嫌疑人之间进行的一场短兵相接的说理斗争，也是侦查人员与犯罪嫌疑人之间的一场面对面的尖锐复杂的斗智过程，因此在讯问中需要一定的策略方法。尤其是侦查讯问复杂案件、对付狡猾顽固的对手时，策略的运用更是必不可少。侦查人员在对犯罪嫌疑人所实施的危害社会的行为、作案时的心理状态、受讯时的心理状态等方面做了充分的分析和观察之后，从消除犯罪嫌疑人对抗讯问的某种心理状态，促使其根据陈述而制订讯问计划。

---

① 王传道. 刑事侦查学[M]. 4版. 北京：中国政法大学出版社，2013.

2.常用的讯问策略

(1)出其不意、先发制人。

“出其不意,先发制人”的讯问策略,是指在犯罪嫌疑人刚刚被拘捕,思想处于惊恐、慌乱、紧张、猜疑之际选择其较为薄弱的环节作为讯问的进路,攻其不备,先声夺人,给犯罪嫌疑人造成大势已去的态势,从而打开缺口,迫使其客观全面的交代犯罪事实。

运用“出其不意,先发制人”的策略方法,应当掌握以下要领:

①利用犯罪嫌疑人的被拘捕的最初阶段,特别是嫌疑人与外界隔离的思想混乱、情绪不稳定和心理波动较大的情绪的时机,出其不意、攻其不备,缓解、制服和消融犯罪嫌疑人的防御体系,促使犯罪嫌疑人交代有关犯罪事实。

②讯问人员应当做到举止庄重、严肃认真、沉着老练、不露声色,使犯罪嫌疑人感觉到已露马脚难以蒙混过关,并陷入罪责难逃的处境,讯问人员抓住战机,趁热打铁,紧逼讯问,可以获得良好效果。

③讯问人员可以采用先“抑”的方法,通过对其拍照,让其按手印,甚至可以通过测量足迹,或者采取血样,给其造成某种心理错觉,使之陷入困境,然后,迅速发动攻势迫其就范,从而达到讯问的目的。

(2)政策攻心、瓦解思想。

政策攻心,瓦解思想是指以政策、法律为武器有针对性地对犯罪嫌疑人进行思想教育、申明政策的意义,指出其错误观点,采用晓之以理、动之以情的方法,指明出路,动摇瓦解其思想基础,促使其弃恶从善,自愿对案件事实进行供述。

政策攻心时应该掌握以下要领:

①全面阐述“惩办与宽大相结合”、“宽严相济”的刑事政策精神,阐明这一形势政策的严肃性和灵活性,充分发挥对犯罪嫌疑人的震慑力和感召力,引起心理的共鸣。

②政策攻心,掌握时机,真正地使政策攻在“心”上,击中要害,瓦解思想。犯罪嫌疑人供述犯罪事实一般要经历试探摸底、徘徊动摇、半供述半遮掩、全部供述的过程。在犯罪嫌疑人徘徊动摇、欲交代罪行又唯恐得不到宽大处理的时候,讯问人员应当抓住有利时机加大攻击力度,促使其丢掉幻想,转变思想,供述犯罪事实。

(3)利用矛盾、分化瓦解。

“利用矛盾,分化瓦解”的讯问策略,是指侦查人员在讯问犯罪嫌疑人过程中,充分利用犯罪嫌疑人的口供与犯罪事实的矛盾、口供自身的矛盾、口供与客观条件的矛盾、犯罪嫌疑人之间的矛盾等来揭露犯罪嫌疑人的编造谎言或者是虚假陈述行为,或者利用同案犯之间的利害矛盾关系,分化其心理,瓦解其同盟,促使其客观供述的讯问方法。

运用利用矛盾、分化瓦解时应该掌握以下要领:

①善于发现矛盾,讯问人员在讯问过程中要善于让犯罪嫌疑人暴露矛盾,并及时发现矛盾。这些矛盾主要表现在放犯罪嫌疑人的口供与其他证据口供与其他证据、口供前后、口供内部、口供与其他同案犯的口供、共同犯罪嫌疑人之间的矛盾。当发现矛盾后,要判断为何出现矛盾,犯罪嫌疑人企图掩盖的是什么问题,其目的是什么,对其分析要透彻、准确。

②善于利用矛盾。讯问人员发现矛盾后要善于利用矛盾,方能制服犯罪嫌疑人。被讯问人的供述出现矛盾时,不要迅速揭露或立即批驳,必要时可让其重复讲几遍,借题发挥,让

其充分表演，欲擒故纵，将计就计，让矛盾得以充分暴露，矛盾出现得越多越好。然后，利用自相矛盾，批驳伪供，使其作茧自缚，不能自圆其说。对同案犯、犯罪集团成员，应当充分利用它们之间可能存在的争名夺利、钩心斗角、相互猜疑、互不信任以及争风吃醋的矛盾，选准薄弱环节，穷追不舍、各个击破。

(4)巧用证据、打破僵局。

巧用证据、打破僵局的讯问策略，是指在讯问过程中有计划、有步骤地运用证据，促使犯罪嫌疑人如实供述的策略方法。讯问中有选择、有准备、有控制地适时出示证据，是击破犯罪嫌疑人的顽固态度，促使其供述的常用的有效的策略。

运用这一策略应该掌握以下要领：

①出示证据的原则，训练中需要出示的证据应当是确实可靠的；对不十分可靠的证据要宁缺毋滥，坚持少用证据，宁少勿多，尽可能起到“以少证获真实供述”的作用。

②出示证据要有准备，在出示证据之前，应当分析犯罪嫌疑人拒供或不彻底交代犯罪事实的原因何在，在什么问题上使用何种证据，讯问人员如何发问，犯罪嫌疑人可能出现几种狡辩，针对辩解如何利用证据、利用何种证据等，防止使用不当，出现讯问僵局。在利用证据选择上，抓住犯罪嫌疑人的心理弱点，选择容易突破的薄弱环节，采用虚虚实实的策略方法来使用证据。

③出示证据要掌握时机。出示证据应当审时度势，把握时机特别是当犯罪嫌疑人侥幸心理严重，无理狡辩，拒不如实供述犯罪事实时，可乘机出示证据，打击其顽固态度，或者当犯罪嫌疑人心理上犹豫不决时，也可以出示一些令其最担心的证据，促使其供述，出示证据的方法应当灵活多变，因人而用。既可以直接出示，也可以暗中点拨，仅说明证据的来源或者已经证明的问题；既可以一个证据只作部分出示，也可以全部出示，还可以连续出示几个证据。

④出示证据要有控制。出示证据的目的是打破僵局、突破犯罪嫌疑人的心理防线、打开讯问的缺口，力争用最少的证据迫使其供述全部犯罪事实。因此，不能把所掌握的证据全盘托出，要有控制、留有余地，不能透底，更不得泄露侦查工作秘密。

有效审讯拒绝认罪的犯罪嫌疑人的“九步法”[①]

作者里德、英博等人通过多年观察研究，提出了有效审讯拒绝认罪的嫌疑人的“九步法”。在使用“九步法”审讯之前，审讯员应当对可利用的有关案件和嫌疑人的情况十分熟悉，有效地审讯依赖于审讯员对审讯的信心和对案件的熟悉。

步骤一：“正面对质”

做法是“绝对确定”地告诉嫌疑人，他(她)实施了被控的犯罪。即使审讯员没

① G H Gubjonsson. 审讯和供述心理学手册[M]. 乐国安，李安，等，译. 北京：中国轻工业出版社，2008.

有不利于嫌疑人的确凿证据，也不能给嫌疑人任何关于这点暗示，如有必要，审讯员必须假装有证据。在最初的对质后有一个简短的停顿，在此期间要密切观察嫌疑人的行为反应。审讯员要说服嫌疑人，使其相信说出真相的好处，而不能有明显的宽大承诺，因为这会使接下来的供述无效。此时的重点是指出嫌疑人"免责特征"，促使他解释自己的故事，说明这完全取决于对嫌疑人性格的了解，说明是环境导致实施犯罪。

步骤二："主题发展"

在这里，重要的是审讯员要表现出理解和同情的态度，以取得嫌疑人的信任。审讯员向嫌疑人暗示不同的主题，目的在于缩小被指控的犯罪的道德含义，或提供给嫌疑人接受犯罪事实"道德上的理由"的机会(例如他们爱面子的理由)。这样，在降低犯罪严重性或减轻嫌疑人自责的同时，嫌疑人会逐渐接受犯罪的责任。这种主题发展对易动感情的罪犯最为有效，因为他们体验到羞愧感和内疚感。接受犯罪行为在道德上的理由，给予嫌疑人减轻内疚的机会，是一个有力促使供述的因素。

步骤三："对待否认"

人们普遍认为，大多数嫌疑人不愿意作出供述，即使在直接对质之后也是如此。对待他们的否认必须格外谨慎，并运用专门的技巧。

供述通常不容易获得。实际上，一个有罪的人在直接对质之后说："好吧，是我做的"，这样的情况很少发生。不管是无辜的还是有罪的嫌疑人，最初几乎都是作出否认。嫌疑人的反复否认对审讯是非常不利的，因为这给予嫌疑人一种心理优势。因此，审讯员必须加以阻止。这意味着审讯员不允许嫌疑人继续否认。嫌疑人尝试作出的否认总是被打断，换成审讯员继续告诉嫌疑人他应该说什么。

里德、英博等人指出，无辜的嫌疑人和有罪的嫌疑人的否认之间有着明显的区别，通过各种口头或非口头的迹象可以发现这些差异。例如，无辜的嫌疑人的否认显得自然、有说服力且直接，然而有罪的嫌疑人的否认是更具防卫性、有保留和犹豫的。同样，无辜的嫌疑人更加平常地看着审讯员的眼睛，而身体在椅子中稍向前弓，姿势相当坚定和自信。

步骤四："克服异议"

审讯员应对嫌疑人可能提出的各种说明无辜或反对指控的借口加以应对。通常，无辜的嫌疑人更加平静地继续进行简单的否认，然而有罪的嫌疑人将从简单的否认转变到提出异议。有罪的嫌疑人提出各种异议以试图取得对谈话的控制，因为否认逐渐被削弱。应对这些借口有各种各样的方法，一旦嫌疑人感到全然无用，就会变得安静，并表现出从对审讯的积极参与中退出的迹象。此时，嫌疑人状态低迷，审讯员必须迅速行动，以免失去已经获得的心理上的优势。

步骤五："获得和保持嫌疑人的注意"

一旦审讯员发现嫌疑人退出的消极迹象，就要设法缩小自己与嫌疑人之间的心理距离并重新获得嫌疑人的全部注意。里德、英博等人指出，审讯员可以通过以下方法达到这个目的，移动身体使自己距离嫌疑人更近，朝着嫌疑人弓身，轻轻触碰嫌疑人,称呼嫌疑人的名字,与嫌疑人保持良好的目光交流。嫌疑人看上去颓败和沮丧,这个策略将使得一个有罪的嫌疑人更加注重审讯员的意见。

步骤六:"应对嫌疑人的消极情绪"

这是步骤五的直接延伸。当嫌疑人注意审讯员而表现出即将放弃抵抗的迹象时,审讯员应当使嫌疑人的注意力集中在一个关于犯罪动机的明确而重要的主题上。审讯员应表现出理解和同情,促使嫌疑人说出真相。然后,通过使嫌疑人认识到自己给被害人造成的痛苦,努力使其产生一种更加悔恨的情绪。审讯员可以利用嫌疑人的体面感和荣誉感,如果恰当也可以利用其宗教信仰。这个阶段,重点是利用嫌疑人潜在的弱点,以击溃他剩余的抵抗。有些嫌疑人在这个阶段会哭,这一点审讯员可以加强并加以利用。"哭是一种感情的宣泄,压力得到释放。这也是一个嫌疑人放弃抵抗和即将供述的迹象。"他们不再抵抗审讯员对真相的诉求。

步骤七:"提出一个选择性问题"

在这个阶段,嫌疑人面对有关犯罪的两个选项。这两个选项显示都有罪,但它们以特定的方式表达,即一种选择较体面,同时另一种选择包含某些使人反感的、冷酷无情的动机。它代表了主题发展的结果,而且提供了供述的动机(例如,如果嫌疑人不选择较轻的选项,其他人可能就会相信该案中最严重的情节)。毫无疑问,这是里德模型最重要的部分,常见于审讯中嫌疑人的抵抗已经被击溃的情况下。这是一个高度强迫的程序,嫌疑人被迫在两个都不适当的认罪选项中选择。这种方法对大部分扣押在警察局接受讯问的嫌疑人而言非常危险,尤其是用于智力低于平均水平的嫌疑人时。为嫌疑人提供了一个对犯罪作出解释或辩解的机会,这使认罪供述更加容易出现。提出选择性问题的时机非常关键。如果在正确的时刻提出,它将出其不意地攻击嫌疑人,使其更可能供述。

步骤八:"使嫌疑人口头叙述各种犯罪细节"

在步骤七中,嫌疑人接受任一选项,结果都意味着嫌疑人作出了最初的供认。在步骤八中,最初的供认被发展成一份完整详细的供述,供述中提供了犯罪行为的环境、动机和性质等信息。里德、英博等人强调,在这个节骨眼上,审讯员和嫌疑人单独在一起是很重要的,因为其他人的出现可能阻碍嫌疑人坦率陈述罪行。一旦获得完整的供述,审讯员可以请求他人为供述作证,这适用于嫌疑人拒绝在书面的陈述上签字的情况。

步骤九:"由口头供述转为书面供述"

由于附上签名的供述比口头供述的法律效力要强得多,因此这个步骤非常重要。而且,鉴于大量的嫌疑人后来撤回或者收回他们的认罪供述,在切实可行的情况下,将口头供述尽快转变为书面陈述是十分重要的。嫌疑人可以轻易否认他们曾经作出的口头供述,但否认一个有签名的书面供述要困难得多。里德、英博等人警告说,延迟取得书面供述可能导致供认者深思熟虑法律后果并撤回供述。尽管里德、英博等人反复强调,审讯员在任何情况下绝不能提出减轻犯罪的法律责任。但如果仔细研究他们的手册,就会发现并不完全是这样。他们向审讯员建议的主题是以往嫌疑人的头脑里灌输这个思想为基础的，即法律责任将被减轻或者消除（例如行为是自卫、意外或者无意识的）。因此，在这些作者的声明之外，事实上，这些主题在很大程度上是以在嫌疑人头脑中减轻犯罪的责任和相应的法律结果为基础的。

【案例分析】

本案例中使用了什么样的讯问策略和方法呢？

某年2月7日晚，兴旺烟酒店老板杜某被人用啤酒瓶砸伤后抢走现金1500元。经初步侦查，确定犯罪嫌疑人徐某，将其抓获后实施讯问。现掌握如下情况：①杜某证实，犯罪嫌疑人身高1.70米左右，蒙面入室，翻钱柜被发现后，用啤酒瓶猛击杜某头部，杜某用啤酒瓶还去，双方都有伤。②现场提取了血衣、破碎酒瓶，鉴定血衣上有O型血（杜某的）和嫌疑人的B型血。瓶上有嫌疑人右手指纹和掌纹。③调查徐某头部受伤曾包扎着，几天未上班。嫌疑人初审并未供述所涉嫌的犯罪事实等。经周密准备后，进行第二次讯问，笔录如下：

问：你认识你家附近的兴旺烟酒店的老板吗？

答：不认识。

问：你经常到兴旺烟酒店吗？

答：不经常去。

问：最近你去过兴旺烟酒店没有？

答：没有。

问：你没去，为什么兴旺烟酒店的酒瓶上有你的指纹、掌纹，老板身上会有你的血迹？（分别一一出示）。

答：（不语）

问：你头上的伤是怎么回事？你心里很清楚。

答：看来你们都知道了，那我只好交代了。

本案中侦查人员出示证据审时度势，把握时机特别是当犯罪嫌疑人侥幸心理严重，无理狡辩，拒不如实供述犯罪事实时，乘机出示证据，打击其顽固态度。

第四节 侦查终结实务

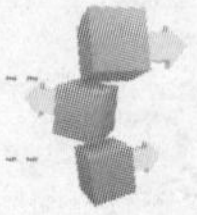

【案例引导】

从"三级"劳模到"三罪"囚徒，杨玉亭案结案不易！

他老成持重，勤勉敬业，为人行事十分低调，曾是市、省、国字号三级"劳模"；他充当"内鬼"，坐拥千万，涉黑、涉黄、涉贪腐，以三罪并罚被判处有期徒刑十七年。

杨玉亭，"青岛聂磊涉黑案"保护伞之一，山东省青岛市公安局治安警察支队三大队原大队长，三级警监（正处级）。2011 年 11 月因涉嫌受贿，由山东省检察院指定青州市检察院异地立案侦查并提起公诉，历经一年多的侦查，该院查明杨玉亭任职期间非法收受贿赂 48 万余元、不明来源财产人民币 776 万余元、美金 9800 余元并纵容黑社会性质组织犯罪。

2013 年 10 月 25 日，青州市法院对该案作出一审判决：被告人杨玉亭犯受贿罪，判处有期徒刑十一年零六个月；犯巨额财产来源不明罪，判处有期徒刑七年零六个月；犯纵容黑社会性质组织罪，判处有期徒刑一年。数罪并罚，决定执行有期徒刑十七年。同时判决依法追缴其涉案赃款人民币 779.6 万余元、美金 9800 余元等上缴国库，并继续追缴赃款。一审宣判后，杨玉亭不服判决，提出上诉。近日，潍坊市中级法院作出终审裁定：驳回上诉，维持原判。

杨玉亭曾有过光荣的过去。他 1972 年初中毕业后参加工作，进入青岛一家国有企业当了工人；1976 年 2 月参军，1986 年从部队转业后被分配到青岛市公安局工作，从此踏入警界。此时他刚满 30 岁。杨玉亭为人十分低调，做事从不张扬，给人老成持重的感觉。凭着吃苦耐劳、勤勉敬业的军人作风，他在公安机关干得风生水起，工作业绩得到了组织的认可和群众的信任，各项荣誉接踵而至。继 1994 年荣获"青岛市劳动模范"称号后，次年又荣获"山东省劳动模范"称号；1997 年，杨玉亭荣获全国"五一"劳动奖章。在十年左右的时间里，杨玉亭从一名普通干警成长为"国"字号劳模，职位也从民警一步步升为治安科长直至三大队大队长。随着职位的提升和手中权力的不断加大，杨玉亭的敬业精神和自律意识在不断"调低"，社会交往和人际关系也变得越来越复杂，直至发展到纵容黑社会性质组织、通过不法手段或非正当途径大肆聚敛钱财的地步。杨玉亭在担任治安科长期间即与聂磊（黑社会性质组织领导者，已获刑）、刘峰玉（聂磊黑社会性质组织积极参加者，已获刑）等人熟识并交往较深，不仅接受其吃请、旅游，还多次接受其钱物贿赂。仅 1998 年下半年，聂磊就分别安排刘峰玉等人分四次送给杨玉亭现金 6 万元、购物卡 3000 元。杨玉亭利用职务之便，为聂磊等人的违法犯罪活动大开"方便"之门。1998 年 9 月杨玉亭担任治安科长以后，在明知其辖区内的"震泰游戏厅"系聂磊黑社会性质组织开办的实体，且存在赌博、暴力抗拒执法、故意伤害等违法犯罪活动时仍不依法查处，纵容该组织进行违法犯罪活动，致使聂磊黑社会性质组织在该区域内形成非法控制和重大影响，破坏了经济秩序和社会生活秩序。2007 年七八月间，卢建强（聂磊黑社会性质组织积极参加者，已获刑）在青岛市市北区经营的“天力娱乐城”因无照经营且存在赌博业务，被青岛市公安局治安警察支队三大队查处。聂磊、刘峰玉出面处理此事，杨玉亭竟然在收受贿赂后通过聂磊传话，让卢建强换个地方重新开业。此时的杨玉亭，已经从一名执法人员逐步蜕变，自甘堕落，成为聂磊黑社会性质组织的“保护伞”。

杨玉亭不仅“涉黑”、“吃黑”，而且与“黄赌毒”等不法行业组织人员保持着千丝万缕的联系，甚至不惜充当“内鬼”，为犯罪活动提供“风声”。

2007 年初春，青岛市治安警察支队三大队在青岛市市南区查处了一家有“小姐”有偿陪侍活动的娱乐公司。该公司经理高某急忙通过他人将 1 万元现金送给杨玉亭，并约其一起吃饭。酒酣耳热之际，双方感情升温，相互交换了电话号码。此后，在杨玉亭担任三大队大队长期间，高某所经营的两家娱乐场所很少被查处，每逢检查，杨玉亭会将行动时间提前通知，让其做好“迎查”准备。办案检察官调查发现，1998 年至 2011 年，杨玉亭在担任治安科长、三大队大队长期间，利用职务之便，先后收受他人所送的现金、购物卡等贿赂共计 23 次，其中有 20 次是“黄赌毒”行业人员所送。

办案检察官通过银行账户查询、股票基金查询、债权债务查询、家庭收入支出调查等一系列工作，证实杨玉亭自 1972 年 11 月参加工作以来的家庭全部财产、支出共计人民币 1148 万余元、美金 9800 余元，扣除其家庭合法收入及犯罪所得（受贿 48 万余元）共计人民币 371.6 万余元，余款人民币 776 万余元、美金 9800 余元，不能说明合法来源。

杨玉亭一案从初查到侦结，仅取证工作就涉及公司、企业、银行等上百家单位，询问相关证人 100 多人，还有大量的书证、物证、鉴定意见，仅案卷材料达 10 余册。一个基层检察院，仅凭案子受理时的区区 7 万元受贿线索，办案人员抓住蛛丝马迹穷追不舍，深挖细查，直至侦查终结时，证实其涉嫌三个罪名、涉案金额近千万元，其间办案人员历经的艰辛、付出的汗水可见一斑。

一、侦查终结概念

侦查终结是指公安机关或者人民检察院对刑事案件进行一系列的侦查活动以后，根据已经查明的事实、证据和有关的法律规定，足以作出犯罪嫌疑人是否犯罪、犯什么罪、犯罪情节轻重以及是否应当追究刑事责任的结论时，决定结束侦查并对案件作出处理决定的诉讼活动。

二、侦查终结条件

根据《刑事诉讼法》第一百六十条及《公安机关办理刑事案件程序规定》的内容，侦查终结的案件必须是：

(1)案件事实清楚；

(2)证明案情的各种证据充分确实；

(3)法律手续完备；

(4)犯罪性质和罪名认定正确；

(5)依法应当追究刑事责任。

三、侦查终结程序

侦查终结的案件，负责侦查的人员应写出侦查终结报告。公安机关侦查的案件，在侦查终结后，对于依法需要追究被告人刑事责任的，应写出起诉意见书；对于依法可以免除刑罚的被告人，应写出免予起诉意见书；对于不应该追究刑事责任的，应撤销案件，如果被告人在羁押中，应立即予以释放，发给释放证明，并通知原批准逮捕的人民检察院。由检察机关自行侦查的案件，在侦查终结时，亦应根据案件具体情况，分别作出提起公诉、免诉或撤销案件的决定。

侦查终结是侦查过程的最后阶段，具有比较严格的时间限制。我国刑事诉讼法规定对犯罪嫌疑人逮捕后的侦查羁押期限不得超过 2 个月。案情复杂、期限届满不能终结的案件，可以经上一级人民检察院批准延长 1 个月。对于交通十分不便的边远地区的重大复杂案件；重大的犯罪集团案件；流窜作案的重大复杂案件；犯罪涉及面广，取证困难的重大复杂案件；期限届满不能侦查终结的，经省、自治区、直辖市人民检察院批准或者决定，可以再延长 2 个月。对犯罪嫌疑人可能判处 10 年有期徒刑以上刑罚，期限届满，仍不能侦查终结的，经省、自治区、直辖市人民检察院批准或者决定，可以再延长 2 个月。

四、侦查终结后的处理

(一)移送审查起诉

根据刑事诉讼法规定，公安机关侦查终结的案件，应当做到犯罪事实清楚，证据确实、充分，并且写出起诉意见书，连同案卷材料、证据一并移送同级人民检察院审查决定。因此，公安机关在对案件经过一系列的侦查活动后，认为案件事实已经清楚，证据已经确实、充分，依照法律规定能够认定嫌疑人确有罪行，需要追究刑事责任的，应当决定将案件终止侦查，移送人民检察院审查起诉。公安机关对需要追究刑事责任、已经侦查终结的案件，必须作到基本事实清楚，证据确实、充分，达到起诉的基本要求，并且写出起诉意见书，连同案卷材料、证据一并移送同级人民检察院审查决定。起诉意见书应当写清犯罪及所依据的法律条款等；“案卷材料、证据”主要包括举报、揭发、控告材料，讯问笔录，询问笔录，勘验、检查笔录，鉴定结论以及物证、书证、视听资料等。

(二)撤销案件

根据刑事诉讼法规定，在侦查过程中，发现不应对犯罪嫌疑人追究刑事责任的，应当撤销案件；犯罪嫌疑人已被逮捕的，应当立即释放，发给释放证明，并且通知原批准逮捕的人民检察院。所谓“不应对犯罪嫌疑人追究刑事责任”，是指经侦查查明的事实不是犯罪的事实；或者虽有犯罪事实而不是犯罪嫌疑人所为；或者属于刑事诉讼法规定的不追究刑事责任的情形，即情节显著轻微、危害不大，不认为是犯罪的；犯罪已过追诉时效期限的；经特赦令免除的；依照刑法告诉才处理的犯罪，没有告诉或者撤回告诉的；犯罪嫌疑人死亡的及其他法律规定免予追究刑事的。公安机关在整个侦查过程中，无论何时发现不应对犯罪嫌疑人追究刑事责任的，都应当按照本条规定办理，及时撤销案件并且立即释放在押的犯罪嫌疑人，不能久押不放；释放被逮捕的犯罪嫌疑人，应当及时通知原批准逮捕的人民检察院。

【案例分析】

朱令案件是否侦查终结？

朱令，北京人，1992 年考入清华大学。朱令事件是指朱令在校期间离奇出现铊中毒的症状，导致身体健康遭到极大的伤害，最后得助于互联网才受到确诊和救治的事件，这是中国首次利用互联网进行国际远程医疗的尝试。由于朱令没有铊的接触史，北京警方排除了朱令服毒自杀和误食铊的可能性，并于 1995 年对本案以“故意杀人(未遂)”的案由予以刑事立案，并成立了刑事专案组。但此案经过调查之后，几度沉浮，凶手至今仍逍遥法外，尚无明确结果。这起案件未能侦破，是因为未获取认定犯罪嫌疑人的直接证据。准确地说，本案是一起没有侦破的“悬案”，只要一天没有侦破，案就一直会悬着。根据《刑事诉讼法》的规定，侦查终结(结案)的案件有这样几种归宿：一是移送检察机关审查起诉；二是撤销案件；三是免于起诉。这三种“结案”情形都以查获犯罪嫌疑人是谁为前提。而本案连犯罪嫌疑人是谁的问题都没有解决，根本还没有“破案”，离侦查终结还有相当大的距离。

【本章小结】

本章介绍了刑事案件的管辖与立案的条件，以及刑事强制措施的种类与各种强制措施适用的条件，讯问的程序和策略，侦查终结的条件等侦查机关常用的刑事实务。本章知识点有些抽象，所以对于相关知识点的把握需要结合大量案例。对于刑事强制措施的理解可借助于习题。一些能力的训练例如讯问犯罪嫌疑人的技巧还有赖于日后同学们在工作中的经验的不断积累。

【技能训练】

开展侦查讯问

目标：熟练掌握侦查讯问的相关法规，根据案件的需要拟定讯问提纲，能够依据讯问获取的信息制作笔录，培养学生书面表达能力，养成相应的法律技能。

内容：可以自编案件，由部分学生出演犯罪嫌疑人，部分学生扮演侦查人员，由"侦查人员"讯问刚刚被抓获的犯罪嫌疑人。

步骤和要求：

(1)明确侦查期间所涉法规；

(2)开展讯问并制作讯问笔录；

(3)教师就该讯问提纲拟定中涉及的关键问题进行个别提问；

(4)学生总结，教师点评。

【实践活动】

讯问策略在侦查讯问中的具体运用

一、过程设计

(一)目的

使学生加深对讯问策略知识的理解，根据犯罪嫌疑人心理状态正确运用讯问的各种策略、方法和技巧，具备对犯罪嫌疑人进行讯问的实际工作能力。

(二)内容

讯问的有关法律规定，讯问策略的运用方法和技巧，讯问笔录的制作。

(三)条件

案例、模拟讯问室、讯问笔录纸、笔、印泥等。

(四)组织

(1)由实验指导教师设计案情，下发有关案情资料；

(2)参加实验的学生分组、分工，明确各自的职责任务和工作内容，熟悉案情，制订讯问计划，布置讯问场所；

(3)实训指导教师扮演被讯问对象、报案人、知情人等学生，做好案情布置和保密教育；

(4)讯问的准备工作；

(5)学生分组进行实际操作，教师进行指导；

(6)教师点评。

(五)作业

提交讯问计划和讯问笔录。

二、实训案例

某年5月1日中午，赵某、孙某和同班工人卢某某在饭店吃饭时发生争吵，卢在大庭广众之下，给赵、孙二人每人两个嘴巴后说，今天你俩结账，便宜你们了，以后还得收拾你们。5月2日20点时许，赵、孙二人分别带着匕首和一尺多长的铁棍，以请卢吃饭为名将卢骗出，在去饭店的途中，孙趁卢不备，用铁棍猛击卢的头部，赵用匕首在卢的大腿扎了三刀，然后潜逃。卢被邻居发现后送往医院抢救，因伤过重，卢于当晚23时死亡。

经公安机关侦查，掌握了赵、孙如下犯罪证据：

(1)赵用的匕首已经找到，匕首的把上有清楚的血指纹，经鉴定指纹是赵某的，血迹与卢的血型相同；

(2)孙用的铁棍也被找到，铁棍上的血迹和头发，经鉴定都是卢某某的；

(3)拘捕后赵、孙二人请求政府宽大处理，表示以后再也不打架了；

(4)赵、孙二人均是初犯。

【本章练习】

一、不定项选择题

1. 在刑事诉讼中，人民检察院负责(　　)。

A. 对直接受理的案件进行侦查　B. 提起公诉　C. 批准逮捕

D. 执行拘留　E. 执行逮捕

2. 人民检察院对于自行侦查的案件的犯罪嫌疑人，可以决定拘留的情形有(　　)。

A. 身边或者住处发现有犯罪证据

B. 犯罪后企图自杀、逃跑或者在逃的

C. 有毁灭、伪造证据或者串供可能的

D. 正在预备犯罪、实行犯罪或者犯罪后即时被发觉的

E. 不讲真实姓名住址，身份不明的

3. 选项中，属于立案条件的有(　　)。

A. 有犯罪事实　B. 确知犯罪嫌疑人　C. 需要追究刑事责任

D. 符合管辖的规定　E. 可能判处有期徒刑以上刑罚

4. 立案管辖的依据有(　　)。

A. 犯罪案件的性质和复杂程度

B. 有利于准确、及时地查明案情，有利于同犯罪作斗争

C. 司法机关人员多少和领导人水平高低

D. 公、检、法机关的性质及职能相适

5. 公、检、法机关对被告人采用取保候审时被告人未经批准不得离开的场所是(　　)。

A. 自己的住处或指定的居所　B. 采用该措施的机关专门安置的房间

C. 所居住的市、县　D. 工作单位或居住的街道

6. 有权执行拘留的机关是(　　)。

A. 公安机关　B. 人民检察院　C. 人民法院　D. 劳改机关

7. 公安机关对被拘留的犯罪嫌疑人，应当在(　　)进行讯问。

A. 12小时以内　B. 24小时以内　C. 36小时以内　D. 48小时以内

8. 公安机关对于被拘留的犯罪嫌疑人，认为需要逮捕的，如无特殊情况，应当提请人民检察院批准逮捕，其应当遵守的期限是(　　)。

A. 7 日　　B. 3 日　　C. 4 日　　D. 5 日

9. 下列选项不属于取保候审的犯罪嫌疑人、被告人应遵守的规定是(　　)。

A. 在传讯时及时到场　　B. 不得以任何形式干扰证人作证

C. 未经批准，不得会见他人　　D. 不得毁灭、伪造证据或串供

10. 提请批准逮捕的期限可以延长至 30 日的嫌疑分子是指(　　)。

A. 流窜作案的　　B. 多次作案的

C. 结伙作案的　　D. 不讲真实姓名住址，身份不明的

E. 涉嫌犯罪的情节极其恶劣的

二、案例分析题

被告人崔某，1980 年出生。1999 年 5 日晚在一路口抢走一下班女工的提包，被过路群众抓获，扭送到附近的某人民法院。法院人员认为这是公安机关管辖的案件，告诉群众应将其扭送到公安局。崔某被扭送到公安局后，公安人员认为崔某符合拘留的条件，遂将其拘留。后公安局于 5 月 16 日向人民检察院提请批准逮捕，但未获批准。公安局认为这一决定是错误的，于是向检察院提出复议，但仍未被接受，遂向上一级检察机关申请复核；同时认为崔某态度恶劣，随时可能逃跑，而且刑事诉讼法规定拘留最长期限为 37 天，因此，尽管崔某多次提出应当释放，一直未予批准。直至 5 月 25 日，上级检察机关作出不批准逮捕的决定，才将其释放。该案于 6 月 20 日由人民检察院提起公诉，在庭审过程中，人民法院认为，应对崔某实施逮捕，于是派法警将其逮捕归案。

问：本案的公、检、法机关在适用强制措施方面及程序方面存在哪些违反法律规定之处？

第三章 检察机关常用刑事实务

【学习目标】

■ **知识目标：**

了解审查批准逮捕诉讼阶段的概念；
掌握审查批准逮捕环节应当讯问的情形；
理解不适用逮捕强制措施的条件；
了解审查起诉阶段的概念；
了解审查起诉阶段需要做的主要工作；
掌握提起公诉的标准和条件；
了解不起诉的概念和种类；
掌握作出不起诉决定的标准和条件；
了解出庭支持公诉的概念；
了解出庭支持公诉的任务；
了解公诉人在出庭支持公诉过程中法律监督职责的履行；
掌握庭审各阶段公诉人的职责。

■ **能力目标：**

能够对案件是否适用逮捕措施作出基本判断；
能够理解对案件的审查过程应当始终贯穿监督的原则；
能够掌握讯问犯罪嫌疑人的基本方法和技巧；
能够对案件证据是否达到确实充分作出基本判断；
能够对案件是否需要提起公诉作出基本判断；
能够对案件是否作出不起诉决定以及作出何种不起诉决定作出基本判断；
能够理解检察机关办案人员的角色要求；
能够理解公诉人在庭审中的角色和职责；
能够制作基本的检察业务文书。

根据《中华人民共和国宪法》第一百二十九条的规定,"中华人民共和国人民检察院是国家的法律监督机关"。在司法实务中,检察机关承担了多项职能,每项职能的履行都有其独特的规律、要求及做法,但我们应始终把握一条主线——"监督",只有真正抓住"监督"这条主线才能真正理解检察机关的工作内容及其方式方法。因对检察机关地位的把握不准确,在刑事司法实践中,容易将检察机关理解为公诉机关,甚至狭隘地将检察机关的公诉职能等同于求刑权的行使等,这些都是不正确的。

刑事实务只是检察机关职能的一部分,主要包括了立案、侦查(检察机关反贪污贿赂局、反渎职侵权局对职务犯罪或是渎职行为的立案、侦查等);审查批准逮捕;审查起诉;出庭支持公诉;对刑罚执行的监督(检察机关监所检察科)等。在本章中我们主要介绍的是审查批准逮捕实务、审查起诉实务和出庭支持公诉实务的内容。而不起诉实际上是审查起诉实务中对案件处理的不同方式,但鉴于其特殊性,因此,单列一节进行介绍。另外,本章是以自然人犯罪和基层检察机关的司法实践为依托进行编写。

第一节 审查批准逮捕实务

【案例引导】

炸"金花"诈出抢劫罪,检察院依法不批准逮捕!

2014年1月,嫌疑人陈某与同事及张某(以前也在该单位工作过,离职经常来单位和前同事打牌)下班后在宿舍打牌"炸金花",陈某在打牌过程中,发现对方蒙牌不看打牌也能不断赢,就怀疑牌有问题,问了牌是张某带过来的,陈某就诈张某,说你的牌有问题,张某就承认牌做了记号,并承认了以前和他们打牌也是涂了药水的,并同意将以前从他们身上赢的2万多元钱全部退给他们。在将身上3000多元退给陈某及同事后,又和他们去银行取款机取了4000元钱退还了,剩余1万多元钱愿意打欠条,陈某认为光欠条不保险,要求提供担保,就又一起和张某去了张某家,拿了张某一平板电脑说还钱时再把欠条和电脑还给张某,2014年3月,张某电话报警称被陈某等人抢劫,2014年3月25日,陈某被拘传到派出所,在做完陈某口供后,第二天被刑拘,2014年4月24日向检察院申请批准逮捕,4月30日,检察院在听取辩护律师意见后,以证据不足,作出不批准逮捕决定书,当天嫌疑人陈某办理取保候审。

一、审查批准逮捕的概念

审查批准逮捕是指人民检察院对侦查机关（部门）提请批准逮捕的案件进行审查，以决定对案件是否适用逮捕强制措施，从而作出批准逮捕决定或者不批准逮捕决定的诉讼活动。

审查批准逮捕是刑事诉讼的一个阶段，该阶段主要的任务是决定对犯罪嫌疑人是否适用逮捕这一强制措施。

二、审查批准逮捕中的讯问

在审查批准逮捕过程中，可以讯问犯罪嫌疑人，但不同于审查起诉过程中需要对每一名犯罪嫌疑人进行讯问的情况，在审查批准逮捕阶段，并非对所有犯罪嫌疑人都需要进行讯问，只是对《刑事诉讼法》明确规定的几种情形需要进行讯问，而对其他的情形，如果案件承办人认为不需要讯问犯罪嫌疑人就可以对案件的事实和证据达到内心确认，能够正确作出批准逮捕或者不批准逮捕的决定，那么就不需要讯问犯罪嫌疑人。因此，如果非要做一个对比的话，审查批准逮捕过程中的讯问比起审查起诉中的讯问相对简单，但在讯问中所要遵守的原则、贯穿的理念及方式方法上基本相同。所以，为了不过多重复，我们将讯问犯罪嫌疑人的详细讲解放在审查起诉实务一节中展开。这里提供一个真实案例给大家，方便大家进行实务操作。

审查批准逮捕中应当讯问犯罪嫌疑人的情形：

(1)对是否符合逮捕条件有疑问的；

(2)犯罪嫌疑人要求向检察人员当面陈述的；

(3)侦查活动可能有重大违法行为的；

(4)犯罪嫌疑人是未成年人的。

【案例分析】

酒吧强奸案

2013年8月5日9时许，犯罪嫌疑人马某某与几个朋友一起在某市某街夏街大道丽浦酒吧一起喝酒，一直喝酒至次日凌晨1时许，犯罪嫌疑人马某某去洗手间，刚好看到被害人吴某某从洗手间出来，于是就把吴某某拉进洗手间，而后在洗手间里与被害人吴某某发生了性关系。随后，被害人报警称被马某某强奸。

证据情况：

(1)犯罪嫌疑人马某某供称自己当时喝了酒去上洗手间时，看到吴某某刚好出洗手间，吴某某是他朋友的前任女朋友，在发廊工作，他看到她时就想和她发生性关系，于是就把她拉到洗手间，用手摸她，吴某某也没有反抗，于是自己就和她发生了性关系，吴某某也没有反抗。

(2)被害人吴某某称自己被马某某强行拉到洗手间，然后被犯罪嫌疑人马某某强行按到门上，被强奸，在被强奸的过程中，自己一直反抗但没有用，而且后来听到外面有人敲门，自己还大喊求救。并称马某某性侵犯了自己。

(3)证人A(女，当晚一起喝酒的朋友)证实，吴某某出去了很久没回来，于是出去找她，看到洗手间门关着，于是在外面敲门，听到吴某某在里面说别敲了，里面有人，于是自己走开，站在一边，过了一会儿就见吴某某从洗手间里冲了出来。

(4)证人B(女，当晚一起喝酒的朋友)证实，当晚自己喝酒想去洗手间，刚好看到犯罪嫌疑人马某某也去洗手间(洗手间不止一个)，自己在走进一间开着门的洗手间时，看到吴某某刚好从一个洗手间走出来，并看到马某某把吴某某拉进去了，因为自己不知道他们是什么关系就没有管。

(5)证人C及证人D(一男一女，当晚一起喝酒的朋友)证实当晚一起喝酒，后来就听到外面吵闹于是走出去看，发现被害人吴某某脸色很难看，在酒吧大厅里，鞋子也掉了一只，问她怎么了，她说被人强奸了，强奸她的那个男的好像跟她认识，当晚在一起喝酒，真名不知道。

(6)证人E(女，被害人吴某某的姐姐)证实2013年8月6日凌晨2点钟左右，我妹妹打电话给我说被人强奸了，我去到酒吧，我妹妹说是一个男子把她强奸了，那个男子在酒吧大厅，我就去抓了他的脸。

(7)证人F(男，酒吧经理)证实2013年8月6日凌晨，酒吧大厅很乱，就过去看，听几个人说有个男子把一名女子强奸了，那名男子躲在洗手间不出来，我就到那个洗手间处，让他出来，他不肯出来，我就说有什么事出来再说，反正已经报警了，后来他就出来了。

(8)鉴定意见：经对被害人吴某某阴道内的提取物进行鉴定，未检出犯罪嫌疑人马某某的基因型。

(9)物证：在厕所内找到一只被害人的鞋子。

该案例中，对犯罪嫌疑人讯问，可以结合审查起诉环节中关于讯问的要领及注意事项开展。因为，本案中，犯罪嫌疑人对其与被害人发生性关系的事实是承认的。因此，可以就此展开，问明：①为什么会选在上述时间与被害人发生性关系？②为什么会选在洗手间里发生性关系？③在发生性关系前犯罪嫌疑人是将被害人拉进洗手间的，为什么要去拉被害人？被害人是否同意？④发生性关系过程中是否射精？⑤被害人没有反抗是否就意味着被害人同意？⑥既然发生性关系时被害人未反抗，为什么在发生完性关系后，犯罪嫌疑人要躲到洗手间不出来？⑦发生完性关系后，被害人的表现是什么？做了些什么事儿？是否报警？⑧犯罪嫌疑人对被害人了解的情况？⑨双方是否熟悉？是否曾有过发生性关系的经历？……

三、审查批准逮捕决定的作出

经过对全案材料的审查核实后，需要制作审查逮捕意见书，审查逮捕意见书应当反映出案件承办人在审查批准逮捕阶段对案件审查的情况及所做的工作等，在审查逮捕意见书的最后应当表明承办人对案件处理的意见。根据《刑事诉讼法》的规定，审查批准逮捕阶段检察机关对案件的处理有两种，即批准逮捕或者不批准逮捕。

作出批准逮捕决定，应当制作批准逮捕决定书，而后将批准逮捕决定书交侦查机关执行。

作出不批准逮捕决定，应当制作不批准逮捕决定书，不批准逮捕决定书仍需交侦查机关执行。但是需要强调的是，不批准逮捕的情形包括因犯罪情节显著轻微不构成犯罪而作出的不批准逮捕、因犯罪情节轻微作出的不批准逮捕和因事实不清或者证据不足而作出的不批准逮捕。这三种情形下，虽然都要作出不批准逮捕决定，但因情节显著轻微作出的不批准逮捕和因情节轻微作出的不批准逮捕不需要制作补充侦查提纲；如果因事实不清或者证据不足而作出的不批准逮捕，则需要同时制作补充侦查提纲，一并交侦查机关。

批准逮捕决定书和不批准逮捕决定书均是格式文书。只需要填充相关内容即可。

【案例分析】

“网聊”引发的网络敲诈勒索案

某甲，湛江人，年轻帅气，通过网络认识一已婚女子某乙。某甲假称自己是做水产生意，但生意亏本，觉得生活没有意义。某乙因自己幼年也有过不幸，于是双方聊得较为投机，终于有一天，在某甲的要求下，某乙去了某甲居住地，二人开房并发生了性关系。第二日，某乙返回。事隔数日，突然有一天，某乙又和某甲在网上聊天时，某甲露出了狰狞的面目，称自己拍摄了双方发生性关系的过程，并已将某乙亲友的电话都查到，要求某乙汇款5万元，某乙后悔莫及，多次与某甲在网上讨价还价并声称会报警，但均无效果。某甲在网上不断对某乙施加压力，最后限定于某日晚上9点前将钱汇到，否则，将会把双方发生关系的录像和照片转发给其亲友。某乙无奈只得报警，并将报警情况告诉某甲，但某甲依然对某乙威胁，并称根本不怕，到了晚上9点，某乙并未汇款，某甲又上线对某乙进行了一番威胁后，逐渐不再对某乙进行纠缠。后某甲被公安人员抓获。某甲对自己的行为供认不讳。

本案中，经过公安机关的依法侦查，某甲对于多次对某乙威胁敲诈勒索的事实供认不讳，公安机关审查终结后移送检察院审查逮捕，检察院可以根据案件事实对某甲作出依法逮捕的决定。

【附】审查逮捕意见书样本

××人民检察院
审查逮捕意见书

一、受案和审查过程

本院于××××年×月×日接到××公安局以×公提捕字【××××年】×号文书提请审查逮捕的犯罪嫌疑人×××涉嫌×罪一案的文书及案卷材料、证据,承办人×××审阅了案卷,讯问了犯罪嫌疑人(听取了犯罪嫌疑人意见、听取了辩护人意见),核实了有关证据,现已审查完毕。

二、犯罪嫌疑人基本情况

姓名,性别,年龄,出生年月,居民身份证号码,民族,文化程度,户籍地,现住址,被采取何种强制措施及日期,现羁押于××看守所(取保候审地、监视居住地)。

三、发案、立案、破案经过

简要写明案件发生的情况、立案的情况及侦破案件的过程。

四、经审查认定的案件事实及证据

(一)侦查机关认定的案件事实

(二)经审查认定的案件事实及证据

经审查认定的案件事实:(检察机关经过审查后认定的案件事实)。

认定上述事实的证据如下:

(如系《刑事诉讼法》第七十九条第二款、第三款规定的情形的,应一并写明相关身份不明或者违反取保候审、监视居住规定的事实和证据材料)

综上……(证据、事实、案件性质综合分析)。

五、需要说明的问题

(一)案件背景、有关领导批示情况

(二)引导公安机关取证事项

(三)立案监督、侦查活动监督有关情况

(四)需要补充侦查的事项

(五)其他需要分析或说明的事项

六、社会危险性分析

根据刑事诉讼法规定的逮捕三种情形,分析犯罪嫌疑人是否有逮捕必要。

七、办案风险评估及预案

(一)关于专项打击行动的说明

(二)关于案件督办情况的说明

(三)关于案件反映出的重大社会矛盾问题说明

(四)关于重大案件的说明

(五)关于其他社会影响因素的说明

八、延伸办案职能的意见和建议

（一）社会矛盾化解事项分析处理意见

（二）社会管理创新事项分析处理意见

（三）公正廉洁执法事项分析处理意见

九、处理意见

写明承办人对该案的最终处理意见(包括犯罪嫌疑人的行为是否构成犯罪，构成何种犯罪，触犯的法条，建议适用的强制措施，适用的法律依据等)。

承办人：

××××年×月×日

第二节 审查起诉实务

【案例引导】

故意伤害检察院不起诉

嫌疑人汤某2013年12月11日与邻居陈某发生口角后扭打在一起，致使陈某轻伤二级，陈某报警经鉴定轻伤后，某区公安分局以故意伤害罪刑事立案，因汤某为未成年人，为其办理了取保候审，本案移送审查起诉后，因汤某为未成年人，检察院为其办理了取保候审，检察院在2014年2月28日，指派刘律师作为汤某辩护律师，刘律师根据案情出具了不起诉法律意见，3月25日检察院作出了相对不起诉决定书，聘请刘律师作为汤某帮教责任人并与检察院、汤某家属签订帮教协议书。

(参见：刘国斌：《故意伤害检察院不起诉》)

审查起诉是指检察机关在对公安机关侦查终结移送审查起诉的案件或自行侦查终结的案件经过审查后，确认案件事实是否清楚，证据是否确实、充分，犯罪嫌疑人的行为是否构成犯罪，是否需要依法追究犯罪嫌疑人的刑事责任，而决定向人民法院提起公诉或是作出不起诉决定的一种诉讼活动。审查起诉活动从权力属性的角度表述为公诉权，是由检察机关专属行使的权力，属于检察权的组成部分。审查起诉是刑事诉讼过程中呈上起下的一个阶段，它连接着侦查和审判两个刑事诉讼阶段。

根据宪法的规定，人民检察院是国家的法律监督机关，因此，检察权本质上是一种监督权，所以作为检察权组成部分的公诉权，我们也应当站在监督的角度去学习和理解。作为实务课程，本章将不过多去解析理论、探讨理论观点争议等，而是从司法实务角度出发，更多的是以案例和司法实践中的一般性做法为依托，描述审查起诉过程中主要的流程、一般性做法并解析其法律依据和原理。

不起诉实际上是审查起诉过程中，经过对案件的全面审查后作出的一种处理决定，但鉴于不起诉有其独特性，在本章专设一节讲解和练习。

一、审查起诉阶段检察业务文书简介

在审查起诉阶段，主要的检察业务文书有委托辩护人告知书、委托诉讼代理人告知书、补充侦查决定书、补充侦查提纲、补充侦查决定告知书、延长审查起诉期限告知书、提供法律援助通知书、未成年人成年亲属、有关组织代表到场通知书、公诉案件审查报告、起诉书、不起诉决定书等。

其中，委托辩护人告知书和委托诉讼代理人告知书是用来告知当事人（犯罪嫌疑人和被害人）委托辩护人或诉讼代理人的权利。（参见《刑事诉讼法》第三十三条、第四十四条）

补充侦查决定书、补充侦查提纲和补充侦查决定告知书是用于公诉案件审查过程中，需要补充侦查时使用的文书，其中补充侦查决定书用作对侦查机关（公安机关等）或侦查部门（人民检察院反贪污贿赂局和反渎职侵权局）表明案件因为事实不清、证据不足或者遗漏罪行、遗漏同案犯等情形需要补充侦查，调取相关证据时使用。补充侦查决定书相伴有补充侦查提纲，补充侦查提纲应列明需要补充侦查的事项及依据，如果有相关线索也应一并列明。而补充侦查决定告知书则用作告知犯罪嫌疑人公诉案件办理过程中作出的补充侦查决定情况。（参见《刑事诉讼法》第一百七十一条、《人民检察院刑事诉讼规则（试行）》（2013 年 1 月 1 日最高人民检察院）第三百八十条）

延长审查起诉期限告知书用作告知犯罪嫌疑人公诉案件办理过程中因法定事由需要延长审查起诉期限半个月的情形。（参见《刑事诉讼法》第一百六十九条）

提供法律援助通知书和未成年人成年亲属、有关组织代表到场通知书多在办理未成年人案件过程中使用，但提供法律援助通知书也会用作在成年人犯罪案件中因法定事由，需要提供法律援助的情形。

公诉案件审查报告是反映对案件进行全面审查的文书，该文书的内容需要反映案件承办人对整个案件审查的情形，内容包括案件的诉讼过程、犯罪嫌疑人基本情况、委托辩护人情况、被害人情况、委托诉讼代理人情况、强制措施的适用情况、案件侦破情况、承办人在案件审查过程中工作情况、侦查机关或侦查部门认定的犯罪事实和依据、检察机关公诉部门认定事实情况、案件证据情况、对案件事实和证据的分析论证、需要说明的问题及对案件的处理意见。

起诉书、不起诉决定书则是表明对案件最终处理情况的法律文书，对案件作出起诉决定的需要制作起诉书（参见《刑事诉讼法》第一百七十二条、《人民检察院刑事诉讼规则（试行）》（2013 年 1 月 1 日最高人民检察院）第三百九十三条）；对案件作出不起诉决定的需要作出不起诉决定书（在不起诉实务一节具体解析）。

二、告知权利义务

保障当事人的诉讼权利是确保案件公正办理的条件之一。根据《刑事诉讼法》的规定，人民检察院自收到移送审查起诉的案件材料之日起三日以内,应当告知被告人有权委托辩护人,应当告知被害人及其法定代理人或者近亲属、附带民事诉讼的当事人及其法定代理人有权委托诉讼代理人。(参见《刑事诉讼法》第三十三条、第四十四条)。因此,告知权利义务是审查公诉案件应当首先进行的工作。告知权利义务所对应的文书即委托辩护人告知书、委托诉讼代理人告知书等。

【案例分析】

李某遗产诉讼

2014 年 6 月 10 日,某市人民检察院收到某市公安局移送审查起诉的犯罪嫌疑人林某故意伤害一案的案件材料,被害人有周某和王某(周某和王某是夫妻关系)。检察机关的承办人应当于哪日之前告知当事人相关的委托辩护人或者诉讼代理人的权利?在检察机关应当告知权利和义务的当事人中,对被害人周某和王某是否应当分别告知,或是鉴于周某和王某是夫妻关系可否告知一人即可?

根据《刑事诉讼法》的规定,人民检察院自收到移送审查起诉的案件材料之日起三日以内,应当告知犯罪嫌疑人有权委托辩护人,应当告知被害人及其法定代理人或者近亲属、附带民事诉讼的当事人及其法定代理人有权委托诉讼代理人。另根据《刑事诉讼法》第一百零三条的规定,期间开始的时和日不算在期间以内,因此,2014 年 6 月 10 日不计算在三日告知期间以内,所以,应当是 2014 年 6 月 13 日(含当日)前告知。另外,告知被害人所享有的诉讼权利和义务,应当分别告知,不能因为双方是夫妻关系而只告知一方。

三、审查核实案件材料

在接收案件材料后,需要对案件材料进行审查。对案件材料审查的基本要求是全面审查,审查的方式包括阅卷、讯问犯罪嫌疑人、听取被害人意见、补充调取相关证据、核实相关证据等,在审查起诉环节,审查案件材料是非常重要的一个环节,该环节对于把好起诉关、防止错漏案件的发生、确保案件质量、维护当事人合法权益十分重要。其中对证据材料的审查主要是审查、确保证据具备合法性、客观性和关联性。同时对整个案件材料的审查,还应站在监督的角度,注意发现其中是否存在违法等情形。

对案件材料的审查是一个操作性非常强的问题。需要在具备扎实法律功底和掌握审查方法的基础上,通过大量实践来锻炼,才能积累起经验,真正审查好案件。下面就审查核实案件材料过程中的两个关键环节进行介绍。

(一)讯问犯罪嫌疑人(审查起诉中的讯问)

和审查批准逮捕环节相同,讯问犯罪嫌疑人也是审查起诉环节中审查核实案件材料的一种方式，讯问的原则、方式和方法基本是相同的，但也有区别，审查起诉环节要求对每一名犯罪嫌疑人均需要进行讯问，而且审查起诉环节也应当对审查批准逮捕环节适用强制措施情况及案件定性情况进行审查核实。

审查起诉阶段讯问犯罪嫌疑人不仅是对侦查阶段所认定的犯罪事实和证据的一种审查方式，也是对案件提起公诉和出庭支持公诉的一种准备方式。

讯问犯罪嫌疑人在复核供述、听取辩解、进行侦查监督、提前了解辩论焦点等方面有重要作用。

在讯问犯罪嫌疑人过程中，需要注意的事项有：

1.讯问前需要注意的事项

(1)需要全面审查案件材料，做到对案件的证据材料和其他材料了然于胸；

(2)对于在审查案件材料过程中发现侦查机关(部门)可能违法的事项以及证据之间存在的矛盾需要做重点记录，以便于在讯问中核实；

(3)对犯罪嫌疑人不供认罪行的案件要重视其在侦查阶段的所有供述和辩解，更要注意审查案件材料所反映出的侦查过程及侦查的方式方法等，需要在讯问中加以核实。

2.讯问时需要注意的事项

(1)全面讯问与重点讯问相结合。全面讯问要求对有罪、无罪、罪轻、罪重的证据都进行核实；重点讯问，要求对犯罪嫌疑人行为所可能构成的犯罪进行重点核实，而无关的行为可以简略。当然对犯罪嫌疑人可能不构成犯罪的情况当然也应当重点核实。

(2)客观公正的讯问。客观公正的讯问要求案件承办人应当持中立的态度，秉持公平、公正的理念，严格依照案件的事实和证据进行讯问，不能抱有过强的追诉欲望而先入为主或以个人好恶以及因为犯罪嫌疑人与案件无关的行为或特点而不顾原则地指供、诱供甚至刑讯逼供；当然也不能徇私枉法，帮助犯罪嫌疑人开脱等。

(3)理性平和的讯问。理性平和是指在讯问犯罪嫌疑人时，案件承办人应当保持平和的心态，理性看待犯罪嫌疑人的隐瞒和辩解，不能因犯罪嫌疑人有隐瞒罪行或者态度不好等情形而对犯罪嫌疑人辱骂或使用偏激性的语言等。

(4)保障犯罪嫌疑人诉讼权利。最主要的是要保障犯罪嫌疑人为自己辩护的权利，不能剥夺犯罪嫌疑人自我辩解的机会和权利，应当给其足够的时间提出辩解意见。

3.讯问后需要注意的事项

讯问后应当结合案件材料及时整理并审查讯问笔录，发现矛盾应当及时调查核实予以排除；对可能涉及新的犯罪事实应当及时调查取证；对有同案人未到案的应及时追诉，对有检举、揭发等情形应及时调取相关材料等。

4.讯问的内容需要注意的事项

在讯问犯罪嫌疑人时，除了要告知犯罪嫌疑人相应的诉讼权利，如申请回避的权利等，需要重点查明：①犯罪嫌疑人的基本情况。②犯罪嫌疑人的归案时间和经过。③被采取强制措施的情况。④犯罪嫌疑人供认罪行的，需问明犯罪的时间、地点，犯罪的原因、经过和造成的后果，作案的手段、作案工具和赃物的去向，犯罪的目的和动机；共同犯罪案件还需问明犯罪人有谁、各犯罪人在犯罪中的地位和作用。⑤犯罪嫌疑人有无检举或揭发。⑥犯罪嫌疑人否认罪行的，需着重问明犯罪嫌疑人否认罪行的理由、依据或是提供支持其辩解的线索等。

（二）补充侦查

审查起诉阶段的补充侦查是指人民检察院在对案件进行审查的过程中，发现案件存在事实不清、证据不足或者遗漏罪行、遗漏同案犯罪嫌疑人等情形，而依照法定程序，在原有侦查工作的基础上继续补充收集证据的一种诉讼活动。

补充侦查并不是每一个刑事案件的必经程序，它只适用于事实不清、证据不足或者遗漏罪行、遗漏同案犯罪嫌疑人等情形的案件。如果原有的侦查工作已经达到侦查的目的和要求，侦查任务已经完成，或是只是存在小的瑕疵，在审查起诉的时限内可以要求侦查机关补正或是自行补正的，就不需要再进行补充侦查了，否则就是滥用补充侦查权的表现。

审查起诉过程中的补充侦查由人民检察院作出决定，由公安机关或者人民检察院实施。在司法实践中，该阶段的补充侦查大多是将案件退回公安机关，由公安机关补充侦查，只有部分案件由人民检察院自行侦查。对于人民检察院自行侦查的案件，必要时可以要求公安机关提供协助。

需要说明的是审查起诉过程中的补充侦查，不完全等同于侦查阶段的侦查活动。虽然退回公安机关补充侦查的案件，与公安机关在侦查阶段的侦查活动是相同的。但作为审查起诉过程中的补充侦查，程序的启动需要由检察机关决定，侦查方向和补充侦查事项在实际中大多也以检察机关所制作的补充侦查提纲为指引，而且检察机关也可以不将案件退回公安机关，自行补充侦查（从这个意义上讲，公诉权应当包含有部分侦查权的内容（审查起诉活动中应当包含有侦查活动的内容））。另外，侦查期限也必须受一个月期限的限制。因此，审查起诉过程中的补充侦查，是有别于刑事诉讼程序中作为独立诉讼阶段的侦查阶段的。

需要注意的是在法庭审理过程中，也有可能出现补充侦查的情况，但在法庭审理过程中的补充侦查属于延期审理的一种情形，而且该阶段的补充侦查要求人民检察院应当自行收集证据和进行侦查，必要时可以要求侦查机关提供协助，也可以书面要求侦查机关补充提供证据。因此，应当将该阶段的补充侦查与审查起诉阶段的补充侦查进行区分。

【案例分析】

2014 年 3 月 18 日 12 时 45 分许，犯罪嫌疑人周某飞驾驶一辆黑色女式摩托车到某市某镇 107 国道太平洋工业区某运动服装有限公司旁边马路附近，见到被害人谢某芳在路边步行，其左手中拿有一个手袋，于是周某飞驾车从左边追上周某芳，抢去其手中的手袋，而后驾车逃跑。后被害人谢某芳报警并提供线索，公安人员根据谢某芳提供的线索，通过监控视频于 2014 年 3 月 19 日将犯罪嫌疑人周某飞抓获。

证据情况：

(1)被害人周某芳陈述称，案发当日自己一人在步行，左手拿一手袋，突然一男子驾驶一辆女式摩托车从其左边过来，该男子用右手抢去其左手拿着的手袋，她看到该男子脖子里戴了一个新月形的配饰。该男子抢走其手袋后驾车朝东边逃走。

并称自己手袋里有一台刚买的手机，价值人民币4000多元，有现金9000多元人民币，以及自己的身份证、银行卡等。

(2)犯罪嫌疑人周某飞不供认有抢夺的犯罪行为，在侦查阶段有多次辩解，辩解称当日自己在工厂宿舍；辩解称案发时自己去到一家叫“某某阳”的工厂打零工，并结了18日的工钱；辩解称自己在案发时并不在被害人所称的被抢路段等。

(3)根据被害人陈述的犯罪嫌疑人逃跑的方向和路段，调取了监控视频，确实看到一名男子驾车快速行驶，但该男子手中和摩托车上并未看到有手袋等物品。经侦查抓获了该男子，该男子即是周某飞，其脖子上确实戴有一新月形的配饰。但在被害人被抢路段却没有视频监控。

(4)经对犯罪嫌疑人周某飞同宿舍人员调查，三名同宿舍人员均称案发时其不在宿舍，没有见过他，他一直到晚上才回来。

(5)经对“某某阳”厂调查，该厂主管称，其在2014年3月18日和19日没有见到一名叫周某飞的男子到其厂打零工，自己也没有给该男子结过工钱。

(6)被害人谢某芳提供线索称犯罪嫌疑人周某飞的家属曾打电话联系她，希望与她达成和解。但她将自己的通讯记录删除了，记不清犯罪嫌疑人家属是使用哪个电话打给她的。也记不清楚犯罪嫌疑人家属到底说的是把她被抢的东西还给她还是赔给她。

(7)被害人谢某芳称手机是全新的，刚刚购买，但无法提供自己购买手机的发票，也记不清楚自己手机的型号和牌子。谢某芳无法提供其他证人证实自己手袋里究竟有多少钱的现金。

(8)没有从犯罪嫌疑人周某飞身上及住处搜查出任何赃物。

该案事实是否清晰？证据是否充分？存在哪些疑点？现有证据能否认定犯罪嫌疑人周某飞的行为构成犯罪？如果不能，还需要调取哪些证据？

本案现有证据尚未达到确实、充分的审查起诉证明标准，存在的疑点有以下几个：①飞车抢夺往往发生在一瞬间，被害人称看到犯罪嫌疑人戴有新月形的配饰，被害人是否真的看清楚就是犯罪嫌疑人？②在抢夺现场没有监控视频，而调取的监控视频虽然是被害人陈述的犯罪嫌疑人逃跑的方向，但毕竟与案发现场有一段路程，因此，是否能证实抓获的周某飞就是抢夺嫌疑人存疑？③在视频中并未看到犯罪嫌疑人持有被害人被抢夺的手袋？④没有从犯罪嫌疑人处搜查到任何赃物？⑤被害人被抢夺的财物，没有任何凭证或其他证人证实，甚至被害人无法提供其刚刚购买的手机的购买凭证，且不知道手机牌子和型号。因此，现有证据尚不能认定犯罪嫌疑人周某飞的行为构成犯罪。

需要调取的证据：①继续讯问犯罪嫌疑人周某飞，以期能够有所突破。②如果案发路段没有监控视频，则寻找案发路段有无相关证人，能否证实案发路段的情况。③对犯罪嫌疑人周某飞可能隐藏赃物的地方进行搜查，以期能够搜查到赃物。④对犯罪嫌疑人周某飞的存折、银行卡进行查询，看是否有款项存入或消费，并查明款项的来源。⑤调查犯罪嫌疑人周某飞从案发后到被抓获前的活动情况，查明其是否有大额的消费情况。如果有，则问明犯罪嫌疑人大额消费的资金来源。⑥继续查明被害人被抢的现金的具体数额，是否有取款凭证或是其他证据能够证实被害人当时持有现金的具体数额，继续查明被害人手机的牌子型号及成新率等。⑦调取被害人的手机通话记录，查明被害人所称的犯罪嫌疑人亲属是否给其打过电话，如果有，则询问被害人亲属，查明为什么给被害人打电话？犯罪嫌疑人是否与其亲属有过联系？是否知道犯罪嫌疑人的相关行为等。

另外，上面所提到的阅卷、听取被害人意见、核实相关证据，同样是审查核实案件材料过程中要做的工作，阅卷是基础，非常重要，阅卷一定要全面、细致，否则就无从发现矛盾、疑点；讯问犯罪嫌疑人、听取被害人意见、补充调取、核实相关证据都是在阅卷的基础上进行的。而听取被害人意见是在必要时进行，如果通过阅卷、讯问等已经能够查明案件事实，能够对犯罪嫌疑人的行为作出准确的认定，对其作出恰当的处理，则不需要再听取被害人意见。

【附】补充侦查决定书及补充侦查提纲样板

第一联 附卷

××人民检察院

补充侦查决定书

（副 本）

×检× 补侦〔年度〕×号

你单位于××××年×月×日以×公诉字〔××〕×号文书移送审查起诉的×××涉嫌×罪一案，经本院审查认为：（事实不清、证据不足）。根据《中华人民共和国刑事诉讼法》第一百七十一条之规定，现决定将此案退回你单位补充侦查。请在收到本决定书后一个月内将补充侦查材料移送我院。

此致

××公安局

××××年×月×日

附：补充侦查提纲

××人民检察院
补充侦查决定书

（正　本）

×检×补侦〔年度〕×号

你单位于××××年×月×日以×公诉字〔年度〕×号文书移送审查起诉的×××涉嫌×罪一案，经本院审查认为：(事实不清、证据不足)。根据《中华人民共和国刑事诉讼法》第一百七十一条之规定，现决定将此案退回你单位补充侦查。请在收到本决定书后一个月内将补充侦查材料移送我院。

此致

××公安局

××××年×月×日

附：补充侦查提纲

第二联　送达侦查机关

关于×××涉嫌×案的补充侦查提纲

××公安局：

你局于××××年×月×日移送我院审查起诉的犯罪嫌疑人×××涉嫌×罪一案，我院经审查后，认为事实不清、证据不足（或者现有证据不足），尚需调取下列证据：

（逐条列明需要补充调取的证据事项，并写明理由）

（院章）

××××年×月×日

承办人：

联系电话：

四、提起公诉

（一）提起公诉的概念

提起公诉，是指人民检察院代表国家，对侦查机关（部门）侦查终结移送审查起诉的案件，经过全面审查，认为犯罪事实已经查清，证据确实充分，依法应当追究刑事责任时，向人民法院提起诉讼，要求给被告人以刑事处罚的活动。[①]

提起公诉，是审判行为的驱动力，是刑事审判产生和存在的前提，没有起诉也就没有审判。

（二）提起公诉的标准和条件

根据《刑事诉讼法》的规定，凡需要提起公诉的案件，一律由人民检察院审查决定；人民检察院认为犯罪嫌疑人的犯罪事实已经查清，证据确实、充分，依法应当追究刑事责任的，应当作出起诉决定，按照审判管辖的规定，向人民法院提起公诉，并将案卷材料、证据移送人民法院。因此，公诉权是人民检察院的专属权力。

提起公诉的案件要求事实已经查清，证据确实、充分。那么，符合什么样的条件才算事实已经查清？根据《人民检察院刑事诉讼规则（试行）》（2013 年 1 月 1 日最高人民检察院）的规定，具有下列情形之一的，可以确认犯罪事实已经查清：

（1）属于单一罪行的案件，查清的事实足以定罪量刑或者与定罪量刑有关的事实已经查清，不影响定罪量刑的事实无法查清的。

（2）属于数个罪行的案件，部分罪行已经查清并符合起诉条件，其他罪行无法查清的（提起公诉时，应当以已经查清的罪行起诉）。

（3）无法查清作案工具、赃物去向，但有其他证据足以对被告人定罪量刑的。

---

① 樊崇义. 刑事诉讼法学[M]. 2 版. 北京：法律出版社，2009.

(4)证人证言、犯罪嫌疑人供述和辩解、被害人陈述的内容中主要情节一致的，只有个别情节不一致且不影响定罪的。

证据确实、充分的标准又是什么？对此，可以做这样的概括：①用于证明案件事实的证据均是与案件事实有关联的证据；②用于证明案件事实的证据本身形式合法，且是通过合法方式取得；③用于证明案件事实的每个证据均查证属实；④用于证明案件事实的证据与事实之间的矛盾以及与其他证据之间的矛盾均得以排除；⑤证据之间能够相互印证，形成完整而闭合的证据链条，得出唯一、确定的结论。

(三)提起公诉需要制作的业务文书

人民检察院对审查起诉的案件提起公诉需要制作相关的业务文书，除了之前已经提及的文书外，需要了解的是在审查起诉阶段非常重要的两种业务文书：公诉案件审查报告和起诉书。

1.公诉案件审查报告

公诉案件审查报告和审查批准逮捕阶段的审查逮捕意见书的功能一样，反映的也是整个审查起诉过程中承办人对案件的审查情况以及所做的工作和所经历的过程。所不同的是公诉案件审查报告的内容更加详细，所反映出的内容更加丰富，而所反映出的对证据的分析等也更加精细。公诉案件审查报告可以说是公诉人庭前审查工作的结晶，也是整个审查起诉工作的灵魂，集中体现出了案件承办人审查案件的细致缜密程度，以及对证据的审查分析能力和对法律的理解运用能力。[①]

根据最高检发布的公诉案件审查报告的基本格式要求，在公诉案件审查报告中应当包含有案件的诉讼过程；犯罪嫌疑人及其他诉讼参与人的基本情况；发、破案经过；侦查机关(部门)认定的犯罪事实与意见；相关当事人、诉讼参与人的意见；审查认定的事实、证据及分析；需要说明的问题(包括侦查机关侦查过程中是否存在违法，如果存在违法事项，那么就人民检察院监督和纠正的情况进行说明，及对侦查机关认定事实的删减、罪名认定的变更和改变，罪名争议及法律适用的分析，案件是否经过集体讨论或是相关部门协调，案件是否存在上访可能等问题进行说明)；承办人意见。当然公诉案件审查报告也有首部和尾部，首部包括标题等内容，标题要标明关于犯罪嫌疑人×××涉嫌×案件的公诉案件审查报告；尾部则包括制作公诉案件审查报告的承办人署名和制作时间。

2.起诉书

起诉书形象地说就像一把钥匙，这把钥匙用来开启审判之门。根据刑事诉讼法和最高人民检察院发布的《刑事检察文书格式》样本的规定，起诉书由下列部分组成：

(1)首部。包括标题和文书编号。主要写明"××人民检察院起诉书"字样。其右下方注明文书编号：×检刑诉〔年度〕第×号。

(2)被告人的基本情况。主要写明被告人姓名(绰号)、性别、年龄(出生年月日)、籍贯、身份证号码、民族、文化程度、职业或者工作单位及职务(国家工作人员利用职权的犯罪，应当写明犯罪期间自何单位任何职务)、住址、有无犯罪前科、被采取强制措施情况(拘留、批准

① 熊红文.公诉实战技巧[M].北京：中国检察出版社，2007.

逮捕、执行逮捕的时间及决定或执行机关)、羁押处所(被告人在押的情况下)等。共同犯罪的案件,应当逐个写明被告人的上述情况。

(3)诉讼经过(包括案由和案件来源、依法告知诉讼权利的情况及审查起诉中所做的工作和审查起诉期限变动情况)。

①案由和案件来源。如果是公安机关侦查终结的案件,可以表述为:“本案由××公安局侦查终结,以被告人×××涉嫌×罪,于××××年×月×日向本院移送审查起诉。”

如果是人民检察院自行侦查终结的案件,可以表述为:“被告人×××涉嫌×罪一案,由本院侦查终结,于××××年×月×日,本院进入审查起诉阶段”。

②依法告知诉讼权利的情况。可以表述为:本院受理后,于××××年×月×日已依法告知被告人有权委托辩护人,于××××年×月×日已依法告知被害人及其法定代理人(或者近亲属)、附带民事诉讼的当事人及其法定代理人有权委托诉讼代理人。

③审查起诉过程中所做的工作及审查起诉期限变动情况。可以表述为“依法讯问了被告人,听取了被害人的诉讼代理人×××和被告人的辩护人×××的意见,审查了全部案件材料……(写明补充侦查及延长审查起诉期限的情况)”。

(4)认定的犯罪事实和证据。这是起诉书中一项非常重要的内容,起诉书中所认定的事实的内容要求清晰、明确、具体,用语要求简洁、准确。可以表述为“经依法审查查明”,然后将通过一系列审查起诉工作后,所认定的犯罪事实具体、客观的描述出来。

至于具体的写法有以时间开头的,也有以被告人×××开头的,起诉书的内容应当尽可能完整列明犯罪的人物、时间、地点、手段、方法、起因、主要过程及造成的结果,使用的工具、赃物的追缴和发还情况。共同犯罪案件还应当写明提出犯意、共谋、预备及各共犯在犯罪中具体的角色、分工、行为和作用等。

对于只有一名被告人的案件,被告人实施的多起犯罪事实一般应按照犯罪时间先后顺序逐一列举;同时涉及数个罪名的被告人的犯罪事实应当按照主次顺序分别列举。

对于有多名被告人案件,存在两种情况:第一,所有的被告人都共同实施了所有的犯罪事实;第二,一些被告人只实施了其中的部分犯罪事实。对于这两种情形,一般会在具体列举每宗犯罪事实之前,先总括地写一段话,概括写明这些被告人犯罪持续的时间段及地域、主要的作案手段、造成的危害后果等,然后再一宗事实一宗事实的分列。

在犯罪事实之后应当列明证据,一般表述为“认定上述事实的证据如下”,然后分列证明这宗事实的所有证据,只需列明有某种证据,这种证据有哪些,不需将证据的内容写出来。例如,证人证言,可以写明有证人某甲、某乙、某丙等的证言。列举证据一般采用“一事一证”的方法,即在每一宗案件事实后列举证明该犯罪事实的证据。但如果同一名被告人实施了同一罪名的多次犯罪,没有再实施其他犯罪,可以在所有犯罪事实列举完后在列举所有的证据。

(5)起诉的理由和法律根据。其开首语为“本院认为……”,应写明人民检察院对被告人犯罪行为的分析和性质的认定,表明对被告人所犯罪行追究刑事责任的具体意见。具体包括:被告人犯罪行为的分析;触犯刑法的条款;对行为性质(罪名)的认定;量刑情节(从重、从轻、减轻)的认定及对量刑的影响;一名被告人触犯数个罪名的数罪并罚情况;共同犯罪案件各被告人应负的罪责;提起公诉的法律依据(《刑事诉讼法》第一百七十二条的规定)。

(6)尾部。应写明案件移送的人民法院,表述为:此致,然后另起一行写明具体的法院名称;承办案件检察人员等的法律职称、姓名;签发起诉书的日期并加盖制作起诉书的人民检察院的公章。

(7)附项。该部分至少包括以下几项:第一,应写明被告人现处所,如果被羁押的写明羁押场所,取保候审的写明取保候审的处所,监视居住的写明监视居住的地点。第二,写明移送人民法院案件卷宗的数量。第三,写明提请法院处理的赃物及作案工具情况。如果有赃物及作案工具在扣押,应提请人民法院在判决时处理,所以要具写明赃物及作案工具的名称数量及扣押在何处。第四,如果有附带民事诉讼的,应当写明并附相关文书。

【附】公诉案件审查报告、起诉书样板

【公诉案件审查报告】

××人民检察院
公诉案件审查报告

收案时间:

侦查机关:

移送单位:

移送案由:

犯罪嫌疑人

侦查机关(或部门)承办人:×××

联系电话:×××

××检察院×部门(公诉部门或未成年人刑事检察部门)承办人:

承办人意见:

××公安局以×公诉字〔年度〕×号移送审查起诉的犯罪嫌疑人×××涉嫌×罪一案(如果案件是其他人民检察院移送的,应当将改变管辖原因、批准单位、移送单位以及移送时间等写清楚),我院于××××年×月×日收到卷宗×册,证物××。

我院受理后,依照刑事诉讼法的有关规定,于××××年×月×日告知犯罪嫌疑人依法享有的诉讼权利;于××××年×月×日告知被害人及法定代理人或者近亲属、附带民事诉讼的当事人及其法定代理人依法享有的诉讼权利;已依法讯问了犯罪嫌疑人,询问了证人,听取了被害人和犯罪嫌疑人、被害人委托的人的意见,以及进行补充鉴定、复验复查等,并审阅了全部案件材料,核实了案件事实与证据。

现已审查终结,报告如下:

一、犯罪嫌疑人及其他诉讼参与人的基本情况

(一)犯罪嫌疑人基本情况

犯罪嫌疑人×××,曾用名(绰号),性别,年龄及出生日期,居民身份证号码,民族,文化

程度，职业，前科情况，户籍地，现住址，涉嫌的罪名，被采取强制措施情况，羁押处所。

（二）辩护人基本情况

姓名，（所在的律师事务所）律师。

（三）被害人基本情况

被害人×××，曾用名（绰号），性别，年龄及出生日期，居民身份证号码，民族，文化程度，职业，户籍地，现住址。

（四）委托代理人的基本情况

委托代理人姓名，（所在的律师事务所）律师或与被害人的关系。

（五）附带民事诉讼原告人情况

二、发、破案经过

简要写明案件发生的情况、立案的过程及侦破案件的过程。

三、侦查机关（部门）认定的犯罪事实与意见

写明侦查机关移送审查起诉时所认定的案件事实。

四、相关当事人、诉讼参与人的意见

（一）被害人意见

（二）被害人委托的人的意见

（三）辩护人意见

五、审查认定的事实、证据及分析

（一）审查认定的事实

经审查认定的案件事实：（检察机关经过审查后认定的案件事实）

（二）本案证据情况及分析

1. 物证

2. 书证

3. 证人证言

4. 被害人陈述

5. 犯罪嫌疑人的供述与辩解

6. 鉴定意见

7. 勘验、检查、辨认、侦查实验等笔录

8. 视听资料、电子数据

（证据摘录应当全面、客观；对证据的分析一般“一证一分析”，但也要根据情况，对某一份证据没有必要单独分析，而需要与其他证据结合分析，也可以几份证据结合分析。在“一证一分析”的基础上对证明一个问题的证据可以进行小结性的综合分析；最后，可以对全案证据进行综合分析。证据分析主要是围绕证据的客观性、合法性和关联性进行，而对全案证据进行分析则要从总体上对证据是否能形成链条，对犯罪嫌疑人的行为能否得出唯一的排他的结论进行论证）

六、需要说明的问题

（一）案件管辖问题

（二）羁押必要性审查

（三）追诉漏罪、漏犯情况

（四）共同犯罪案件中未一并移送起诉的同案人的处理问题

（五）进行刑事和解情况

（六）敏感案件预警或处置情况

（七）侦查活动违法及纠正情况

（八）有碍侦查、起诉、审判的违法活动及解决情况

（九）扣押款物的追缴、保管、移交、处理情况

（十）被害人及附带民事诉讼原告人、被告人及其亲属以及人民群众对案件的处理有无涉法、涉诉上访问题及化解矛盾情况

（十一）结合办案参与综合治理、发出检察建议等相关情况

（十二）需要由检察机关提起附带民事诉讼问题

（十三）案件经过沟通、协调情况，领导批示情况

（十四）承办人认为需要解决的其他问题等

七、承办人意见

（一）对全案事实证据情况的意见

（二）对案件定性和法律适用的意见

（三）量刑建议

综上，承办人认为……（写明对犯罪嫌疑人行为的认定，包括是否构成犯罪、构成何种犯罪、触犯的法条、有无从轻或从重处罚情节、是否需要数罪并罚及适用的法律依据等）

承办人：

××××年×月×日

【起诉书】

××人民检察院
起　诉　书

×检　刑诉〔××××年度〕×号

被告人×××，曾用名（绰号），性别，年龄及出生日期，居民身份证号码，民族，文化程度，职业，前科情况，户籍地，现住址，涉嫌的罪名，被采取强制措施情况，羁押处所。

本案由××公安局侦查终结，以被告人×××涉嫌×罪，于××××年×月×日向本院移送审查起诉。本院受理后，于××××年×月×日已告知被告人有权委托辩护人，于××××年×月×日已告知被害人及其法定代理人（近亲属）、附带民事诉讼的当事人及其法定代理人有权委托诉讼代理人，依法讯问了被告人，听取了辩护人、被害人及其诉讼代理人的意见，审查了全部案件材料。

经依法审查查明：

(列明经审查后查明的事实)

认定上述事实的证据如下:

1.物证

2.书证

3.证人证言

4.被害人陈述

5.被告人的供述与辩解

6.鉴定意见

7.勘验、检查、辨认、侦查实验等笔录

8.视听资料、电子数据

本院认为,被告人×××(概述被告人行为的性质、危害程度、情节轻重),其行为触犯了《中华人民共和国刑法》第×条(引用罪状、法定刑条款),犯罪事实清楚,证据确实、充分,应当以×罪追究其刑事责任。鉴于……(写明被告人有无法定从重或从轻处罚情节,并列明发条依据)根据《中华人民共和国刑事诉讼法》第一百七十二条的规定,提起公诉,请依法判处。

此致

(移送何法院)

检察员:

××××年×月×日

附项:

1.被告人×××现所在处所。具体包括在押被告人的羁押场所或监视居住、取保候审的处所。

2.案卷材料×册。

3.证人、鉴定人、需要出庭的专门知识的人的名单,需要保护的被害人、证人、鉴定人的名单。

4.有关涉案款物情况。

5.被害人附带民事诉讼情况。

6.其他需要附注的事项。

(四)提起公诉决定的作出

经过上述一系列的审查起诉工作后,将制作的法律文书按照规定的程序提交审批之后,在主管检察长审批签发后(如果案件疑难复杂,也有可能提请检察委员会讨论决定后才进行审批、签发),就可以最终作出提起公诉的决定了。决定提起公诉后,就将案件按照规定的程序移交相关部门(司法实践中大多是案件管理中心),然后将案件的起诉书、卷宗材料及相关文书送至有管辖权的人民法院,在人民法院立案庭受理后,这个案件就正式提起公诉了,案件的审查起诉工作也就完结了。再接下来的工作就是在审判阶段出庭支持公诉以及在对案件作出判决后对判决的审查工作了。

当然,在司法实践中也还存在变更起诉、撤回起诉、追加起诉等情形,但作为大学阶段的刑事实务课程,了解常用的基本操作即可。

第三节 不起诉实务

【案例引导】

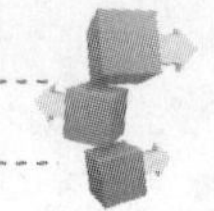

冯某芬(女)故意伤害案

宋某已经有了妻子林某,但与妻子关系不好,想离婚,但妻子不同意。这期间,宋某认识了同厂打工的冯某芬,并与冯某芬谈起了感情,一段时间后宋某与冯某芬同居。2011年的一天早上,宋某与冯某芬一起去厂里上班,冯某芬带了两个苹果一把水果刀,因为赶着上班没有吃。下班后两人去厂旁边的小餐馆吃饭,冯某芬就拿出水果刀削水果吃。在吃饭期间,突然宋某的妻子林某带着自己的两个哥哥及大哥的儿子来到饭店,质问宋某,并辱骂冯某芬。冯某芬不敢接口,后来林某越骂越生气就打了冯某芬一个耳光,冯某芬想还手,这时林某的两个哥哥及大哥的儿子就冲上来一起殴打冯某芬,林某大哥的儿子一脚将冯某芬踢倒再地,林某拿着手中的雨伞一起对冯某芬拳打脚踢,冯某芬被打得起不来,但他们的殴打还在继续,这时冯某芬随手乱抓抓到了掉到地上的水果刀,并拿水果刀超前挥舞阻止他们继续对自己殴打,在挥舞过程中将林某大哥的儿子腿部动脉划伤,造成重伤。后在场人员报警,冯某芬被抓获归案。

本案证据:冯某芬的供述;被害人林某大哥的儿子的陈述与冯某芬的供述能够印证;证人李某的证言与冯某芬的供述一致;林某和其两个哥哥的证言均称没有殴打只是对冯某芬推搡;在餐馆吃饭的3名证人的证言,均能与冯某芬供述相印证,内容同案件事实。

本案应当作出绝对不起诉,理由是正当防卫。根据《刑法》第二十条的规定,被害人的行为符合正当防卫的条件。不负刑事责任。根据《刑事诉讼法》第一百七十三条第一款的规定作出绝对不起诉。

不起诉不是一个独立的诉讼阶段,不起诉只是对案件的一种处理决定,同样是在审查起诉阶段,在对案件进行审查后作出的一种处理决定。

一、不起诉的概念和种类

（一）不起诉的概念

不起诉，是指人民检察院对侦查机关或侦查部门侦查终结移送起诉的案件或自行侦查终结的案件进行审查后，认为不符合起诉条件或没有起诉必要的，依法作出不将案件交付法院审判的一种处理决定。

（二）不起诉的种类

《刑事诉讼法》第一百七十三条的规定：犯罪嫌疑人没有犯罪事实，或者有本法第十五条规定的情形之一的，人民检察院应当作出不起诉决定。

对于犯罪情节轻微，依照刑法规定不需要判处刑罚或者免除刑罚的，人民检察院可以作出不起诉决定。

人民检察院决定不起诉的案件，应当同时对侦查中查封、扣押、冻结的财物解除查封、扣押、冻结。对被不起诉人需要给予行政处罚、行政处分或者需要没收其违法所得的，人民检察院应当提出检察意见，移送有关主管机关处理。有关主管机关应当将处理结果及时通知人民检察院。

第十五条　有下列情形之一的，不追究刑事责任，已经追究的，应当撤销案件，或者不起诉，或者终止审理，或者宣告无罪：

（1）情节显著轻微、危害不大，不认为是犯罪的；

（2）犯罪已过追诉时效期限的；

（3）经特赦令免除刑罚的；

（4）依照刑法告诉才处理的犯罪，没有告诉或者撤回告诉的；

（5）犯罪嫌疑人、被告人死亡的；

（6）其他法律规定免予追究刑事责任的。

第一百七十一条　人民检察院审查案件，可以要求公安机关提供法庭审判所必需的证据材料；认为可能存在本法第五十四条规定的以非法方法收集证据情形的，可以要求其对证据收集的合法性作出说明。

人民检察院审查案件，对于需要补充侦查的，可以退回公安机关补充侦查，也可以自行侦查。

对于补充侦查的案件，应当在一个月以内补充侦查完毕。补充侦查以二次为限。补充侦查完毕移送人民检察院后，人民检察院重新计算审查起诉期限。

对于二次补充侦查的案件，人民检察院仍然认为证据不足，不符合起诉条件的，应当作出不起诉的决定。

根据上述法律规定，一般将不起诉分为绝对不起诉（法定不起诉）、相对不起诉（酌定不起诉）、存疑不起诉（证据不足不起诉）三类。

绝对不起诉，就是指具有《刑事诉讼法》第十五条规定情形之一时的处理方式。在该种情形下，人民检察院必须作出不起诉决定。因此，《刑事诉讼法》第一百七十三条的规定中用的是应当作出不起诉决定，而不是可以。

作出绝对不起诉的条件就是符合《刑事诉讼法》第十五条规定情形之一。值得注意的是绝对不起诉除了《刑事诉讼法》第十五条规定情形外，还有两种情形：一是根据刑法规定不构成犯罪；二是确实有充分的证据证明犯罪嫌疑人没有实施犯罪。

相对不起诉，就是指《刑事诉讼法》第一百七十三条第二款规定的情形：对于犯罪情节轻微，依照刑法规定不需要判处刑罚或者免除刑罚的，人民检察院可以作出不起诉决定。该种情形是人民检察院行使自由裁量权的表现，并非该种情形一定会作出不起诉决定，也有可能提起公诉。

作出相对不起诉的条件有以下三个：基本条件是第一，犯罪情节轻微；第二，依照刑法规定不需要判处刑罚或者免除刑罚；还需要一个条件，就是人民检察院最终是否作出不起诉的决定，还会综合考虑其他的因素，比如犯罪嫌疑人的悔罪表现、被害人是否谅解、社会矛盾的化解情况、社会影响等等。

存疑不起诉，就是指《刑事诉讼法》第一百七十一条第四款规定的情形：对于二次补充侦查的案件，人民检察院仍然认为证据不足，不符合起诉条件的，应当作出不起诉的决定。在该种情形下，大家需要注意的是刑事诉讼法的用语也是"应当"作出不起诉决定（这是刑事诉讼法修改后修改的部分，修改前规定是"可以"作出不起诉决定）。也就是说在该种情形下也必须作出不起诉决定。

作出存疑不起诉的条件，就是：第一，经过补充侦查；第二补查后仍然证据不足，不符合起诉条件的案件。

【案例分析】

案例一：李某盗窃案

李某爱玉成瘾，喜欢收藏各种玉器，其与林某是亲家，林某家有一玉器摆件，十分精致，李某十分喜欢，多次向林某提出收购的要求，但林某却说该玉器摆件是祖上传下来的，不肯卖。2008 年春节期间，两家的子女不回家过春节，只剩老人在家，于是李某去林某家做客，期间喝了很多酒，林某不胜酒力就趴在桌上睡着了，李某就一边笑话林某酒量小一边自己喝酒，李某又喝了一会儿酒，突然想起现在林某醉了，林某的妻子也因为时间太晚睡觉了，不如自己趁机将那个玉器摆件拿走，于是李某就将林某的玉器摆件偷走，回到家中后，李某酒清醒了一点，突然想到自己的行为是盗窃，要被判刑的，而且这也是很丢人的一件事，于是收拾了一些衣物，拿了一些干粮带着自己多年来收集的玉器，就逃到了某省一深山中生活。而林某第二天醒来发现玉器摆件不见了，就想到肯定是李某偷了，于是找到李某家，结果李某的妻子说李某已经离家出走了，并哀求林某不要报警，愿意赔偿损失。林某想到双方是亲家，要是报警必然影响两家关系，于是就没有抱警。但李某并不知情，其逃到深山后，在那里一住就是六年，到了 2014 年，李某也十分想念亲人，觉得这事儿反正也逃不掉了，于是带着偷来的玉器摆件投案自首。经鉴定，玉器摆件价值人民币 16000 元。李某投案后，公安人员找到林某询问情况，林某如实告诉了公安人员事情的经过。

证据情况：李某投案后的供述；被害人林某的陈述；证人李某妻子、林某妻子的证言；玉器配件；对玉器配件的鉴定意见。

应当作出绝对不起诉(法定不起诉)，理由：犯罪已过追诉时效期限。根据《刑事诉讼法》第十五条第(二)项的规定，犯罪已过追诉时效期限的应当不起诉。犯罪嫌疑人实施的盗窃行为处刑在三年以下，根据《刑法》第八十七条第(一)项的规定，法定最高刑为不满五年有期徒刑的，经过五年不再追诉。该案已过六年。根据《刑事诉讼法》第一百七十三条第一款的规定作出绝对不起诉。

案例二：徐某葵妨害公务一案

徐某葵是一名失业人员，经营一烧烤档，2013 年 4 月 18 日 14 时许，其和丈夫古某才在某市某街桂绿路某婚纱摄影店侧巷摆卖烧烤档，因该处不允许乱摆卖，其摆卖行为是违反规定的，某市城市管理监察大队执法人员(简称城管人员)劝阻其离开，其答应离开，城管人员离开现场。在经过一个小时后，城管人员再次来到该处发现其还在此处违规摆卖，于是决定将其摆卖设备收缴，其因不服某市城市管理监察大队执法人员对其非法摆摊行为作出的处理决定，采取追打、用口咬等暴力手段将被害人某市城市管理监察大队执法人员黄某宫的两条手臂及姚某昌的左手臂咬伤(经法医鉴定均属轻微伤)。后徐某葵被到场的公安人员当场抓获。

证据情况：徐某葵的有罪供述；被害人黄某宫、姚某昌的陈述；鉴定意见；现场录像；现场勘查笔录；旁边商铺经营者的证言，徐某葵失业的证明材料、徐某葵书面赔礼道歉证明、保证以后服从管理的保证书、被害人谅解徐某葵行为的谅解书等。

应当作出相对不起诉(酌定不起诉)。理由：犯罪情节轻微。犯罪嫌疑人的行为妨害了城市管理部门执行公务的行为，但徐某葵属于失业人员，摆摊经营不容易，且事后认识到错误，向执法人员书面赔礼道歉并得到谅解，并保证以后服从管理，得以社会矛盾化解，该案造成的影响也不大。综合考量，该案作出相对不起诉既符合法律规定，也符合法律精神，能达到较好的效果。根据《刑事诉讼法》第一百七十三条第二款的规定作出相对不起诉。

案例三：吴某明故意伤害一案

某市公安局移送审查起诉时认定的犯罪事实：2010 年 4 月 1 日 22 时许，犯罪嫌疑人吴某明在某市某镇某村市场其经营的一大排档里，与顾客董某孝因是否欠账一事发生争执，继而打斗，过程中吴某明持啤酒瓶将董某孝头部砸伤。经鉴定，董某孝的损伤已构成轻伤。吴某明在打斗中也被打伤，经鉴定为轻微伤。

证据情况：

(1)犯罪嫌疑人吴某明第一次供述称是自己将董某孝砸伤的，当时自己是右手拿着瓶子，董某孝迎面过来打我，我打了一下他，不记得打到哪里了，因为他的朋友都过来打我，其中一个人从后面打我，我躲开了，不知道他打到谁了。但从第二次供述时坚称不是自己将董某孝打伤的，董某孝是被他自己的同伴误伤的，就是从我后面打我那人，我躲开了，他打中了董某孝。因为当时我打董某孝，董某孝用手中凳子挡了一下，他的身子侧着，刚好他朋友这时从后面打我，我躲开了，他朋友的瓶子就打到了董某孝的头部。

(2)董某孝的两次陈述：第一次陈述简单称是吴某明将自己砸伤，第二次陈述中描述称是自己拿着凳子去打吴某明，他一起来的五个朋友也上前准备打吴某明，其中有两个朋友(叶某和王某)也拿着啤酒瓶，去打吴某明，吴某明是右手拿着瓶子打到我的头的左侧。

(3)董某孝的朋友A证实：案发那天我们去吴某明的大排档吃夜宵，吴某明向董某孝索要之前欠的酒钱，董某孝觉得很没面子就和吴某明吵起来了，后来双方又要打，我就走上前想去劝架，但劝不开，双方互扔啤酒瓶，后来董某孝的朋友叶某和王某一起帮董某孝去打吴某明，现场很乱，不知怎么董某孝就倒地了。

(4)董某孝的朋友B证实：证言内容和朋友A的内容基本一致，另外证实，叶某和王某当时也拿了啤酒瓶，好像看到叶某从吴某明后面打了过去。

(5)董某孝的朋友C证实：内容和朋友A的内容基本一致，也证实当时董某孝和叶某、王某是把吴某明围在中间的，不知怎么董某孝就倒地了。

(6)在场吃夜宵的其他三名证人：证实现场很乱，见很多人去打那个老板，不知怎地有一个人就倒地了。

(7)案发现场的勘验检查笔录：证实案发现场混乱，有许多碎酒瓶，凳子倒地混乱。

(8)董某孝的伤情鉴定意见：轻伤。

(9)某市公安局出具的说明：董某孝的另外两个朋友叶某和王某在最初不愿来提供证言，后在检察院补充侦查过程中，叶某和王某回了老家失去联系。

(10)现场无视频监控。

应当作出存疑不起诉。理由：该案现有证据存在多处疑点，证明的事实不清楚，且经过两次补充侦查后仍无法收集到新的证据，关于到底是谁打伤被害人的这一关键问题无法得出唯一的排他性结论，不能证实确实是犯罪嫌疑人打伤了被害人。因此，从有利于被告人(犯罪嫌疑人)原则出发，根据《刑事诉讼法》第一百七十一条第四款的规定，作出存疑不起诉。

二、不起诉决定的作出及其法律后果

(一)不起诉决定文书的制作

和提起公诉的案件一样，对公诉案件审查起诉后作出不起诉决定，同样需要制作相应的法律文书，主要的仍然是公诉案件审查报告(内容要求同上)和不起诉决定书。

不起诉决定书就是表明人民检察院对案件作出不起诉决定的文书，其内容和形式包括以下几个方面：

1. 首部

标题和编号。标题:“××人民检察院不起诉决定书”;编号:在标题右下方,“×检刑不诉〔年度〕×号”。

2. 被不起诉人基本情况

内容同被告人基本情况,只不过称谓改变为被不起诉人。

需要提醒的是,在不起诉决定书中,如果有辩护人则应在被不起诉人基本情况写完后,加上辩护人的基本情况,包括辩护人的姓名、单位和通信地址。

3. 诉讼经过

同起诉书的内容。

4. 认定的事实和证据

不起诉决定书的该部分需要分两种情况:

(1)属于绝对不起诉和相对不起诉情形的,应简要写明案件事实;

(2)属于存疑不起诉情形的,应当写明侦查机关或部门认定的事实,然后再简要写明经补充侦查仍然证据不足,不符合起诉条件的情况。

5. 不起诉的理由和法律根据

该部分需要在前述几个部分的基础上阐明适用不起诉的理由,以及相关的法律依据。

6. 尾部

(1)有关事项的告知。

①被不起诉人如不服本决定,可在收到本决定书后七日内向本院提出申诉。

②被害人如不服本决定,可在收到本决定书后七日内向××人民检察院(上一级)提出申诉,请求提起公诉;也可以不经申诉,直接向××人民法院(同级)提起自诉。

(2)不起诉决定书统一署作出决定的人民检察院的院名(不署承办检察官的名字),并加盖院印。

(3)注明制作时间。

(二)不起诉决定的作出

不起诉决定的相关文书制作完成后,同样需要履行相应的程序才能最终作出不起诉决定。

其中,属于绝对不起诉情形的案件,检察长可以直接决定作出不起诉决定;属于相对不起诉情形以及存疑不起诉情形的案件则需要提交检察委员会讨论通过后才能作出不起诉决定。但实践中,为了确保案件质量,防止权力滥用,一般对于不起诉的案件都会经过检察委员会讨论通过后才作出最终的不起诉决定。

(三)不起诉的法律后果

对人民检察院作出的不起诉决定,如果公安机关和被害人均无异议或是异议不成立,那么存疑不起诉的案件,如果犯罪嫌疑人在押,应当立即释放犯罪嫌疑人,不过这并不代表所有程序的终结,因为,一旦发现新的证据,可以证实该犯罪嫌疑人确实实施了相应的犯罪,符合起诉条件的,仍然可以提起公诉。而对于绝对不起诉和相对不起诉的案件,则不起诉决定的作出,就意味着所有程序的终结。

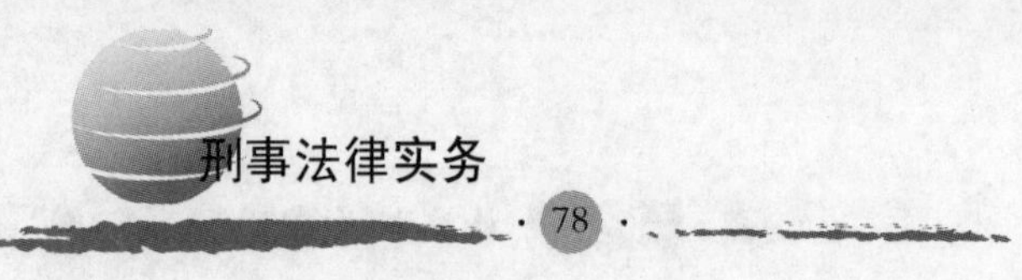

【附】不起诉决定书样板

【绝对不起诉决定书】

××人民检察院
不起诉决定书

×检　刑不诉〔年度〕×号

被不起诉人×××，曾用名(绰号)，性别，年龄及出生日期，居民身份证号码，民族，文化程度，职业，前科情况，户籍地，现住址，涉嫌的罪名，被采取强制措施情况，羁押处所。

辩护人×××，(某律师事务所)律师。

本案由××公安局侦查终结，以被不起诉人×××涉嫌×罪，于××××年×月×日向本院移送审查起诉。(有无补充侦查或延长审查起诉期限情况，若有写明具体的次数和时间，如果是退回公安机关补充侦查的，还应写明补充侦查完毕后重新报送的时间)。

经本院依法审查查明：

(写明经审查后查明被不起诉人实施的行为事实)

本院认为，被不起诉人×××的上述行为，情节显著轻微、危害不大，根据《中华人民共和国刑法》第十三条的规定，不认为是犯罪。依照《中华人民共和国刑事诉讼法》第十五条第(一)项和第一百七十三条第一款的规定，决定对×××不起诉。

(如果是根据刑事诉讼法第十五条第(二)至(六)项法定不追究刑事责任的情形而决定的不起诉，重点阐明不追究被不起诉人刑事责任的理由及法律依据，最后写不起诉的法律依据。如果是根据刑事诉讼法第一百七十三条第一款中的没有犯罪事实而决定不起诉的，指出被不起诉人没有犯罪事实，再写不起诉的法律依据)

查封、扣押、冻结的涉案款物的处理情况。

被不起诉人如不服本决定，可以自收到本决定书后七日内向本院申诉。

被害人如果不服本决定，可以自收到本决定书后七日以内向××人民检察院申诉，请求提起公诉；也可以不经申诉，直接向××人民法院提起自诉。

(院章)

年　　月　　日

【相对不起诉决定书】

××人民检察院
不起诉决定书

×检　刑不诉〔年度〕×号

被不起诉人×××，曾用名(绰号)，性别，年龄及出生日期，居民身份证号码，民族，文化程度，职业，前科情况，户籍地，现住址，涉嫌的罪名，被采取强制措施情况，羁押处所。

辩护人×××，(律师事务所)律师。

本案由××公安局侦查终结，以被不起诉人×××涉嫌×罪，于××××年×月×日向本院移送审查起诉。(有无补充侦查或延长审查起诉期限情况，若有写明具体的次数和时间，如果是退回公安机关补充侦查的，还应写明补充侦查完毕后重新报送的时间)。

经本院依法审查查明：

(写明经审查后查明被不起诉人的犯罪事实)

本院认为，被不起诉人实施了《中华人民共和国刑法》第×条规定的行为，但犯罪情节轻微，具有(从轻)情节，根据《中华人民共和国刑法》第三十七条的规定，不需要判处刑罚(可以免除刑罚)。依据《中华人民共和国刑事诉讼法》第一百七十三条第二款的规定，决定对×××不起诉。

查封、扣押、冻结的涉案款物的处理情况。

被不起诉人如不服本决定，可以自收到本决定书后七日内向本院申诉。

被害人如不服本决定，可以自收到本决定书后七日以内向××人民检察院申诉，请求提起公诉；也可以不经申诉，直接向××人民法院提起自诉。

(院章)

年　　月　　日

【存疑不起诉决定书】

××人民检察院
不起诉决定书

×检　刑不诉〔年度〕×号

被不起诉人×××，曾用名(绰号)，性别，年龄及出生日期，居民身份证号码，民族，文化程度，职业，前科情况，户籍地，现住址，涉嫌的罪名，被采取强制措施情况，羁押处所。

辩护人×××，(律师事务所)律师。

本案由××公安局侦查终结，以被不起诉人×××涉嫌×罪，于××××年×月×日向本院移送审查起诉。本院于××××年×月×日将该案第一次退回××公安局补充侦查，××公安局补充侦查完毕后于××××年×月×日重新移送本院审查起诉(如果有第二次退查的，同样写明退回的时间以及补查后重报的时间)(有无延长审查起诉期限情况，若有，写明具体的次数和时间)。

经本院依法审查查明：

(写明经审查后查明被不起诉人的犯罪事实)

经本院审查并退回补充侦查后，本院仍然认为××公安局认定的犯罪事实不清、证据不足。现有证据不能认定×××的行为构成犯罪，不符合起诉条件。依照《中华人民共和国刑事诉讼法》第一百七十一条第四款的规定，决定对×××不起诉。

查封、扣押、冻结的涉案款物的处理情况。

被不起诉人如不服本决定，可以自收到本决定书后七日内向本院申诉。

被害人如不服本决定，可以自收到本决定书后七日以内向××人民检察院申诉，请求提起公诉；也可以不经申诉，直接向××人民法院提起自诉。

(院章)

年　月　日

第四节 出庭支持公诉实务

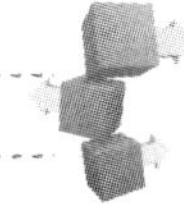

【案例引导】

辩护人在法庭如何正当发表意见?

在审理被告人李某某抢夺案件的过程中,检察机关指控被告人抢夺数额达95386元人民币,而被告人对其抢夺的犯罪事实不予供认。庭审中其辩护人则完全依据被告人的单方供述进行辩护,而且对于案件中的证据和细节进行想当然的推论,比如案发现场是否有红绿灯等,被告人称自己不可能在闹市进行抢夺,辩护人马上称其去案发现场看过,被告人逃跑那条路在转到通往新塘的大路上之间至少有三个红绿灯,因此,被告人根本不可能选择在这种地方抢夺,而且抢夺后还乘车逃跑。但事实上那条路上一个红绿灯也没有,于是公诉人如实指出应当实事求是而不能随意且不负责任乱说。在其后的法庭调查过程中,辩护人不仅仍然随意推测,而且在对证据进行质证时,审判长尚未许可其发言,其想到什么就马上讲,于是公诉人指出发言应经审判长许可,审判长也对辩护人的行为进行提醒,但辩护人马上反驳称审判长限制其权利,并且与审判长产生争执,公诉人建议休庭。

根据法律规定,法庭审理应当在审判长主持下进行,庭审各方在法庭上的行为应当听从审判长的指挥。因此,本案例中,辩护人未经审判长许可即发表意见、不负责任的指责审判长限制其权利、不听从审判长指挥与审判长争吵均属违反法律规定的行为;正确的做法是服从审判长指挥,如果认为审判长行为不当,可以在休庭期间或庭审后提出。

根据《刑事诉讼法》第一百八十四条的规定:人民法院审判公诉案件,人民检察院应当派员出席法庭支持公诉。因此,出庭支持公诉是检察机关一项重要的职能,它发生在刑事审判环节。

刑事诉讼、刑事审判、法庭审理,这几个概念在刑事诉讼法理论中已经有详细的介绍,这里不再赘述,而这里需要说明的是,在通常情况下,我们所说的刑事审判往往指的是法庭审理环节,事实上刑事审判绝不仅仅局限于法庭审理。但为了更容易理解,我们主要介绍在刑事案件的庭审环节,检察机关指派的公诉人需要做哪些工作。需要明确的是公诉人需要参与庭审的全过程。

(一)出庭支持公诉的概念及任务

1. 出庭支持公诉的概念

出庭支持公诉在司法实践中,是指人民检察院提起公诉的案件,在人民法院进行法庭审理时,由人民检察院指派检察官(公诉人)出席法庭,支持公诉,并依法对法庭审理活动进行监督的诉讼行为。

2. 出庭支持公诉的任务

从出庭支持公诉的概念中我们可以看出,出庭支持公诉过程中,公诉人有两大任务:一是支持公诉。也就是支持提起公诉时所提出的主张即认定被告人有罪并请求对其判处相应的刑罚。当然支持公诉是一个概括的说法,而怎样支持公诉,要做些什么,则体现在庭审各环节中。二是对法庭审理活动进行监督。这是由宪法所赋予检察机关的法律地位所决定的,也就是公诉人出席法庭,不仅仅要支持诉讼主张,同时也需要对庭审各方的诉讼行为进行监督,包括审判人员的法庭审理活动、辩护人员的辩护活动等。

(二)出庭前的准备

法庭审理是在相对集中的时间,在庭审各方的参与下解决当事人罪、责、刑的活动,因此,公诉人出庭支持公诉前应当做好充分的准备,避免因为对案件证据模糊或者程序不熟悉而导致在庭审中被动从而无法完成出庭支持公诉的任务。因此,在出庭前应当做好处分的准备,具体需要做好以下几方面的工作:

1. 进一步核实、熟悉提起公诉的事实和认定依据

法庭审理是围绕起诉书所指控事实进行审理,因此,指控事实是否清楚、指控事实是否准确,关乎起诉所指控事实是否被法庭认可的问题。所以,在出庭支持公诉前,应当进一步对起诉认定事实进行核实和熟悉,以进一步排除错漏,消除模糊,确保起诉认定事实尽可能被法庭所认可。

起诉认定事实是需要有相应的证据予以证实的,而且所有用以证明案件事实的证据均应符合证据的三性特征:即合法性、客观性和关联性。一旦证明案件事实的证据不符合证据的三性特征,而又无法补救,就会造成证据不被法庭采信,从而影响到证据的证明力,进而影响到对案件事实的证明,最终仍可能出现起诉指控事实不被法庭认可,从而导致指控错误(包括指控失败,比如无罪被指控为有罪;和指控不准确,比如此罪指控为彼罪等)现象的产生。

所以,在出庭支持公诉前,应当对案件事实和证据进一步核实、熟悉,如果发现起诉指控的案件事实不准确或是错误或是证据有瑕疵,应当及时补救。

2. 熟悉相关法律规定

出庭支持公诉前应当进一步熟悉相关的法律条文、司法解释,把握好法律条文的规定以及法条之间的区别和联系,以便于在庭审中准确地引用法律条文。

3. 制作出庭预案

出庭预案包括案件庭审时证据的出示内容及顺序、庭审答辩提纲及公诉意见等。庭审时证据的出示内容及顺序可以根据公诉案件审查报告的内容做调整修改即可,而公诉意见既要根据案件事实和证据在庭审前做准备又要结合庭审情况进行调整和修改。这里主要介

绍庭审答辩提纲，答辩提纲实际上就是对出席法庭时可能会遇到情况的预判，包括案件事实可能出现的争议，案件证据可能出现的争议，定性、量刑及适用法律可能会出现的争议。一般情况下，出庭预案制作时分点列明，每一点大致包括三方面的内容：可能出现的争议点，辩方可能的辩护方向和理由，答辩(回应)方向和要点。

【案例分析】

案件事实：

2014 年 8 月 7 日 10 时许，被告人李某某去到某市某街后租乘一辆出租车来到某某商行处，被告人李某某要求出租车司机不要熄火在商行外等候，随后其进入商行内以需要购买冬虫夏草给人送礼为借口，让商行服务人员拿出不同级别的冬虫夏草假装挑选，而后其让服务人员将挑选的三盒冬虫夏草包装好放入袋内，让服务人员计算价格，在服务人员低头计价时，其突然拿起包装好的冬虫夏草快步走出商行坐上在外等候的出租车，并让出租车司机马上开车向某市某镇方向逃跑。后在被告人李某某乘坐的出租车司机接到电话通传称有人抢夺财物乘坐出租车逃跑，被告人李某某即在途中让出车司机停车，而后下车逃跑，后被布控民警抓获。缴回赃物冬虫夏草三盒(经鉴定，共重 1 千克，价值人民币 95386 元)发还被害人。

证据情况：

(1)被告人李某某的供述：被告人李某某不供认自己有任何犯罪行为，称自己是准备拿货给自己要送礼的人，让他看货后自己再回去付款。并称自己本来是约自己要送礼的人在某市某街某宾馆喝早茶，然后把礼品送给他的，但因为某宾馆没有早茶喝，所以又约到某镇喝早茶。也是因为这样他本身是要拿这些礼品去某宾馆喝早茶时看货的，但后来改到去某镇喝早茶所以才拿货去某镇的。后来在行驶途中，因为太堵车了，我嫌出租车开的慢所以就下车了。

我拿这些冬虫夏草是想送给一个老板的，我是要和他做生意的，这只是见面礼。他如果喜欢我就会回商行付款的，并称自己拿走冬虫夏草时和商行的服务员讲过了。

(注)李某某一直无法提供其所说的那个老板的姓名及联系方式，只是称那个老板是香港人。

(2)被害人(某商行老板)陈述：案发当日我在商行里面的一间房内喝茶，突然听到我的员工喊抢劫，于是我跑出去时，就看到员工从柜台内跑出来并向商行外面跑，当我也跑出商行时，朝着员工手指的方向看到一辆黄色的出租车已经转弯开走了。于是我就报了警。我从没见过那个人，不认识他。

(3)证人王某(女，某商行工作人员)的证言：案发当日，一个人拿着一个皮包来到我们商行，我接待了他，他来就说要给人送礼，然后我就问他需要什么，他就说要一些冬虫夏草啊什么的，于是他就指着货架上的那些冬虫夏草让我都拿一些，我就拿了几盒，他随便看了一下就让我把其中的三盒包起来，说他需要量比较大，这只是前期先买一点。然后看都不看价钱就说让我计价，并说他买这么多让我看着给点折扣，于是我就走到柜台里面用计算机来计价，我低头计价时，他就突然拿起包好的冬虫夏草，走动了一下，我下意识地看了他一下，只见他拿着东西往商行门口走，我刚想叫住他，突然他就加快脚步往外走，我意识到他是要把东西拿走，我就大声喊抢劫，只见他坐上门口停着的一辆黄色的出租车，并赶紧从柜台里往外跑，我跑到商行门口时，就见到他坐的那辆出租车从门口经岗前路转弯走了。我跑出去时我老板也出来了，我老板问了我情况就报警了。我不认识那个人，他也没有给我任何联系方式。

(4)证人刘某(出租车司机)的证言：证实案发当日，其搭载了一名乘客，该乘客好像对增城不是很熟，又说不清去什么地方，上车就问我某市有没有大点的商行，说自己是做生意的，要去买点东西送人，我就将他带到某商行处，到了商行门口，他就让我车不要熄火，他买点东西很快就要走，并说要赶到某市，称会多给我点油钱，于是我就按照他的要求在外面等，大概五分钟，就见他急匆匆的拿着一包东西上车，并让我赶快走，我也没多想就开着车往某市方向开，在开到离某镇还有几公里时，我就接到车上的电台广播称有一名男子在某商行抢了东西，让搭客的司机注意，如果搭乘该男子就赶快报警。我就开始怀疑我搭的这名男子，他可能是看我注意他了就要求我停车，说要下车，当时我也不太知道是怎么回事，就停了车，他就下车了。

(5)冬虫夏草的鉴定意见：证实缴回的冬虫夏草价值人民币95386元。

(6)扣押物品、文件清单：证实抓获李某某时，从其身上缴获冬虫夏草三盒。

(7)现场勘验、检查笔录：证实案发地点位于某商行内。

(8)李某某的通话记录清单：证实其案发当日及案发前一个月内的通话情况。李某某无法指出他要约见面的那个老板的电话号码。

本案分析：

(1)进一步熟悉案件的事实和证据，如发现疑点，尽早排除。

(2)熟悉相关的法律、法规，如关于抢夺罪、诈骗罪等罪名的法律及相关司法解释，甚至要熟悉相关民事法律方面的规定，同时熟悉与庭审相关的程序性法律规定等。

(3)制作出庭预案。①根据庭审的要求，调整公诉案件审查报告中的证据排列等；②制作庭审答辩提纲。比如本案中可能出现的争议点之一，被告人刘某某主观上是否有犯罪的故意。辩方可能从无犯罪故意的角度辩解也可能从诈骗罪的角度进行辩解；作为公诉人则应当预判如果辩方提出无犯罪故意会有什么理由，如果提出时诈骗罪又会有什么理由，而后分别准备回应理由和依据。③制作公诉意见书。

(三)庭审各环节的主要任务

法庭审理主要包括开庭、法庭调查、法庭辩论、被告人最后陈述、评议和宣判。其中评议环节不公开进行,也是由审判人员参与独立进行。

1. 开庭

在该环节,公诉人要做到的主要是带齐庭审材料按时到庭。

2. 法庭调查

在审判长宣布进入法庭调查阶段后,公诉人主要的工作是宣读起诉书、讯问被告人、出示证据。

宣读起诉书容易理解,即公诉人将提起公诉阶段制作的起诉书在庭审时公开宣读。

讯问被告人则是指公诉人在审判长主持下就起诉书指控内容对被告人进行发问。需要注意的是,根据被告人的认罪情况要繁简适当。如果共同犯罪案件的被告人同案审理时,讯问应当分别进行,必要时也可以传唤同案被告人到庭对质。

出示证据。在法庭调查阶段,出示证据是一项非常“繁重”的工作。虽然根据案件庭审的具体情况(简易庭还是普通庭),案件证据的出示也有繁简之分,但总体还是应当维持证据内容的原貌。而案件证据的量往往较大,并且在出示证据的过程中不仅仅是宣读证据往往还要对证据进行质证。所以出示证据的过程相对较长,任务繁重。但证据是认定事实的基础和依据,非常重要,所以需要非常重视。

根据《刑事诉讼法》第四十八条的规定,证据分为八类,不同种类的证据有不同的特征,在庭审中出示的方式也不尽相同。《刑事诉讼法》第一百八十六条至第一百九十二条规定了在法庭调查环节对不同证据的调查方式,并对法庭调查过程中可能遇到的情况进行了规定。因此,这里不再赘述。但需要说明的是,在庭审中公诉人出示证据的方式方法会根据案件情况的不同而有所不同。比如,在简单的案件特别是单人单宗犯罪事实案件中,公诉人在出示证据时会按照法律所规定的证据种类出示证据;而在复杂的案件,多人多宗犯罪事实或是单人多宗犯罪事实等案件中,公诉人也许会采取分组出示证据的方式,而公诉人所区分的每组证据中可能会包含不同种类的多个证据。这主要是因为出示证据的方式在符合法律规定的前提下,是服务于查明案件事实需要的。

3. 法庭辩论

该阶段因为涉及控辩双方对案件事实、证据、定性、量刑及法律适用等问题的论证,并往往因为双方的意见会存在争议而会出现比较集中的交锋辩论,在辩论中有唇枪舌剑、妙语连珠也有侃侃而谈、春风化雨,体现的是庭审各方的法律功底、语言风格和表达、临场反应,因此,往往被视为是庭审中最精彩和激烈的环节。实际上对案件事实和证据的辩论在法庭调查阶段就已经有所体现,体现在对证据的质证方面。但法庭辩论阶段则是集中和系统的对案件相关问题进行论证。

公诉人在法庭辩论阶段需要做的具体工作就是围绕对被告人定罪和量刑问题,对与之相关的指控事实、提交的证据进行综合分析论证,并就法律适用问题进行阐述。

法庭辩论的顺序是:①公诉人发表公诉意见;②被害人及其诉讼代理人发言;③被告人自行辩护;④辩护人辩护;⑤控辩双方进行辩论。当然法庭辩论需要在审判长的主持下进行，各方在发表意见前均需征得审判长的同意。在司法实践中，法庭辩论环节控辩双方的辩论轮数要相对合理，不可能无限地辩论下去，因此，当辩论经过几轮后，审判长会宣布辩论环节结束，庭后可以提交书面意见。另外，需要注意的是法庭辩论应当围绕指控的事实进行；法庭用语要规范（主要是法言法语的运用）。

4.被告人最后陈述

在该阶段是法律赋予被告人的一项权利，公诉人需要监督合议庭是否保证被告人的该项权利。一般情况下该阶段公诉人不需要做具体工作，但如果被告人在最后陈述中提出新的事实、证据、合议庭认为可能影响正确裁判的，应当恢复法庭调查；被告人提出新的辩解理由，合议庭认为可能影响正确裁判的，应当恢复法庭辩论。

5.宣告判决（宣判）

在该阶段公诉人需要做的具体工作是参加宣判并监督宣告判决是否公开进行。需要注意的是根据《刑事诉讼法》第一百九十六条规定：宣告判决，一律公开进行。也就是说即使是未成年人犯罪案件或是涉及隐私的案件在宣告判决时也应当公开进行。

【案例分析】

案件事实：

被告人刘某阳是一名收废品人员，其于某日中午去到某市某工厂收废品，在其去到工厂一栋宿舍楼五楼时，发现一房间门未关，其看到里面有两名女子在睡觉，其中一名女子的手里拿着一部手机，于是其偷偷地潜入房间，蹑手蹑脚地走到该女子床前，慢慢地伸手轻拉手机，但未拉出，无奈之下，其猛地一拉，将手机拉出并迅速从五楼往楼下跑，与此同时，该女子被惊醒，于是大呼偷手机，在工厂同事的帮助下，在二楼将刘某阳抓获。经鉴定，该手机价值人民币3000元。

证据情况：

(1)被告人刘某阳的供述：其供述自己最初是想去某工厂收废品，进厂后走上一栋楼，因为当时是中午，很多房间门都是关着的，后来我看到有一间门没关，于是我想进去看是否有废品卖，突然看到两名女子在睡觉，一名女子手里拿着一部手机，我看看她们睡着了，就想把那台手机偷走，我慢慢地走进房间来到那名女子床前，我本来想轻轻地把手机拿走，但她拿得紧我拉不出来，我又怕她醒了，于是我就猛拉出来，然后往楼下跑，结果那女子醒了，大叫，我就没跑下去被抓到了。

(2)被害人的陈述：证实案发当时自己正在午休，房间里还有另外一名女子，自己睡觉前看了一会儿手机就睡着了，正在睡梦中时，突然觉得自己手被人拉了一下，我醒来就看到一名男子正往外跑，自己的手机被那名男子拿走，于是我就喊偷手机，后来这名男子被楼下的同事抓到了。

(3)房间另一名女子的证言：证实案发当日，自己和同事在房间休息，因为天热就没关门，突然听到同事大喊偷手机，自己醒了过来，只看到一名男子往房间门外跑，后来那名男子被抓住了，从他身上搜到我同事的手机。

(4)物价鉴定意见:证实从刘某阳处缴获的手机价值人民币3000元。

本案分析:

控方:抢夺罪

辩方:盗窃罪

控方理由(参考):①被告人主观上开始是盗窃的故意,但在具体实施侵财行为时主观故意发生了变化,转变为抢夺的故意;②被告人在抢得财物之前的行为确实是秘密进行,但其在拿到财物那一刻实施的核心行为是抢夺行为;③被害人在当时是熟睡状态,但其财物是紧握在手中,并非随意摆放,从被告人轻拉手机拉不出来可以看出,手机是在被害人随身控制之下的;④被告人在猛拉后立即逃跑,反映出其对自己行为可能惊醒被害人是有认识的。

辩方理由(参考):①被告人主观上是盗窃的故意;②被告人的行为一直是秘密进行;③被告人实施窃取财物行为时被害人是处于熟睡中;④从常理分析,被告人侵财故意是临时产生的,而被告人去到的是五楼,一般情况下考虑到逃离的可能性,不会在五楼实施盗窃。

(四)对庭审的监督

对法庭审理活动的监督是由人民检察院法律监督机关的性质所决定的。人民检察院的性质决定了其所有职能均带有法律监督的性质,所以,公诉人出庭支持公诉过程中,除了需要履行指控犯罪支持起诉的职责,还需要履行对庭审活动进行监督的职责。

具体来讲,对庭审活动的监督,是对庭审各方(主要是审判人员和辩护人)在庭审过程中的行为、做法等进行监督,对庭审程序进行监督。比如参与庭审的各方在庭审过程中的行为是否规范,是否恰当;在庭审过程中是否保证了各方当事人的权利和义务等等。相应的,如果发现在庭审中出现违反规定的情形则应通过检察建议或检察意见等形式向相应各方提出。如在庭审中发现辩护人有双方代理的行为等;又如在庭审中审判人员无理制止公诉人或辩护人员发表意见等。一般情况下对庭审活动的监督意见应在庭审后提出,但如果出现特殊情形,公诉人也可以建议休庭,在休庭期间提出。当然在法庭审理过程中,也存在公诉人违反规定的情形,对此,参与庭审的其他各方也同样有权向人民检察院提出。

【案例分析】

在审理被告人王某某盗窃案件的过程中,被告人王某某认罪态度好,对其实施的盗窃犯罪行为供认不讳,在经过法庭调查阶段后,审判长宣布进入法庭辩论阶段,公诉人首先发表了公诉意见,然后审判长宣布,鉴于被告人聘请了辩护人,由辩护人直接发表辩护意见,经过两轮法庭辩论后,审判长再次宣布鉴于本案案件事实

清楚，被告人完全认罪，为节省时间，审判长宣布庭审结束，择日宣判。

本案例中，审判长有两处行为违反法律规定：第一，审判长没有让被告人自行辩护，直接让被告人辩护人发表辩护意见，这属于违法剥夺被告人辩护权利的行为（被告人有自行辩护的权利）；正确的做法是审判长应当让被告人自行辩护，而后再由被告人的辩护人发表辩护意见（被告人有权放弃自行辩护的权利，但也应当是在审判长让被告人自行辩护时，被告人明确表示后，审判长再宣布由被告人的辩护人发表辩护意见）。第二，审判长没有让被告人做最后陈述。根据刑事诉讼法的规定，被告人有最后陈述的权利。但本案例中，审判长在法庭辩论后，即以案件事实清楚，被告人完全认罪，为节省时间为由，宣布庭审结束，择日宣判，这属于违法剥夺被告人最后陈述权利的行为；正确的做法是审判长应当让被告人做最后陈述后，再宣布庭审结束，择日宣判。

（五）对判决、裁定的审查

对人民法院对案件判决和裁定作出审查是刑事实务的重要内容之一，体现的仍然是法律监督的性质。即人民法院经过对案件的审理，最终对案件的处理作出决定（判决或裁定）后，人民检察院负有对人民法院作出的决定进行审查的权利和义务。对人民法院作出的判决和裁定的审查主要是一种事后审查和书面审查。

实践中主要是对判决进行审查的问题。对判决进行审查包括审查判决是否按照法律规定的时间送达（当庭宣告判决的，应当在五日以内送达；定期宣告判决的，应当立即送达），审判组织的组成是否合法，法庭审理过程中有无违法或不当行为，判决认定事实是否清楚、准确，定性是否准确，适用法律条文是否正确，量刑是否适当。

具体审查的方法是需要对照起诉指控的事实、认定依据及量刑建议，结合案件在法庭审理过程中是否出现对案件有影响的新情况综合比对进行审查。其中，在案件审理过程中出现的新情况包括有被告人在法庭审理过程中翻供不供认其犯罪行为。

对判决审查后的处理。对判决进行审查后一般会出现三种情况，对应也有三种不同的处理方式。

(1)人民法院的判决在程序和实体上都符合法律规定，不存在问题，对此，应当作出同意法院判决的审查决定。

(2)人民法院的判决在程序上或实体上存在一些不属于严重违反法律规定的情形或是有争议的情形，比如因为疏忽大意而出现的错别字、引用法条失误等；存在争议的情形，比如对于案件的定性存有争议，但不影响量刑，又如在量刑方面，人民法院的判决与人民检察院量刑建议在量刑幅度上存在不一致，但不属于畸轻畸重的情形等。对于以上情形，一般作出基本同意法院判决的审查决定，同时在审查意见中应当对瑕疵或有争议的情形进行说明，同时，视情况可以向人民法院以口头或书面的形式提出或发出检察意见或建议。

(3)人民法院的判决出现严重违反法律规定的情形，对此，应当作出抗诉的决定。该种情形，《刑事诉讼法》第二百一十七条规定：地方各级人民检察院认为本级人民法院第一审的判决、裁定确有错误，应当向上一级人民法院提出抗诉。《人民检察院刑事诉讼规则(试行)》(2013 年 1 月 1 日最高人民检察院)则对人民检察院应当提出抗诉的情形做了更加细化的规定，该规则第五百八十四条规定：人民检察院认为同级人民法院第一审判决、裁定由下列情形之一的，应当提出抗诉：

①认定事实不清、证据不足的；

②有事实、充分证据证明有罪而判无罪，或者无罪判有罪的；

③重罪轻判，轻罪重判，适用刑罚明显不当的；

④认定罪名不正确，一罪判数罪、数罪判一罪，影响量刑或者造成严重社会影响的；

⑤免除刑事处罚或者适用缓刑、禁止令、限制减刑错误的；

⑥人民法院在审理过程中严重违反法律规定的诉讼程序的。

当然，《关于刑事抗诉工作的若干意见》(2001 年 3 月 2 日最高人民检察院，以下简称《意见》)中也曾对刑事抗诉的范围作出了更加细致的解释。例如：该《意见》中“二、刑事抗诉的范围”的“(二)人民法院刑事判决或裁定在适用法律发面确有下列错误的，人民检察院应当提出抗诉和支持抗诉”情况中的“1. 定性错误，即对案件进行实体评判时发生错误，导致有罪判无罪，无罪判有罪，或者混淆此罪与彼罪、一罪与数罪的界限，造成适用法律错误，罪刑不相适应的”。该条规定，即明确如果混淆此罪和彼罪界限的情形，也属于可以抗诉的情形。

总之，作出抗诉决定的总的原则仍然是《刑事诉讼法》二百一十七条所规定的“判决、裁定确有错误”。

【案例分析】

人民检察院起诉指控事实

被告人孙某在 1997 年 2 月至 2001 年 11 月间，担任某市市政设施收费处配套设施收费科科长。2000 年间，行贿人李某(另作处理)在代理报建某市某房地产公司滨江西路 130 建设项目时，为少缴配套建设费，对被告人孙某许以好处，然后在孙某的指点下，通过分期报建的手段，规避配套建设费缴纳标准，而后，孙某利用直接经手收取费用的职务便利，按照李某提交的虚假资料，收缴费用，造成该项目少缴应当缴纳的市政设施配套费 6948603 元人民币。而后李某分两次向被告人孙某贿送港币共 30 万元。

被告人孙某在 1997 年 2 月至 2001 年 11 月间，担任某市市政设施收费处配套设施收费科科长。1998 年年底至 1999 年间，行贿人傅某平(另作处理)在代理报建某建设项目时，为少缴配套建设费，对被告人孙某许以好处，然后在孙某的指点下，通过更改报建材料的手段，规避配套建设费缴纳标准，而后，孙某利用直接经手收取费用的职务便利，按照傅某平提交的虚假资料，收缴费用，造成该项目少缴应当缴纳的市政设施配套费 9280201 元人民币。而后傅某平向被告人孙某贿送港币 30 万元。

人民检察院认定罪名：受贿罪、滥用职权罪

【注】被告人孙某辩解称收受李某贿赂款共 12 万元港币；收受傅某平贿赂款共 20 万元港币。

人民法院判决认定事实：人民法院判决认定事实与人民检察院认定事实基本一致，但对收受贿赂款以被告人孙某的辩解认定，即认定共收受贿赂款 32 万元港币。同时认定孙某有自首情节和退赃情节。

最终，人民法院判决认为被告人孙某收受贿赂的行为和滥用职权的行为具有牵连关系，属牵连犯，应择一重罪处罚，认定被告人孙某的行为构成受贿罪，判处有期徒刑三年三个月。

本案中关于牵连犯的问题，在理论上争议较大，司法实践中已有大量判决对一个案件中行为人有牵连关系的行为作出数罪判决。本案例中我们暂且不讨论一罪和数罪的问题，单就量刑问题分析，根据《刑法》规定受贿罪数额在 10 万元以上的，在主刑上应在十年以上有期徒刑、无期徒刑，或者死刑间选择适用。而根据《刑法》第六十三条第一款的规定，……本法规定有数个量刑幅度的，应当在法定量刑幅度的下一个量刑幅度内判处刑罚。仅根据《刑法》这两条规定，对本案的判决就应当在五年以上判处，更何况本案中被告人孙某的行为造成国家损失建设规费共 16228804 元人民币。即使按照牵连犯认定被告人孙某的行为构成受贿罪，但这仅是从定罪的角度，而量刑不仅应当考虑其受贿的犯罪事实和情节，也同样应当考虑其滥用职权的犯罪事实和情节。因此，即使不考虑本案罪名认定的问题，本案在量刑方面也属于量刑畸轻情形。对此，人民检察院应当提出抗诉。

【附】刑事判决、裁定审查表样板

××人民检察院

刑事判决、裁定审查表

（一审用）

移送起诉机关及文书号：
提起公诉机关及文号：
提起公诉时间：
本审开庭审理时间：
本审判决、裁定时间：
本审判决书、裁定书文号：
收到本审判决书、裁定书时间：
收到被害人及其法定代理人请求抗诉时间：

被告人	起诉罪名	判处罪名	判处刑罚	是否错误

（本页内容可以续制）

承办人意见	
科室负责人意见	
主管检察长意见	
检察长意见	
检察委员会意见	

【本章小结】

本章主要介绍的是检察机关常用刑事实务的一些知识。主要包括了检察机关在审查逮捕、审查起诉和出庭支持公诉环节的具体做法及要求和在这些环节需要制作的法律文书、需要注意的事项等。这些内容均是以法律规定为基础,依据司法实践中的具体做法撰写。通过本章的学习,学生应能够了解刑事司法实务的基本内容和具体做法,能够将法律的规定及法学理论具体应用于司法实际。

【技能训练】

模拟法庭

目的:使学生体验刑事司法实务工作的流程及做法。

要求:根据案例事实,进行角色扮演,需要有人民检察院办案人员、人民法院成员、书记员、公诉人、被告人、辩护人、被害人、证人、法警等角色。熟悉庭审流程及规则。制作相关的法律文书,并进行庭审模拟实践。

【实践活动一】

案例一:

2014 年 10 月 5 日中午,马某携带盗窃用的作案工具在某市水电二局医院门口附近徘徊,准备盗窃摩托车,这时有公安人员巡逻经过见到马某形迹可疑,上前盘问时马某逃跑,被公安人员抓获,当场从其身上携带的包里发现有螺丝刀、卡扣钳等工具,经带回派出所问话,其如实供述自己携带这些工具是想用来盗窃摩托车,但还没确定偷哪辆车,正在寻找盗窃目标时就被公安人员发现并被抓获。于是,公安机关立即立案,并将其刑事拘留。在随后的两次讯问中,马某供述稳定,均称自己确实是想盗窃摩托车,但当时还未确定盗窃哪辆摩托车。于是公安人员继续对其讯问,在对马某刑事拘留的第三天时,公安人员第三次对其讯问,马某仍称被抓当时确实是想盗窃摩托车,但还没确定盗窃哪辆摩托车,同时供述了在六个月前自己曾伙同一名同伙(绰号"黄毛")盗窃过一家公司的多台电脑,经查,其供述盗窃那家公司15 台电脑(价值 10 万多元人民币)的事属实,且盗窃数额巨大。于是公安机关在对该案侦查完毕后移送审查起诉。

证据情况:

(1)犯罪嫌疑人马某稳定的供述,供称自己被抓时是准备盗窃摩托车的,但还没确定盗窃哪辆车时被公安人员抓获。在第三次讯问时(被刑事拘留的第三天)供述了自己伙同一名同伙(绰号"黄毛")在六个月前曾盗窃过一家公司 15 台电脑(价值 10 万多元人民币)。

(2)被盗窃公司六个月前曾报案称被盗窃 15 台电脑(价值 10 多万元人民币)。

(3)某市水电二局医院门口的监控视频显示门口停放许多二轮摩托车。

(4)某市公安局在抓获马某当日经现场走访调查,未发现案发现场有摩托车被盗窃,也没有被害人报案。

(5)某市公安局制作的现场勘验检查笔录:证实在某市水电二局医院门口抓获犯罪嫌疑人马某,未发现其他可疑现象。

(6)缴获的马某随身携带的挎包,包里有螺丝刀、卡扣钳等工具。

(7)对被盗窃公司报案称被盗窃电脑的价格鉴定意见,证实被盗窃电脑价值人民币10万多元。

(8)某市公安局出具的抓获说明,证实犯罪嫌疑人马某在2014年10月5日被巡逻的公安民警抓获。

(9)犯罪嫌疑人马某被采取强制措施的材料:证实犯罪嫌疑人马某在2014年10月5日被刑事拘留等。

(10)犯罪嫌疑人马某的身份证明材料:证实其已满十八周岁,属某省某市人。

【操作】

仔细研读案件事实、分析证据之间是否存在矛盾,以及市公安局侦查过程中是否存在违法行为?

案例二:

某甲(女),是一名平面模特,因事业受挫而一度沉迷网络,在此期间,和某乙(男)经常在网络上聊天。经过一段时间的网聊后,某乙约某甲见面并承诺会借某甲一些钱。后双方在某市见面,见面后某乙将某甲带至某市某镇然后一起玩了一整天,到了晚上九点多钟,某甲提出回家,但称自己不知道路,于是打电话给舅舅让他开车来接。在某甲舅舅来接的过程中(需要一个小时左右),某乙提出去开个房间休息下,理由是时间晚了,也都累了,且在外面逛着也不安全,某甲开始不同意,后因确实没地方去就同意了。于是双方去到第一家酒店,但因某甲没有出示身份证而未能开到房间,接着来到第二家酒店,开了一间房。双方进了房间。到了第二日凌晨两点多钟,某甲报案称被某乙强奸、抢劫。

证据情况:

(1)被害人某甲称自己是被某乙强拉进酒店房间的,在房间内被某乙用刀威逼,然后被强奸,接着某乙称要出去给某甲买东西吃,并将自己手机抢走。

(2)犯罪嫌疑人某乙称某甲是自愿和自己发生性关系的,自己根本没有使用刀对她进行威逼,手机是自己出去买东西时跟某甲讲过后拿走的,某甲没明确反对。某乙称根本没有拿刀。

(3)证人第二间酒店的服务员称,开房时来了两个人,是男的来开的房,女的就坐在旁边沙发上,应当能够听到男的当时只是开了一间房,然后双方上去房间时,没有看出女的不自愿。

(4)某甲舅舅称自己接到某甲电话(晚上九点半左右)出发,后由于走错路,给某甲又打了电话,时间大概是晚上十点钟左右,某甲也接了电话,并和某甲约好在某市某镇某大酒店门口处见面,十点五十分左右,自己到了地方后反复打某甲的电话,她没有接听,随后手机关机,直至第二日凌晨2时许,接到一公用电话,是某甲打来,某甲说了一个新的地方,自己开车过去,在接到某甲后,发现她情绪不对,经询问后,某甲讲自己被人强奸、抢劫。

(5)某甲一亲密女伴证实在第二日上午八点钟左右,某甲找到其哭诉,称自己被强奸、抢劫。

(6)酒店大堂视频显示某甲和某乙在进入第二间酒店大堂时是手拉手的。

(7)犯罪嫌疑人某乙的前科材料显示，某乙之前曾多次采用类似手段，骗女方见面，然后与女方发生性关系，并乘机偷走女方的手机和财物，但某乙之前所骗的女性报案时只是称自己的财物被盗窃，并未报称被强奸。

(8)经侦查人员现场勘查，在现场并未发现刀具。

(9)经对被害人进行检查，被害人某甲身上没有伤痕，且被害人处女膜属陈旧性破裂。

【操作】

仔细研读案件事实、分析本案存在的矛盾和疑点，分组辩论犯罪嫌疑人某已是否构成强奸罪及抢劫罪。

案例三：

贩卖毒品案：

2010 年 7 月 9 日 20 时许，侦查人员接到报警称一名绰号为“黄毛”的男子是贩卖毒品人员，其将于 21 时许去某市某村某栋房子处进行毒品交易。接报后，侦查人员即在现场布控，21 时 10 分许，有一名男子独自一人走到某村某栋房子前，侦查人员立即上前对其抓捕，其想逃跑发现是一条死巷，于是调转头想往外冲，但未逃脱。将其抓获后，对其进行搜查，发现其身上并没有毒品，经过对某户人家门前搜查发现地上有一包重约 30 克的白色晶体。经化验，该白色晶体含有海洛因成分(毒品)。

证据情况：

(1)该男子在侦查阶段不供认自己是贩毒人员，不供认地上的毒品是自己的。其称当晚自己去到某户人家门前是去某户人家做客聊天，但发现某户人家没人就想走，结果被抓获。当被问到为什么要跑时，其称自己以为仇家来打他，说当时没听清楚警察表明身份的话语。

(2)经调查，某栋房子已空置一年多，屋主早已搬到新居。

(3)经调查该男子说不出这栋房子的主人的名字，该村治保会主任也不认识该男子，该男子不是增城人，是外地人。

(4)该栋房子所在的巷子是一条死巷，该栋房子位于该巷子的尽头。

(5)无法从海洛因外包装上提取该男子的指纹。

(6)无法找到报警人。

【操作】

由学生进行角色扮演，仔细研读案件事实、分析证据，制定讯问策略和讯问提纲，而后进行模拟讯问。

案例四：

案件事实：

2007 年 1 月 7 日，被告人杨某华携带铁钳、铁棒等作案工具去到某快速路某市上基路段，采取用铁棒撬、用铁钳剪的手段，先盗窃了该处路段一路灯供电电箱里的电缆线 6 米(经鉴定价值人民币 240 元)，接着又去到另一供电箱处继续盗窃，此时，被巡逻人员某甲、某乙等四人发现，在某甲等四人上前抓捕时，被告人杨某华持铁棒将某甲打成轻伤、将某乙打成轻微伤。经评估，杨某华盗剪电缆线的行为致使某快速路 2 公里路段的照明灯无法启动，可

能造成交通工具倾覆等危险。

证据情况：

(1)被告人杨某华的供述：其供认自己持铁棒、铁剪盗窃路灯电缆线的行为，也供认自己持铁棒打伤巡逻人员的行为。

(2)被害人某甲的陈述：其称案发当时，其和某乙等四人一起在某快速路上巡逻，突然发现有一段路的路灯熄灭了，于是我们就去那段路上看看是什么情况，就发现有人在盗窃路旁路灯电箱里的电缆线，于是就上前制止并去抓他，但那名男子突然拿出一根铁棍反抗，他打到我三棍，打了某乙一棍，后来我们把他抓住了，我就去了医院。

(3)证人某乙等三人的证言：证实的情况与被害人某甲的陈述基本相同。

(4)从杨某华处缴获了赃物被盗剪的电缆线，铁剪、铁棒等作案工具。

(5)物价鉴定意见：经鉴定，从杨某华处缴获的被盗剪的电缆线长6米，价值人民币240元。

(6)评估意见：经评估，杨某华盗剪电缆线的行为致使某快速路2公里路段的照明灯无法启动，可能造成交通工具倾覆等危险。

【技能训练】

制作起诉书

目的：让学生学会制作起诉书，掌握诉状的基本格式

内容：被告人王××，男，1981年9月23日出生，身份证号：××××，汉族，广东省广州市人，文化程度初中，住广州市白云区××××路，2003年因犯盗窃罪被广州市黄浦区人民法院判处1年2个月，2003年10月13日刑满释放。2009年因犯盗窃罪被浙江省绍兴市越城区人民法院判处有期徒刑1年6个月。2014年3月被告人王××与被害人李××共同租赁广州市番禺区大龙街某出租屋，3月27日晚被告人王××提出与被害人李××提出发生性关系，遭到拒绝。其后，王××采用皮带绑住被害人李××的双手，并用塑料袋罩住李××头部，并用手捂住李××的口、鼻子，导致李××当场死亡。经法医鉴定，李××系因外界暴力作用于呼吸道(如捂口鼻)致其机械系窒息而死亡。2014年8月29日王××因涉嫌故意杀人罪被抓获，2014年9月12日经广州市番禺区人民检察院批准逮捕。

步骤和要求：

(1)全班同学均要求按上面提供的材料制作一份刑事起诉书；

(2)事实与理由部分的内容要翔实，法律依据引用准确；

(3)根据刑事诉讼管辖确定致送法院。

【实践活动二】

模拟检察院作出不予起诉决定

目的：让学生掌握检察院不起诉制度，明确人民检察院作出不起诉决定的条件和要求，熟悉作出不起诉决定的程序，掌握人民检察院不起诉决定的内容和形式。

内容：要求学生根据实验案例对案件进行讨论，确定对案件不予起诉的理由，并制作人民检察院不起诉决定书。

步骤：

(1)将学生分成若干个小组；

(2)由教师提供讨论所需要的案例；

(3)各种学生分组对于案例进行讨论；

(4)各组学生依据提供的实验案例，按照不起诉决定书的格式和要求制作不起诉决定书；

(5)指导老师对于各组学生制作的不起诉决定书进行总结，评价。

参考案例：

2001 年 7 月 10 日，下岗职工张某的女儿因为生病被送往某人民医院救治，因需要动手术，故张某返回家中取钱，但是算上家中存款，手术费缺口还有 3000 元，张某在焦急中发现对门邻居李某的阳台门没关，情急之下，张某爬窗进李某家中盗得人民币 4000 元，其后立即前往医院交手术费，李某回家后发现家中被窃，急忙报警，张某从医院返回家中后，听说李某已报警，自己前往辖区派出所自首，张某的弟弟在张某被刑事拘留后向李某偿还了所有款项，李某同情张某的遭遇，为张某出具了谅解书。

【本章练习】

案例分析题

请分析以下两个案例的定性并说明理由：

案例一：

案件事实

2011 年 9 月 13 日，被告人王某明伙同张某聪、刘某红、赵某花等人，经商量骗取他人财物后，由张某聪假扮“大师”，赵某花假扮张某聪的儿媳妇，由王某明和刘某红物色目标。当日中午 13 时许，王某明和刘某红在路边看到被害人孙某从药店出来，便上去搭讪，问孙某是否不舒服，孙某就告诉其二人自己身体不适，王某明和刘某红便称他们认识一名“大师”，不用吃药、看医生就能治好病，并称这名大师很难见，刚好他们认识其儿媳妇，因为他们在那名“大师”处看过病，很有效，所以才介绍给孙某的，并称“大师”看病不要钱，完全是帮人，孙某信以为真，就和王某明及刘某红去到一小巷处找到赵某花，并称孙某想找“大师”看病，赵某花假意推辞称自己公公很忙，后经王某明和刘某红假意恳求，赵某花即带孙某等人去到一小屋处，随后又恳求“大师”张某聪替孙某看看，张某聪假意看了一下后，称孙某不但身体不适而且家中可能有灾，自己能替她化解，但需要其将身上的钱、首饰、银行卡等物品放到一个红包里，由张某聪“做法”。于是孙某将自己身上的 1329 元人民币，一个黄金手镯(经鉴定，价值人民币 5783 元)、银行卡等放进张某聪身前的一个红包内，于是张某聪让孙某闭眼，要虔诚请求神灵帮助，过了几分钟，张某聪让孙某睁开眼，然后告诉她她的劫难已经转移，并将一个红包交给孙某，称红包要到家才能打开，这样才灵。被害人孙某到家后，发现红包内的钱、

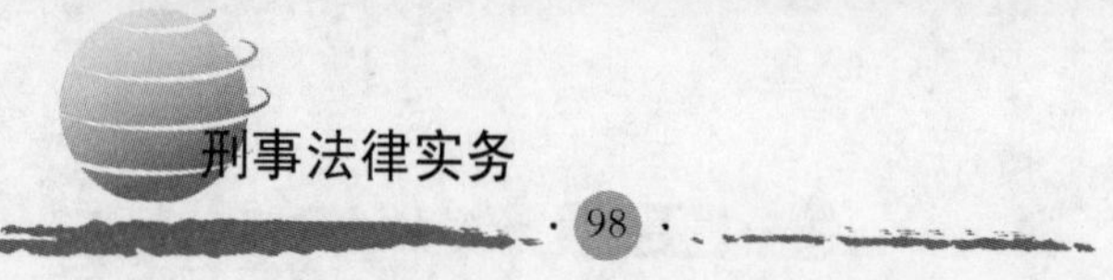

手镯及银行卡全部不见。后被告人王某明伙同张某聪、刘某红、赵某花等人先后被抓获归案。

证据情况

(1)被告人供述:四名被告人供述了事前商量互相分工,利用迷信做法的方式骗人钱财,而后骗了一名妇女的钱和手镯的事实,并称红包是在那名妇女闭眼时调换的。手镯已经卖掉,钱款四人平分已经挥霍。

(2)被害人陈述:被害人陈述的过程和犯罪事实描述部分基本相同。

(3)从被告人处缴获了被害人孙某的银行卡一张,里面的存款并未被支取。

(4)从被告人处缴获了大量的红包。

案例二:2012 年 1 月 12 日 22 时许,被告人高某国经与同案人吕某花、贾某传(均另案处理)商量盗窃公司财物后,即利用其在某市某汽车换热器有限公司看管仓库的职务便利,打开仓库拉闸门,由同案人吕某花及贾某传进入仓库内,将该公司仓库内的 L32191223 型冷凝器 195 片(经鉴定,价值人民币 17247.75 元)、L32191423 型冷凝器 295 片(经鉴定,价值人民币 28240.35 元)、L44191418 型冷凝器 185 片(经鉴定,价值人民币 19103.10 元)搬出,然后由同案人贾某传雇请的货车司机将上述冷凝器片运走。后被告人高某国被抓获归案。缴回赃物发还被害人。

第四章 刑事律师辩护实务

【学习目标】

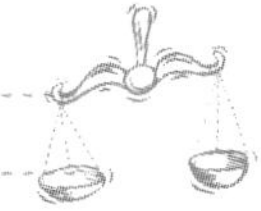

■ **知识目标：**

了解律师与当事人建立委托关系的流程；

掌握刑事辩护的相关法律规定；

掌握刑事案件执业中的风险防范技巧。

■ **能力目标：**

能够独立制作阅卷笔录；

能够独立参与刑事案件庭审。

第一节 刑事辩护基本理论

【案例引导】

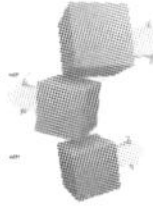

被告人，马××，男，××××年×月×日出生于×省×市，汉族，无固定职业，住×省×市×镇×村。××××年×月×日涉嫌贩卖毒品被刑事拘留，同年×月×日被逮捕。被告人，朱×，女，××××年×月×日出生于×省×市，汉族，×厂工人，住×省×市×镇×村。××××年×月×日涉嫌贩卖毒品被刑事拘留，同年×月×日被逮捕。被告人朱×因生活上经济来源不足，便产生了贩卖毒品谋利的念头，于××××年×月底至×月初，到×省×县以每克人民币100元的价格，向被告人马×购得100克毒品海洛因并到×市寻找买主。×月×日被告人朱×带少许海洛因样品找到周×（公安特情人员）拟联系出售，因海洛因质量问题而未能售出。×月×日晚上周×与其朋友郭×（公安特情人员）约被告人朱×吃饭，周×向朱×提出要购买200克海洛因，被告人朱×答应联系。×月×日，被告人朱×打电话给周×称能搞到200克海洛因，价格是每克人民币170元。被告人朱×携带未售出的100克海洛因到×省×县找到被告人马××要求换货并再加购100克海洛因，价格仍是每克100元。×月×日下午1时许，被告人朱×携带向马××购买的200克海洛因回到×市后，便打电话给周×约定交易地点，尔后，周×即联系郭×前往交易。交易完毕后被告人朱×即被公安机关抓获，当场缴获毒品海洛因198.05克。归案后，被告人朱×交代毒品来源并表示愿意立功赎罪。×月×日晚上，被告人朱×二次打电话与被告人马××联系购买1000克海洛因，要被告人马××送货到厦门，并商定每克海洛因价格为人民币147元。被告人马××表示同意。后被告人周×正欲以人民币147000元的价格交易时，被公安机关当场人赃俱获，并缴获海洛因1006克。被告人马××归案后至庭审中辩称：其不是货主，也无谋利，只是起介绍作用。被告人马××在×月×日被抓获后即向公安机关表明其不是货主，货主是一陈姓男子，并提供其电话号码。经查，不能完全排除其不是货主的可能。此外，本案三次的毒品的交易是由被告人朱×提出的，并由其两次到×省×县购买，第三次交易是被告人朱×为戴罪立功的结果。

××××年×月×日×市人民检察院以被告人朱×、马××贩卖毒品罪向×市中级人民法院提起公诉。被告人朱×对起诉指控的主要犯罪事实和定性无异议。其辩护人辩称被告人朱×犯罪主观恶性较小，归案后认罪态度好，又有重大立功表现，要求对被告人朱×从轻处罚。被告人马××辩称：其不是货主，也没有预谋，只是起介绍作用。其辩护人辩称马××无犯罪前科，也不是货主，又无从中获利，且本案具有引诱犯罪的因素，归案后认罪态度较好，要求对被告人马××从轻处罚。×市中级人民法院经审理认为：被告人马××、朱×为非法牟利，贩卖国家明令禁止的毒品海洛因，数量分别为1204.5克、198.05克，其行为均已构成贩卖毒品罪。被告人马××贩卖毒品海洛因数量达千克以上，应予以从严惩处。鉴于其认罪态度较好及本案的具体情况，量刑时可酌情考虑。辩护人提出的辩护意见部分予以采纳。被告人朱×为牟利，亲自到×省×县两次购买毒品，数量大，亦以严惩，鉴于其归案后认罪态度好，又有重大立功表现，依法亦可对其从轻处罚。其辩护人提出的从轻处罚的辩护意见，可以采纳。故，依照《中华人民共和国刑法》第三百四十七条第二款第(一)项、第五十六条第一款、第五十七条第一款、第五十九条、第六十八条第一款之规定，判决如下：一、被告人马××犯贩卖毒品罪，判处死刑，缓期二年执行，剥夺政治权利终身，并处没收财产人民币两万元。二、被告人朱×犯贩卖毒品罪，判处有期徒刑十五年，剥夺政治权利三年，并处没收财产人民币一万元。宣判后，二被告均未提起上诉。

刑事案件中，律师取证，查证一直是难点中的难点，且系律师执业风险中最危险的工作之一。本案中，律师能够通过发现案件细节，充分展示以揭示犯罪嫌疑人马××的主观动机。在此贩毒达千克以上的大案中,能够挽救委托人的生命堪称经典案例。[①]

一、刑事辩护的概念与特征

刑事辩护是指接受犯罪嫌疑人、被告人或其家属委托,根据事实和法律,提出证明犯罪嫌疑人、被告人无罪、罪轻或者减轻、免除其刑事责任的材料和意见,维护犯罪嫌疑人、被告人合法权益的诉讼活动。

刑事辩护具有以下特征:

1. 对象特定

刑事辩护的对象特定,主要针对的是犯罪嫌疑人、被告人。犯罪嫌疑人,又称嫌疑犯、嫌犯、疑犯,是指对因涉嫌犯罪而受到刑事追诉的人,在检察机关正式向法院对其提起公诉以前的称谓;而刑事案件被告人,简称被告人。是依法被控诉犯罪,并由司法机关追究刑事责任的人。

2. 刑事辩护的目的是为了维护犯罪嫌疑人、被告人的合法权益

根据事实和法律,提出犯罪嫌疑人、被告人无罪、罪轻或者减轻、免除其刑事责任的材料和意见,维护犯罪嫌疑人、被告人的诉讼权利和其他合法权益。

3. 刑事辩护的程序性

刑事诉讼具有严格的程序性,刑事辩护作为刑事诉讼的重要组成部分之一,在会见嫌疑人、被告人、查阅卷宗资料、参与庭审的过程中也应严格遵守刑事案件规定的相关程序。

二、刑事辩护律师的概念

刑事辩护律师,是指已经取得中华人民共和国律师执业证书,以刑事案件法律服务为主要业务,专业为犯罪嫌疑人、被告人提供刑事辩护的执业律师。虽然依据《刑事诉讼法》第三十二条的规定,人民团体或者犯罪嫌疑人、被告人所在单位推荐的人,犯罪嫌疑人、被告人的监护人、亲友也可以充当辩护人,但是由于律师在刑事辩护中有会见嫌疑人、查阅案卷资料等方面的优势,所以在司法实践中担任刑事案件犯罪嫌疑人和被告人辩护人的主要是以刑事辩护律师为主。

三、律师刑事辩护的基本原则

1. 以事实为依据,法律为准绳

律师所制定的辩护观点应当以事实为依据,而这里的事实是指律师依据刑事卷宗以及

---

① 参见程章毅:《马××贩卖毒品案》。

律师通过法定渠道所收集的证据作为依据而综合概括的事实，不能只以只言片语为依据，不能以道听途说为依据。另外，律师还应该具有规范意识，在刑事辩护中所采取的行为应该建立在一定的法律、法规依据之上。除了最基本的《刑法》、《刑事诉讼法》外，最高人民法院、最高人民检察院的司法解释、会议纪要等也是应该掌握的。

2.认真维护当事人的合法权益

在刑事辩护的过程中，辩护律师应穷尽一切合法的手段为犯罪嫌疑人、被告人进行辩护，从程序以及实体两个角度维护犯罪嫌疑人、被告人的合法权益。作为当事人委托的律师，作为专业法律人士，应当发现一切机会，提出一切可能的辩护方案，为实现犯罪嫌疑人、被告人的无罪、罪轻、减轻、免除刑事责任而努力。

3.独立辩护原则

律师独立辩护原则是指律师提供刑事法律服务，依法独立进行，不受委托人的限制。该原则的主要法律依据来源于《律师法》第三十一条，律师担任辩护人的，应当根据事实和法律，提出犯罪嫌疑人、被告人无罪、罪轻或者减轻、免除其刑事责任的材料和意见，维护犯罪嫌疑人、被告人的合法权益和第三十二条第二款，律师接受委托后，无正当理由的，不得拒绝辩护或者代理。但是，委托事项违法、委托人利用律师提供的服务从事违法活动或者委托人故意隐瞒与案件有关的重要事实的，律师有权拒绝辩护或者代理。因此，律师在刑事辩护中虽然应当充分考虑当事人的意见，但是并不应该充当当事人的附庸。

4.保守国家秘密、当事人的商业秘密和委托人的隐私

国家秘密是关系国家安全和利益，依照法定程序确定，在一定时间内只限一定范围的人员知悉的事项。《保守国家秘密法》把国家秘密分为绝密、机密、秘密三级。而商业秘密是指不为公众所知悉、能为权利人带来经济利益，具有实用性并经权利人采取保密措施的技术信息和经营信息。委托人的隐私是指一种与公共利益、群体利益无关，当事人不愿他人知道或他人不便知道的个人信息，例如委托人的婚姻、身世、财产信息等。上述信息，律师在办理案件过程中有可能会接触到，但是所接触到的信息只应用于办案用途，而不得用于其他目的，依据中华全国律师协会制定的《律师执业道德和执业纪律规范》第三十九条的规定，律师对与委托事项有关的保密信息，委托代理关系结束后仍有保密义务。因此，上述保密信息，即便案件已经结束，也不应该泄露。

5.不采用非法手段辩护原则

在律师进行刑事辩护的过程中，与公安、检察机关、法院系统的司法工作人员均会产生联系，这是律师开展刑事辩护业务所必需的。律师如果能够与上述司法机构的人员产生长期的、良性的、正常的、业务层面上的互动关系，促使司法机关重视自己的刑事辩护意见，这对于维护犯罪嫌疑人、被告人的合法权益是有益的。但是律师不应采用权钱交易等非法手段与司法机关的工作人员建立联系，否则不仅无助于帮助嫌疑人、被告人，而且自己也会遭到行业的处分，严重的还要承担刑事责任。

6.律师不能对刑事案件采取“风险代理”原则

风险代理是指律师与当事人之间的一种特殊委托诉讼代理，委托人先不预支律师费，案件达到双方约定目的后按债权的一定比例付给律师报酬。如果达不到约定结果，律师将得

不到任何回报;或者当事人先预付一定律师费给律师,如果达不到约定的目的,律师全额把所收款项退回。风险代理是律师承办民事案件经常采用的一种形式。但是依据《律师服务收费管理办法》第十二条的规定,禁止刑事诉讼案件、行政诉讼案件、国家赔偿案件以及群体性诉讼案件实行风险代理收费。因此,对于刑事案件是不允许采取“风险代理”形式的。在司法实践中,会有不少家属或当事人提出要求律师承诺必须把嫌疑人“捞”出来,或者刑期不能多于几年,否则退款,并要求在委托合同中明确,对于此类当事人,律师应向当事人耐心解释相关政策,切不可为承接案件盲目签订委托合同。

四、律师侦查阶段辩护工作概述

1.申请侦查人员回避和申请复议

《刑事诉讼法》第三十一条增加了诉讼代理人、辩护人也可以要求审判员、检察人员、侦查人员回避的内容。本条的重点是律师有权申请回避,律师在以后的司法实践中,就要注意了解回避的事项,重点核实有关人员是否与犯罪嫌疑人或其家属有不正当的接触。

2.侦查阶段律师意见

《刑事诉讼法》第三十六条规定,辩护律师在侦查期间可以为犯罪嫌疑人提供法律帮助;代理申诉、控告;申请变更强制措施;向侦查机关了解犯罪嫌疑人涉嫌的罪名和案件有关情况,提出意见。

在侦查阶段,通过向办案机关了解案情,通过会见向当事人本人了解案情,结合家属提供的证据材料,或者依法主动收集到的证据,律师可以向办案机关提出侦查阶段律师意见。办案机关有义务听取律师意见,不构成犯罪的案件有可能在这个阶段消化,构成犯罪的,也能起到影响起诉意见书内容的起草,并且办案机关会随案卷移送侦查阶段律师意见。

3.代理申诉、控告

这是1996年《刑事诉讼法》第九十六条规定的内容。但是2012年《刑事诉讼法》第一百一十五条明确了具体的内容,该条规定:当事人和辩护人、诉讼代理人、利害关系人对于司法机关及其工作人员有下列行为之一的,有权向该机关申诉或者控告:①采取强制措施法定期限届满,不予以释放、解除或者变更的;②应当退还取保候审保证金不退还的;③对与案件无关的财物采取查封、扣押、冻结措施的;④应当解除查封、扣押、冻结不解除的;⑤贪污、挪用、私分、调换、违反规定使用查封、扣押、冻结的财物的。同时规定了申诉和控告的程序,该条第二款规定:受理申诉或者控告的机关应当及时处理。对处理不服的,可以向同级人民检察院申诉;人民检察院直接受理的案件,可以向上一级人民检察院申诉。人民检察院对申诉应当及时进行审查,情况属实的,通知有关机关予以纠正。

4.申请变更强制措施

《刑事诉讼法》第三十六条,改变了原刑事诉讼法关于在押犯罪嫌疑人被批准逮捕后,律师才可以有权申请变更强制措施的规定。克服了嫌疑人被刑事拘留后未批准逮捕前,律师无权申请变更强制措施的时间限制,前移了律师申请变更强制措施的时间。因此,今后律师在会见在押嫌疑人后,通过对罪名、犯罪情节、量刑、社会危害性等分析判断,可以根据个案情况,随时向公安机关申请变更强制措施,力争变更为取保候审或监视居住,使嫌疑人尽量先获得人身自由。

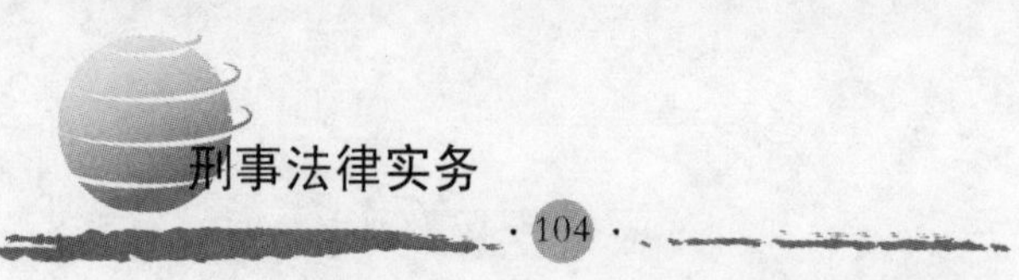

5. 向侦查机关了解犯罪嫌疑人涉嫌的罪名和案件有关情况,提出意见

《刑事诉讼法》第三十六条规定,辩护律师在侦查期间,可以向侦查机关了解犯罪嫌疑人涉嫌的罪名和案件有关情况,提出意见。第一百五十九条规定:在案件侦查终结前,辩护律师提出要求的,侦查机关应当听取辩护律师的意见,并记录在案。辩护律师提出书面意见的,应当附卷。

6. 辩护律师可以同在押和监视居住的犯罪嫌疑人、被告人会见和通信,了解案件有关情况,提供法律咨询等

1996 年《刑事诉讼法》第九十六条规定了受委托的律师可以同在押的犯罪嫌疑人、被告人会见和通信,可以了解案件有关情况,侦查机关根据需要可以派员在场。而 2012 年《刑事诉讼法》第三十七条规定辩护律师可以同在押的犯罪嫌疑人、被告人会见和通信。明确了辩护律师持律师执业证书、律师事务所证明和委托书或者法律援助公函要求会见在押的犯罪嫌疑人、被告人的,看守所应当及时安排会见,至迟不得超过四十八小时。辩护律师会见在押的犯罪嫌疑人、被告人,可以了解案件有关情况,提供法律咨询等;辩护律师会见犯罪嫌疑人、被告人时不被监听。

7. 收集证据

《刑事诉讼法》第三十六条规定,自案件移送审查起诉之日起,辩护律师可以向犯罪嫌疑人、被告人核实有关证据。这一规定,彻底让辩护律师消除了因核实证据面临涉嫌泄露国家秘密罪的心理顾虑,对律师的辩护提供了有力的法律保障。

8. 为审查批准逮捕提供意见

《刑事诉讼法》第八十六条规定,人民检察院审查批准逮捕,可以讯问证人等诉讼参与人,听取辩护律师的意见;辩护律师提出要求的,应当听取辩护律师的意见。

侦查阶段的审查逮捕环节,承办部门是检察院侦监部门。根据侦监部门审查逮捕的工作程序,有两个可能的审查结果即批准逮捕和不批准逮捕。不批准逮捕有三种情况:一是不构成犯罪,不批准逮捕;二是证据不足,事实不清,不批准逮捕;三是虽构成犯罪,但依法不必要羁押,不批准逮捕。

针对上述情况,律师可以根据已经掌握的材料,提出律师意见,包括是否构成犯罪、是否证据不足、是否有必要羁押等。通过律师《审查逮捕律师意见》,可以将不构成犯罪、证据不足事实不清的刑事案件,阻截或者暂时阻截在审查逮捕环节;也可以将没有必要羁押的当事人实现强制措施的变更。

【案例分析】

律师能否向委托人承诺达不到要求便退款

律师陈某是一名新执业的年轻律师,某日,在律师事务所接待了王某,王某因其儿子涉嫌盗窃希望聘请律师,陈某听取了王某介绍案情后认为该案案情简单,情节轻微,王某的儿子判刑不会超过 1 年,王某听了陈某的分析后决定聘请陈某作为其儿子的辩护律师,提出可支付律师费 2 万元,但是前期只支付 1 万元,如果其儿

子的判刑不超过1年,才支付另外1万元。律师陈某拒绝了王某的建议。

本案中,律师陈某的做法是正确的,依据《律师服务收费管理办法》第十二条的规定,禁止刑事诉讼案件、行政诉讼案件、国家赔偿案件以及群体性诉讼案件实行风险代理收费。本案中,王某提出的其儿子判刑不超过1年的要求实际上就是一种风险收费。

第二节 律师侦查阶段实务

【案例引导】

某甲的亲属某乙因涉嫌故意伤害罪被某街道派出所刑事拘留,某甲在得知后立即前往该派出所联系承办警官希望能够安排自己与某乙见面,但是承办警官表示,在侦查阶段,家属是不能与某乙直接见面的,如见,只能委托律师前往看守所会见。某甲只能前往律师事务所咨询。

一、建立刑事案件委托关系

犯罪嫌疑人、被告人要与律师建立刑事案件的委托关系,往往是从对于案件咨询开始的。由于犯罪嫌疑人、被告人一般在案发后被拘押,所以律师接待的刑事案件咨询一般首先面对的是犯罪嫌疑人或者被告人的家属,在听取他们对于案件的介绍后,在此基础上为其介绍相关的法律规定,一般来说,律师介绍的内容主要围绕以下几个方面:

1.刑事诉讼程序和诉讼期限问题

由于当事人都是首次接触刑事案件,因此,在刑事诉讼中一些经常涉及程序期限,例如刑事拘留的期限,检察院批准逮捕后的期限,检察院审查起诉的期限,一审、二审阶段的期限、再审的期限、死刑复核的期限等,律师在与当事人面谈前应该有一个比较清晰的认知。

2.罪名、罪名的构成要件及法定刑

对于罪名,一般是指刑拘通知书、逮捕通知书上、起诉书上所列的涉嫌罪名。但是律师也应把虽未在上述文书上列明的却可能相关联的一些罪名作出介绍,例如常见的"抢劫"与"抢夺","故意杀人"与"故意伤害致人死亡"等,全面的给当事人作出详细的解释。

罪名的构成要件，指涉及罪名的客体、客观方面、主体、主观方面，由于构成要件是依据刑法条文本身概括出来的，是认定嫌疑人、被告人罪与非罪、此罪与彼罪的基础。当事人对于罪名的理解可能仅是局限于刑法的条文，因此，律师一定要从构成要件的角度对于罪名进行解释，特别是对于定罪关键的要件。如故意杀人与故意伤害致人死亡的区别的关键在于“是否存在剥夺他人生命的主观意向”；盗窃罪要求盗窃的金额满足法定的起刑点等。

法定刑，除了对于相应罪名的构成要件要进行阐述外，还应针对家属所介绍的案情对于法定、酌定量刑情节进行分析，如果是在《最高人民法院量刑指导意见》所涉及的罪名，也可以结合量刑指导意见对于法定刑进行分析。如果律师曾经办理过类似情况相近的案例，也可把相关案例及判决结果向当事人介绍。

3. 犯罪嫌疑人、被告人及其亲友的合法权益

一般来说，许多当事人受影视作品的影响，第一次遇见律师后，会询问律师能否带家属前往看守所会见被告人，能否让律师帮助携带物品交给被告人等问题，这实际上涉及犯罪嫌疑人、被告人及其亲友的合法权益的问题，一般来说，律师需要介绍以下几个方面的内容：

(1)聘请律师。

根据《刑事诉讼法》第三十三条及其他相关规定，在侦查阶段，有权委托辩护人的有两类人员，一是犯罪嫌疑人本人，二是犯罪嫌疑人的监护人、近亲属。第一类发生在犯罪嫌疑人未被羁押的情况下，第二类发生在犯罪嫌疑人被羁押的情况下。作为嫌疑人、被告的监护人或者近亲属，由于在刑事诉讼的过程中一般情况下是无法直接与嫌疑人、被告人见面的，所以只能通过委托律师与嫌疑人、被告人会见、了解消息，并由律师向犯罪嫌疑人、被告人提供法律服务。另外，对于司法机关办理案件过程中存在的违规、违法行为，也可以委托律师代为提起申诉或者控告。

【案例分析】

乙某作为甲某的女朋友能否为甲某聘请辩护律师

乙某与甲某两人是情侣关系，某日，甲某因涉嫌故意伤害罪被公安机关刑事拘留。乙某听说甲某被抓后，非常着急，遂到律师事务所找李律师，愿意出3000元给李律师，让他担任甲某在侦查阶段的辩护律师，让李律师尽快前往看守所会见甲某了解案情。于是，李律师便与乙某签订了委托协议，并复印了乙某的身份证，带着律师事务所所函、律师证复印件、乙某的授权委托书前往看守所会见甲某。看守所审查材料后询问乙某与甲某的关系，李律师说他们是情侣关系，看守所拒绝安排李律师会见犯罪嫌疑人甲某，后李律师只能与乙某解除委托合同，退还3000元律师费。

在本案中，李律师忽略了《刑事诉讼法》第三十三条的规定，认为辩护律师根据《刑事诉讼法》的规定持三证即可会见犯罪嫌疑人，导致白跑了一趟看守所。事实

上，乙某作为甲某的女友可以为甲某代为出资聘请律师，委托人应是与甲某有监护或者亲属关系的人。

(2)与嫌疑人、被告人通过信件联系以及转托物品的权利。

律师在会见嫌疑人后在掌握了嫌疑人被拘押地点的地址、仓号等信息后，亲属可以通过邮寄信件的方式与嫌疑人、被告人取得联系，但是信件内容不应涉及案件信息。另外，亲属方面也可以向嫌疑人汇款或者在看守所指定地点为嫌疑人购买物品(每个拘押场所的上述政策会有所区别)，作为律师也应及时告知。

4.委托律师的具体程序

如果当事人通过律师对于案件的分析和处理方案是满意的，接下来律师就应该与当事人介绍、协商律师费的具体收费标准以及告知当事人委托律师需要提供的相应资料，包括身份证明(主要指户口本、结婚证等)、相关司法文书等，并且应当签订书面的委托合同，如果当事人向律所缴纳了相应费用，还应立即开具发票。

二、会见犯罪嫌疑人

(一)会见前的准备

依据《刑事诉讼法》第三十七条的规定，辩护律师持律师执业证书、律师事务所证明和委托书或者法律援助公函要求会见在押的犯罪嫌疑人、被告人的，看守所应当及时安排会见，至迟不得超过48小时。危害国家安全犯罪、恐怖活动犯罪、特别重大贿赂犯罪案件，在侦查期间辩护律师会见在押的犯罪嫌疑人，应当经侦查机关许可。上述案件，侦查机关应当事先通知看守所。因此，除了涉及危害国家安全犯罪、恐怖活动犯罪、特别重大贿赂犯罪案件外，律师可以直接携带下列文件前往看守所会见犯罪嫌疑人：

(1)委托人签署的授权委托书；

(2)律师会见在押犯罪嫌疑人、被告人专用介绍信；

(3)法律援助公函(适用于法律援助案件)；

(4)若案件涉及国家秘密，必须持有侦查机关批准会见犯罪嫌疑人决定书；

(5)如果犯罪嫌疑人是外籍人士、少数民族或只懂得地方方言的，会见须翻译陪同，还应该持有翻译公司出具的公函、翻译的工作证件、司法机关允许翻译参加会面的书面文件；

(6)律师本人的律师执业证(应复印一份)；

(7)委托人亲属关系证明(户口簿、结婚证等)。

其中，律师会见犯罪嫌疑人、被告人的授权委托书、专用介绍信，具体格式如下。

刑事授权委托书示例

授权委托书

委托人__________根据法律的规定，特聘请广东××律师事务所律师__________为____________________案件的__________的辩护人。本委托书有效期自即日起至________________止。

委托人：

年　　月　　日

律师会见在押犯罪嫌疑人、被告人专用介绍信示例

律师会见在押犯罪嫌疑人、被告人专用介绍信

〔　　〕第　　号

________：

根据《中华人民共和国刑事诉讼法》第三十七条、第九十六条、第一百五十一条以及《中华人民共和国律师法》第三十条的规定，现指派我所________律师前往你处会见________案的在押犯罪嫌疑人（被告人）________请予安排。

特此函告

（律师事务所章）

年　　月　　日

(二)会见犯罪嫌疑人的工作内容

在案件侦查阶段律师与犯罪嫌疑人进行会见,是犯罪嫌疑人、被告人第一次与公安机关以外的外界人员进行交流。所以犯罪嫌疑人对于与律师的见面是抱有极大期望的,如果律师能够在第一次会见与犯罪嫌疑人进行良好的沟通,将会有助于律师工作的开展。

1. 向犯罪嫌疑人表明身份确认委托

律师在与犯罪嫌疑人见面后,应该友善地与嫌疑人打招呼、问好,向他(她)介绍自己是受他(她)的亲属的委托,担任其律师,同时将能证明自己律师和受托人身份的资料交其验看(例如亲属签名的授权委托书、户口本等),同时询问犯罪嫌疑人是否同意由律师本人担任其辩护人,虽然一般情况下,由于嫌疑人处于被监禁的状态,基本都会同意确认由家属为其聘请的律师,但是作为律师为了体现对于嫌疑人的尊重,还是应该告知嫌疑人对于律师的选任是有最终决定权的,如果对于家属聘请的律师不满意,可以另行委托律师。

会见示例:

李××先生,您好!我是广东××律师事务所的律师谢×,我受您母亲郑××的委托,担任您的辩护律师,在案件侦查阶段为您提供法律帮助,我的职责是为您提供案件的法律意见,代理申诉、控告,代为申请取保候审。这是您母亲郑××亲笔签署的授权委托书,这是她交给我的亲属证明,这是我的律师执业证书,请您看一下。

一般来说,嫌疑人都能够认识自己亲属的签名或者相关亲属证明文件,都会对委托予以确认的。

2. 向嫌疑人了解案件情况

在经过上述的相互沟通、交流后,嫌疑人一般会建立起对于律师初步的信任,在这个时候,律师可以向犯罪嫌疑人了解案件的有关情况,这些情况包括:犯罪嫌疑人的自然情况;是否参与以及怎样参与所涉嫌的犯罪;如果承认有罪,陈述涉及定罪量刑的主要事实和情节;如果认为无罪,陈述无罪的辩解;被采取强制措施的法律手续是否完备,程序是否合法;被采取强制措施后其人身权利及诉讼权利是否受到侵犯;其他需要了解的情况①。在犯罪嫌疑人陈述案情的过程中,有可能会出现由于紧张等问题语言前后不够连贯、逻辑思路混乱等情况,律师应在不影响案情陈述的情况下帮助嫌疑人复述整个案件的过程。

下面通过一个具体案例展示律师如何向一个犯罪嫌疑人了解案情。在这个案件中,嫌疑人是一个二十多岁的男青年李××,因为涉嫌诈骗被公安机关刑事拘留,李××的母亲郑××聘请律师为其提供了法律帮助,但是郑××对于案件的具体情况毫不知情,因此,在律师会见前,除了通过逮捕通知书知道罪名是涉嫌诈骗外,对案情是几乎一无所知的。以下对话是律师会见笔录中的节录。

律师:李先生,您知道自己是因为什么原因被逮捕的吗?(作者注:不直接称呼

① 徐宗新.刑事辩护实务操作技能与执业风险防范[M].北京:法律出版社,2012.

名字,而是称呼为先生,主要是为了唤起嫌疑人被尊重的感觉,方便律师与嫌疑人做进一步沟通)

李:知道,是因为涉嫌诈骗被逮捕。

律师:“那请您将事情的经过告诉我。(作者注:因为案件并没有进行判决,所以律师不应采用定性式的话语向嫌疑人讯问,因此最好不要直接问“你是否有诈骗行为”。而应采用较为中性、简短的语言进行发问)

李:好的,我以前一直在娱乐城从事接待工作,然后某天去朋友江某家玩,在当时,还有他的朋友刘某在场,我们在吃饭时我为了显示我的工作有前途,所以就吹嘘我和很多娱乐场所都有关系,可以介绍人进去里面当供应商。后来,江某的朋友刘某和我联系,说希望我介绍她成为娱乐城的供应商,然后我和她说可以,但是要她给10万元的活动费,她也答应了,后来我上网找了一份合同,修改了一下,说帮她做中间人促成它与××娱乐城的供应商,然后就收了她10万元钱,我本来只是想拿这笔钱周转一下,但是后来钱花完了,她找我要钱我给不了她,她后来报警,警察就把我抓了。

律:那你是否有帮她去促成与××娱乐城的交易。(作者注:律师希望确认该交易是否有可能达成,因为如果只是李××无法达成交易要求,那本案将有可能只是一起民事合同纠纷,而不是诈骗案件)

李:没有,因为××娱乐城是我杜撰出来的,其实我也没有能力促成这种交易,只是想找个机会拿些现金周转。

律:是你主动联系刘某说要帮助她成为供应商还是她联系你的。(作者注:在事情内容已经基本清晰的情况下,律师希望能够找出一些对于李某有利的情节)

李:是她主动联系我的,我那天讲这个事情的时候只是单纯为了炫耀,一开始并没有骗人的想法。(这里说明李某并非积极策划主动行骗,而是利用了刘某主动联系李某希望成为供应商的机会进行行骗,两者在社会危害性上还是有轻微区别的,可以作为律师进行量刑辩护的一个情节进行考虑)

律:您和公安机关是不是也是按照刚才的情况进行陈述的。(作者注:律师在这里希望确认公安机关所掌握的嫌疑人笔录是否与律师是一致的)

李:讲的情况是一致的。

律:公安机关还向您询问过有关于其他案件的事实情况吗?

李:没有了,就是问了我这10万元的钱的事。

通过以上的交谈,律师本来对于案件事实已经基本清楚,李某通过编造可以介绍人成为娱乐城供应商的谎言,收取了刘某人民币10万元,其后由于无法帮助刘某促成交易以及无法返回款项,导致刘某报警,公安机关以李某涉嫌诈骗罪而对其进行抓捕。由于在侦查阶段,律师无法看到完整的卷宗,所以对于嫌疑人讲述情况的真伪,律师暂时无法作出准确的判断,但是律师可以依据上述案件情况,为嫌疑人提供法律咨询并且出具相应法律意见。

3. 向犯罪嫌疑人提供法律咨询

提供法律咨询是指律师在了解案情后,依据案件事实和相关法律规定,为犯罪嫌疑人分析案件情况，解释有关法律规定，是保障犯罪嫌疑人知情权的体现。律师会见犯罪嫌疑人提供法律咨询的内容，包括如下几个方面：有关强制措施的条件、期限、适用程序的法律规定；有关司法机关工作人员的回避规定；嫌疑人只需如实回答与案件有关的问题，与案件无关的问题可拒绝回答的权利；嫌疑人有权要求自行书写供述的权利，对笔录进行更正的权利①；嫌疑人享有侦查机关应当将用作证据的鉴定意见向其告知的权利，以及可以申请补充鉴定或者重新鉴定的权利；嫌疑人享有自我辩护或者委托辩护人进行辩护的权利；对于在案件进展过程中的不法行为的申诉权、控告权；关于所涉罪名的相关法律规定；关于自首、立功的相关法律规定；其他有关法律规定等等。上述内容并非要全部告知犯罪嫌疑人，因为有些程序性的规定已经由侦查人员告诉犯罪嫌疑人了，律师应是针对嫌疑人最关心的问题进行咨询解答。

4.其他工作

(1)制作笔录。

律师在会见犯罪嫌疑人后应制作会见笔录，因为刑事案件侦查期限较长，律师由于不可能经常去见犯罪嫌疑人，所以未免由于时间过长导致律师遗忘案件的相关情况，家属询问案件时无法进行有效解答，从而给家属留下不专业的印象，律师应在会见嫌疑人的过程中应制作详细的谈话笔录，作为律师在侦查阶段的工作凭证，详细的笔录可以作为律师研究案情的依据，也可以防止嫌疑人将来因某些因素翻供，把先前所交代的供述都推托为律师所教，以备日后风险防范。律师在完成笔录后，须让嫌疑人在每一页的笔录空白处签字确认与其所陈述的内容一致，并在主要内容以及签字上印指模。

律师会见笔录示例

律师会见犯罪嫌疑人笔录

时间：　　年　月　日　时　分至　　年　月　日　时　分

会见地点：

会见律师：

被会见人：

我是广东××律师事务所的律师　　　　　根据《中华人民共和国律师法》和《中华人民共和国刑事诉讼法》的规定，我们接受您亲属　　　　　的委托，在您涉嫌犯罪被采取强制措施后依法会见您，为您提供法律咨询，代理申诉、控告，申请取保候审。

一、您是否同意××律师为您提供法律帮助，并作为您的辩护人依法为你提供辩护？

答：同意。

---

① 对笔录更正的权利有必要重点告知犯罪嫌疑人，司法实践中有些犯罪嫌疑人缺乏维护自己权利的意识，往往司法机关要求他在笔录上签字，他就会盲目遵循，即便笔录内容与自己所述内容有差别也不懂得要求更正，这会为后面的案件辩护带来极大的隐患。

二、询问犯罪嫌疑人的基本情况。

1.姓名:________(曾用名)________ 性别:________ 民族:________ 国籍:________

职业:________ 出生年月:________ 单位:________

户籍所在地:________

家庭住址________

2.现在身体情况如何?有无疾病?

答:________________________________

3.以前是否受过刑事处分?

答:________________________________

三、核对被采取强制措施的情形。

公安机关以什么罪名对您采取强制措施?采取强制措施的时间?相关法律文书是否收到?

答:________________________________

四、所涉嫌的罪名相关规定(讲解所涉嫌犯罪罪名的构成要件、法律规定)。

答:________________________________

五、是否参与所涉嫌的案件?陈述有罪或者无罪、罪轻的主要事实和情节。

答:________________________________

六、是否有问题向律师咨询?

答:________________________________

七、你的家属非常关心你,让我问候你,在看守所里面情况怎么样?

答:________________________________

以上笔录与我所讲述的一致。

被会见人:

年　　月　　日

(2)适当传递亲情。

律师应该向犯罪嫌疑人传递家属的问候,因为这是建立与犯罪嫌疑人信任的一种良好的方式。另外,如果犯罪嫌疑人需要向家属转达一些生活上的需要(例如需要家属汇款、购买物品通过看守所窗口转交)或者家庭事务的安排等,除非与案情有关,律师可以协助转达。另外,对于嫌疑人一些显著的外貌特征(例如究竟是胖或者瘦了)或者一些显著的生理问题(例如原先患有心脏病等慢性疾病,是否有发作)等情况应予以充分注意,这样在律师与家属见面时,有助于增强家属对于律师的信任感。

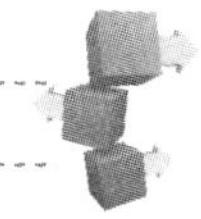

【案例引导】

律师会见不注意细节遭犯罪嫌疑人家属质疑

某嫌疑人的家属委托律师李某去会见嫌疑人，律师会见嫌疑人后，嫌疑人家属问嫌疑人在里面究竟是胖了还是瘦了。律师说不清楚他以前怎么样，不好说；家属又问，听说进去以后要剃光头的，他剃了没有，律师回答道："忙着记笔录，没有怎么留意。"家属又问："他在里面的身体状态怎么样，他有糖尿病的，在里面能不能获得治疗，有没有药可以吃。"律师回答道："对于这个情况，我也不清楚。"由于律师对于家属的提问一问三不知，家属对于律师产生了意见，认为律师不够尽心。

第三节 律师审查起诉阶段实务

【案例引导】

检察院查阅案卷资料的条件?

男性犯罪嫌疑人李××，41岁，2013年因为嫖资纠纷而使用刀具攻击陈××，致陈××死亡，侦查机关认为李××的行为涉嫌故意杀人罪，并将案件移送检察院，李××在国内并无亲属，其国外的朋友张××在案件被移送检察院后才回到国内，她希望前往检察院查阅相关的证据，被检察院拒绝，其后张××联系了李××在国外的女儿李小×，由李小×委托中国国内的辩护律师前往检察院查阅案卷资料。

一、审查起诉的概念

审查起诉是指人民检察院对公安机关侦查终结移送起诉的案件和自行侦查终结的案件进行审查，依法决定是否对犯罪嫌疑人提起公诉、不起诉或者撤销案件的诉讼活动的阶段。

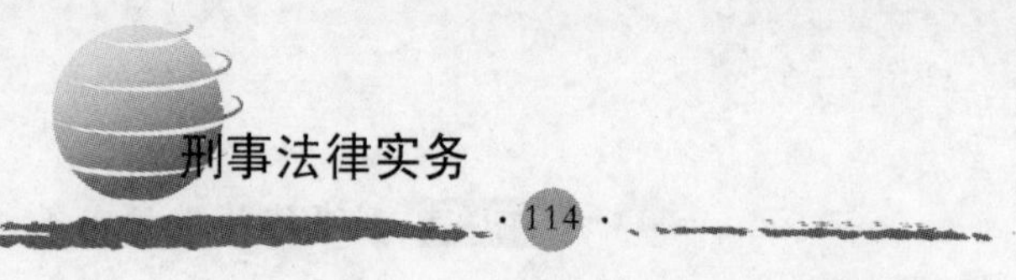

二、审查起诉阶段办理委托手续

(一)委托的时间

依据《刑事诉讼法》第三十三条的规定,人民检察院自收到移送审查起诉的案件材料之日起三日以内,应当告知犯罪嫌疑人有权委托辩护人。犯罪嫌疑人、被告人在押期间要求委托辩护人的,人民检察院应当及时转达其要求。

(二)委托的手续

如果在侦查阶段与律师签订的合同中已经涵盖了审查起诉阶段,则无需另行签订协议及相关文件。如果是分阶段委托的,则需专门对于审查起诉阶段单独签订合同。(也可以签订一份合同同时包括审查起诉以及审判两个部分内容)另外在审查起诉阶段也需要让委托人签署授权委托书(如果已经在侦查阶段委托了律师,并且已经将授权委托书的期限签署到审判阶段止,则不需另行签署)。在准备好相应文件后,律师便可以联系检察机关了。

三、与检察机关联系

依据《刑事诉讼法》第三十三条第四款的规定,律师在审查起诉阶段接受委托后,也应当及时告知办理案件的检察机关。目前,国内的检察院多已设立了专门的案件管理中心负责与律师的联系,所以律师在与委托人办理手续后可先电话联系确定案件是否已经移送检察院,再前往检察院提交委托资料①。(律师前往检察院前与案件管理中心进行电话联系是必要的,因为在司法实务中,有相当一部分的当事人是弄不清自己家属的案件现在是处在哪个司法机关的办理过程中,例如,很多家属会存在检察机关批准逮捕后案件就留在检察机关进行审查起诉了这类型的错误,因此,律师前往检察机关前应落实清楚案件的具体走向)另外,由于案件管理中心需要接待的律师较多,因此,应该通过电话或者网络等方式了解承办案件检察院的阅卷预约方式②。

四、阅卷前的准备工作

(一)确定阅卷时间

依据《人民检察院刑事诉讼规则(试行)》第四十九条的规定,辩护律师或者经过许可的其他辩护人到人民检察院查阅、摘抄、复制本案的案卷材料,由案件管理部门及时安排,由公诉部门提供案卷材料。因公诉部门工作等原因无法及时安排的,应当向辩护人说明,并安排辩护人自即日起三个工作日以内阅卷,公诉部门应当予以配合。在司法实践中,由于检察机关办理案件的需要以及检察机关阅卷条件的限制,一般无法在律师提出阅卷申请当日便立即安排阅卷,但是应遵守上述时效规定。

(二)确定阅卷的方式

依据《人民检察院刑事诉讼规则(试行)》第四十九条的规定,辩护人复制案卷材料可以

---

① 如果有些地区的检察机关未设立案件管理中心的,则应直接与承办案件的检察官联系。

② 一般常见的阅卷预约方式包括通过电话、网页、电子邮件预约。

采取复印、拍照等方式，人民检察院只收取必需的工本费用。对于承办法律援助案件的辩护律师复制必要的案卷材料的费用，人民检察院应当根据具体情况予以减收或者免收。依据阅卷方式的不同，律师应做好不同的准备：

(1)确定摘抄的，应准备好笔和纸。(但是对于卷宗较多的案件不适合采用此种方式)

(2)确定拍照的，要准备好相机(或者带有拍照功能的手机)等设备，并应备好存储卡、电池或者移动电源。

(3)确定复印的，要在预约阅卷时确定接待的检察院是否提供复印的仪器或者设备，对于复印的纸张是否需要自备。

(4)对于部分提供卷宗直接拷贝或者刻录的，应当准备好 U 盘或者用于刻录的空白光盘。

(三)阅卷时应提供的资料

虽然通过了电话或者网络方式进行了预约，但是在前往检察机关进行阅卷时，律师仍然需要提交相应的委托资料以验证律师的执业身份，包括律师执业证书复印件(需要提供原件予以核对)、授权委托书(与前述侦查阶段授权委托书格式一致)、律师事务所函。

律师事务所函

律师事务所函

〔　　〕年　字第　号

________：

本所接受________的委托，指派________律师，担任________案件犯罪嫌疑人________的律师。

特此函告

(律师事务所章)
年　　月　　日

附：授权委托书一份

五、查阅卷宗

(一)阅卷内容

依据《人民检察院刑事诉讼规则(试行)》第四十七条的规定，自案件移送审查起诉之日起，人民检察院应当允许辩护律师查阅、摘抄、复制本案的案卷材料。案卷材料包括案件的诉讼文书和证据材料。因此，律师阅卷的内容包括两个方面：一方面是包括拘留通知书、逮捕通知书之类的程序性文书，另一个方面是包含了嫌疑人讯问笔录、证人证言等的反映案件实质内容的证据资料。

（二）阅卷的重点

由于案件卷宗提供的信息量较大，律师在阅卷时应当根据案件的具体情况明确阅卷的重点内容：

1. 起诉意见书

起诉意见书，是侦查机关对案件侦查终结后，认为犯罪事实清楚，证据确实、充分，则应当依法追究犯罪嫌疑人刑事责任，向同级人民检察院或本院公诉部门移送审查起诉时制作的一种法律文书。在该文书中会对于侦查机关认定的案件事实进行总结、概括性的阐述以及列举能够证明犯罪事实的证据和证据材料以及适用的法律规定。对于在审查起诉阶段才介入案件的律师而言，阅读起诉意见书，将会对案件有较为直观的了解。

起诉意见书

××公安局（×××人民检察院）起诉意见书

×公/检刑诉字（×）×号

犯罪嫌疑人________，男（女），________年________月________日生，民族________，籍贯________，文化程度________，单位及职业________住址________。

违法犯罪经历：________。

经我局侦查终结，证实犯罪嫌疑人××有下列犯罪事实

____

____

____

____。

综上所述，犯罪嫌疑人××的行为触犯了《中华人民共和国刑法》第×条第×款，涉嫌罪，根据《中华人民共和国刑事诉讼法》第160条之规定，特将本案移送审查，依法起诉。

此致

××人民检察院（或本院公诉部门）

局长（印）

（公安局印）（自侦案件加盖办案部门章）

××××年×月×日

2. 对于案件进行定性的资料

如上所述，在侦查机关的起诉意见书中已经对于所认定的案情加以概括，但是上述的概括是建立在一系列的证据基础之上的，一般具体包括：

(1)犯罪嫌疑人的供述和辩解；

(2)被害人陈述；

(3)证人证言；

(4)物证、书证；

(5)鉴定意见；

(6)勘验、检查、辨认、侦查实验等笔录；

(7)试听资料、电子数据

3. 涉及量刑情节的证据材料

除了认定犯罪嫌疑人是否实施某种犯罪行为，以及相应行为应该如何进行定性的证据材料外，另外一个阅卷的重点就是要注意找出那些能够印证犯罪嫌疑人具有法定的从轻、减轻情节或者酌定的从轻处罚情节的证据，一般来说，该类证据具体包括：

(1)是否达到法定年龄，重点审查是否未成年人或者已满75周岁的；

(2)是否具有精神病或者与之相关的医疗记录的证据资料；

(3)是否存在聋、哑、盲的情况的证据材料；

(4)是否处于怀孕期或者被采取强制措施后是否存在流产等情况的证据材料；

(5)关于犯罪形态的证据材料，如是否存在犯罪预备、未遂或者中止；

(6)关于犯罪嫌疑人在共同犯罪中所起作用的证据资料；

(7)关于犯罪嫌疑人是否存在自首、立功等情节的证据资料；

(8)关于犯罪嫌疑人是否存在退赃、退赔是否取得受害人谅解的证据材料；

(9)案件中被害人是否存在过错的证据材料；

(10)其他可能影响犯罪嫌疑人刑事责任能力或者其行为的社会危害性的证据资料。

4. 程序性文书

程序性文书主要是指司法机关在刑事诉讼进行中体现程序内容的一些法律文书，如反映采取强制性措施内容的拘传证、拘留证、逮捕证、取保候审申请书等，另外还有反映侦查手段的询问证人通知书、勘验证、搜查证等，程序性文书虽然一般不直接反映实体性的证明内容，但是辩护律师通过这些文书能够反映侦查机关在侦查活动中在程序上是否合法，犯罪嫌疑人的合法权益有无得到保障。

(三)阅卷的方法

1. 摘录法

摘录法就是对于案卷中的重点、要点、关键信息，例如案件定性的关键情节、多次口供之间存在矛盾的地方，证人与嫌疑人口供之间存在矛盾的地方等摘抄下来，以便在开庭前做一步核实。

2. 列表法

依据嫌疑人或者案件的情况设计出不同的图表，通过图表的方式把涉及定罪量刑的关键性要素归纳入图表之中，通过图表，案件的各项主要证据一目了然，律师可以借助图表提炼出案件的主要线索。

3. 画图法

对于一些被告较多，关系复杂，案件的发生又牵涉多个事件的刑事案件。可以通过在同一平面上画图的形式，明确案件所涉及各个主体之间的脉络关系。在完成这些图画以后，相互之间的关系就出来了，这样再进一步去掌握涉及案件的核心关系。

4. 设问法

在阅卷前，作为辩护人应首先查阅起诉意见书，对于案件有初步的了解。在阅卷过程中，应该是带着需要进一步核实某方面问题的思路去进行阅卷的，因此，阅卷的过程实际上也是发现问题、解决问题的过程。但是由于很多案件的卷宗资料较多，所以如果不注意，就很快会忘掉，因此应当一面阅卷，一面及时记下来，并在此基础上争取发现新的问题，循序渐进，如果这些可以做到，就事半功倍了。

（四）制作阅卷笔录

为了方便辩护人掌握卷宗内容，律师在阅卷后应制作阅卷笔录方便查阅。对于阅卷笔录并没有统一格式要求，但是一般会包括事实、起诉理由、证据、适用法律。并写明案件重点、难点、疑点、存在问题等内容。

阅卷笔录

时间：________年________月________日________时至________时

地点：××人民法院刑事审判庭

案由：故意杀人

被告人：黎××，男，________岁，________市________县人，一汉族，住××市________路________号________楼________房。因故意伤害于________年________月________日被拘留，________月________日公安机关移送审查起诉。

一、案件事实及被告人陈述

1. 起诉认定的事实

犯罪嫌疑人黎××与被害人古××之间在搭客过程产生过矛盾，因为黎××觉得之前自己在旧水坑公园被三个外地人打的事实是受害人指使的，因此后来越来越生气才萌生出了教训被害人的念头。因此于××××年×月×日使用开山刀在大龙街傍东村牌坊处把古××杀死。

2. 嫌疑人黎××供述

我长期以来都受到古××的欺负，他不让我在村口那里搭客，有一天，我突然被几个我不认识的人打了，后来我听到他在外面吹嘘说谁得罪了他，我就是下场，我忍无可忍，就拿着开山刀去到大龙街傍东村牌坊从背后砍了他两刀。（卷宗第11页）

二、有关证据

1. 水果刀一把（照片）。（卷宗第24页）

2. 刑事科技鉴定结论：水果刀上所粘血液，与受害人古××的血型一致。（卷宗第28页）

3. 刑事科学技术鉴定书(1至8页)________中法伤鉴字第________号关于对古××伤情的认定意见。"________年________月________日对受害人古××的伤情进行检查发现,右拇指掌腕关节处有一约4 cm长瘢痕,右拇指功能基本丧失,左前嘴皮肤有一约3 cm的瘢痕。左前臂皮肤感觉减退。根据上述情况认为:古××的伤情符合《人体重伤鉴定标准(试行)》第三章第六条第十一款的规定,构成重伤。"

法医:王××

××××年×月×日

4. 医院病情记录。(卷宗第31页)

××××年×月×日 22:00 古××,男性,41岁,××村村民。晚8时在街上搭客时右手及左肘部被砍伤,流血不止,来院急诊。查体见:左肘前内侧见约3.5 cm皮肤裂伤,皮下浅静脉断裂。右手第一掌关节背侧有约4 cm长刀口,远端关节软骨部分受损,指背血管断裂,伸拇长短肌脖断裂。诊断为:右手切剑伤,右时部切割伤。

医生:胡××

三、案件性质及认定根据

本案定性为:故意伤害罪。

认定根据:

1.《人体重伤鉴定标准(试行)》第二章第六条第十一款:拇指挛缩畸形,不能对指和握物。

2.《刑法》第二百三十四条:"故意伤害他人身体的,处三年以下有期徒刑拘役或者管制。犯前款罪,致人重伤的,处三年以上十年以下有期徒刑;致人死亡的或者以特别残忍手段致人重伤造成严重残疾的。处十年以上有期徒刑、无期徒刑或者死刑。本法另有规定的,依照规定。"

四、案件情节及法律有关规定

1. 法定从重处罚情节:黎××在3年前曾因故意伤害罪被判有期徒刑2年,案发时为释放后的第13个月。

2. 酌情从轻情节:被告人归案后认罪态度较好。

3. 其他情况:从案发现场搜集到的其他证人的笔录来看,受害人确实说过叫人去教训黎××的话,因此,本案的受害人应该存在一定的过错。

阅卷人:律师事务所

律师:

________年________月________日

六、阅卷后的附随义务

(一)保密义务

依据《刑事诉讼法》第四十六条的规定,辩护律师对在执业活动中知悉的委托人的有关情况和信息,有权予以保密。阅卷活动作为执业活动的一种,因此,辩护律师对于在阅卷过程中知悉的委托人的有关情况和信息,也应当予以保密。在司法实践中,经常有家属提出要求律师为其复印全套的卷宗资料。但实际上如果满足家属的此类要求会给律师带来较大的职业风险，因为一旦家属将材料用于制作伪证，与人串供，妨碍诉讼的话，那律师则有可能被追究泄露国家秘密罪或帮助伪证罪的刑事责任；即便家属没有实施上述行为，但是也有可能因为对于家人的关切而向律师发布各种非专业意见，也会影响到律师正常的办案思路和工作安排。

（二）妥善保管卷宗资料

鉴于刑事案件卷宗资料泄露后可能给律师带来的相关风险，因此辩护律师对于查阅、摘抄、复制的案件卷宗以及依据卷宗所制作的阅卷笔录，均应采取措施进行妥善保管（包括对卷宗进行集中存放，对数据光盘或者文件等设置查阅密码等措施），从而最大限度地防止卷宗丢失或者泄露于第三人。

【案例分析】

律师能否把案件卷宗复印给犯罪嫌疑人家属

在江某涉嫌盗窃一案中，辩护人律师李某接受了江某母亲的委托，担任了江某审查起诉阶段的辩护人，李律师在前往检察院递交了相关委托手续，并且查阅、摘抄、复印了所有的卷宗资料。由于江某的母亲认为江某一向品行良好，不可能作出盗窃这样的事情。因此一直提出要求李律师给江某复印一份卷宗资料。李律师明确予以拒绝，并向其解释，律师阅卷是一项法定权利，所查阅摘抄的卷宗只能律师自己使用，不能他用，否则律师要承担相应法律责任。江某的母亲说："我看到其他的律师都可以给委托人复印，为什么你不可以。李律师说道："如果你联系到其他律师，可以把案件转委托给其他的律师，让他带上介绍信到我这里来，我可以把案件给他。但是在我把案件资料给他以后，他如果直接把案卷给你复印，我认为是违规的。"后来江某的母亲经过多方咨询，意识到李律师的做法是正确的，便不再提出复印卷宗的要求。

七、收集调取证据

（一）收集调取证据的方式

依据《刑事诉讼法》第四十一条的规定，辩护律师经证人或者其他有关单位和个人同意，可以向他们收集与本案有关的材料，也可以申请人民检察院、人民法院收集、调取证据，或者申请人民法院通知证人出庭作证。辩护律师经人民检察院或者人民法院许可，并且经被害人或者其近亲属、被害人提供的证人同意，可以向他们收集与本案有关的材料。因此我们可以知道，审查起诉阶段律师的调查取证主要是两种形式：一是辩护律师自行调查取证，二是辩护律师申请检察机关调查取证。

(二)辩护律师自行调查取证

辩护律师自行调查取证的对象主要包括两类:第一类是证人和其他有关单位和个人,对于此类对象,只要经过证人或者其他单位和个人同意即可;第二类是被害人或者其近亲属、被害人提供的证人,对于此类对象,不仅需要被害人或者其近亲属以及被害人提供的证人同意,而且还要经过人民检察院的许可。在向上述对象调查取证时,律师应当向被调查人和单位出示或者提交律师执业证书和律师调查专用介绍信,介绍信具体格式如下:

××律师事务所调查专用介绍信

第________号

________:

根据《中华人民共和国律师法》第三十五条之规定,特指派我所________律师赴你处,调查________。请依法予以协助。

此致

________(姓名或单位名称)

________律师事务所(章)

年　月　日

本介绍信有效期截至________年____月____日

对于第二类对象,除了需要提交上述资料外,还需要检察院签发的准许调查书才可以向第二类对象取证。为了取得检察院的批准,辩护律师应向人民检察院递交调查取证申请书。调查取证申请书及准许调查书具体格式如下。

调查取证申请书

申请人________,________律师事务所律师。

申请事项:许可调查取证

申请理由:作为犯罪嫌疑人________的辩护律师,因案情需要,本人拟向被害人________收集本案有关的资料。根据《中华人民共和国刑事诉讼法》第四十一条第二款的规定,特此申请,请予许可。

此致

________检察院

申请人签名:

________律师事务所(章)

年　月　日

准许调查书

(________)刑____字第____号

申请人________,作为________案的辩护律师,于________年________月________日向本院提出申请,要求向本案的________收集与本案有关的材料。

经审查,申请人的上述申请,符合《中华人民共和国刑事诉讼法》第三十七条第二款和《最高人民法院关于执行〈中华人民共和国刑事诉讼法〉若干问题的解释》第四十三条的规定,本院予以准许。

(院印)

________年________月________日

【案例引导】

律师在取得受害人同意的情况下能否直接进行取证

一起发生在熟人间的转化型抢劫案件,犯罪嫌疑人甲某因为前往其从事玉石生意的亲戚乙某家盗窃被发现,其拔出匕首刺向乙某,乙某左右躲闪才未被刺中,乙某在甲某逃走后报警,第二天公安机关抓获了甲某,由于乙某的口供中供述甲某在盗窃过程中有采用暴力的行为,因此,公安机关把案件中甲某的行为定性为转化型抢劫并移送检察院审查起诉。甲某的亲戚李律师此时刚取得律师执业证书,便代理了此案件。由于李律师与乙某也是亲戚关系,为了了解事情经过,便直接前往乙某家中做笔录了解情况,并且也为乙某分析案情,他告诉乙某没有向公安机关说甲某有采用匕首攻击乙某的行为甲的刑事责任会轻微很多。第二日,乙某自行前往检察院和承办案件检察官说道,是他那晚看错了,甲某只是来偷东西并没有攻击他。负责的检察官觉得奇怪,经过核实,才明白原来乙某觉得自己说的话让甲某承担了如此重的刑事责任他觉得过意不去,而昨晚听了李律师的一席话,他觉得可以帮到甲某,所以他今天过来翻供。因此,李律师未经检察院同意便向受害人取证这一事实暴露出来了,李律师因此受到处分。本案中的李律师因为与受害人认识还未通过正常程序进行调查取证,结果造成了严重的法律后果。

律师调查认证,应当由二名以上的人员进行,其中一名可以是律师助理。可以由一人询问,一人做调查笔录。

调查笔录应当载明调查人、被调查人和记录人的姓名以及调查的时间和地点；笔录内容应当载有被调查人的基本情况，律师对证人如实作证的要求，作伪证或者隐匿罪证要负法律责任的说明，以及证人对被调查事项的详细陈述。笔录制作完毕后，被调查人有阅读能力的，应当由被调查人自行阅读笔录，确认无误后，签下“以上笔录我看过，和我说的一样，属实”。并应该让被调查人在笔录上按下指模。

被调查人无阅读能力的，在制作笔录时，应进行同步录像录音，笔录制作完毕后，由调查律师向其宣读，确认无误后，向被调查人询问：“以上笔录向你宣读，是否与你所说一致。”如果被调查人没有异议，就可以让被调查人在每页及涂改处按指模确认了。另外，对于个别案件还可邀请公证人员在场见证，这也将有助于保障律师调查取证的合法效力。

（三）辩护律师申请调查取证

在审查起诉阶段，律师对于享有向检察院申请收集、调取证据的权利，常见的理由一般包括如下几个方面：

(1)辩护律师自行调取证据存在困难或者因为客观原因无法调查取证。

(2)该证据不宜或者不能由辩护律师调查取证。

律师在向检察院申请收集、调取证据时，应向检察机关提交提请收集、调取证据申请书，具体格式如下：

提请收集、调取证据申请书

申请人：________律师事务所________律师。

通信地址或联系方法：________。

申请事项：请求________人民检察院向________收集调取证据。

申请理由：作为犯罪嫌疑人（被告人）________涉嫌________________一案的辩护人，本人认为需要向证人（有关单位、公民个人）________ 收集、调取证据。因情况特殊，根据《中华人民共和国刑事诉讼法》第三十七条第一款的规定，特请贵院予以收集、调取。

此致

________人民检察院

申请人：（签名）

律师事务所（盖章）

年　月　日

附：

1.证人姓名________，有关单位名称________，住址或通信方法________；

2.收集、调取证据的范围和内容：________。

依据《人民检察院刑事诉讼规则(试行)》第五十二条规定,案件移送审查起诉后,辩护律师依据《刑事诉讼法》第四十一条第一款的规定申请人民检察院收集、调取证据的,人民检察院案件管理部门应当及时将申请材料移送公诉部门办理。人民检察院认为需要收集、调取证据的,应当决定收集、调取并制作笔录附卷;决定不予收集、调取的,应当书面说明理由。人民检察院根据辩护律师的申请收集、调取证据时,辩护律师可以在场。依据上述规定,辩护律师在提交了申请后,依据检察院的反馈意见,分别开展如下工作:

(1)如果人民检察院决定收集、调取证据的,在收集、调取证据后,辩护律师应当及时前往检察院阅卷。

(2)人民检察院决定不予收集、调取证据的,辩护律师应当审查检察院是否书面说明不予收集、调取的理由,如果检察院没有正当理由却不同意辩护律师的申请,辩护律师可以向同级或者上一级人民检察院申诉或者控告。

(3)人民检察院根据辩护律师的申请收集、调取证据时,可以通知申请人在场。

第四节 | 刑事辩护律师庭审实务

刑事辩护律师庭审,主要是指律师在一、二审案件庭审中,代表被告人与控诉方就被告人的行为是否构成犯罪、犯罪的性质、罪责轻重、证据是否确实充分,以及如何适用刑罚等问题,进行互相争论和反驳的一种诉讼活动。

一、开庭前的准备

(一)前往法院递交委托资料

在确定案件移送法院后,辩护律师应及时前往法院递交委托材料[①],向法院确认辩护人的身份,所递交材料的内容与先前递交给检察机关的材料是基本一致的,但需要注意,辩护律师应确认此时所提交的授权委托书应当写明是自“一审终结之日止”,只有这样,才具有在一审辩护中充当辩护人的权限。法院在审阅了辩护律师提交的资料后,便会将起诉状等资料交给辩护律师。

(二)熟悉检察机关移送证据材料的情况

除了在审判阶段才介入的律师,绝大多数的律师会在审查起诉阶段完成阅卷工作,因此,审判阶段便不再前往法院查阅卷宗。但实际上,对于检察机关而言,会基于诉讼策略的要求,未必会把审查起诉阶段的所有卷宗都一并移送法院,因此,辩护律师通过查阅卷宗往往可以洞察检察官的起诉思路。另外,在某些情况下检察院退回补充侦查而取得的卷宗资料,律师与检察院方面有时可能因为联系方面的原因没有在审查起诉阶段及时查阅,也可在审判阶段的阅卷中及时查阅。

辩护律师应当结合起诉书去研究检察机关所移送的证据资料,结合自己所掌握的证据

---

① 对于同时承接了侦查、审查起诉、审判三个阶段的律师而言,应特别注意案件从检察院移送到法院起诉的区间,因为一般检察机关或者法院都不会主动去通知律师案件已经被移送到达法院,因此绝大多数情况下,只能依靠律师主动去跟踪案件的进展情况。

以及自己对于案情的认识进行对比分析，找出差异。

（三）留意特定时期的刑事政策对于案件可能产生的影响

由于我国的司法传统，在某些时期会出现针对整体治安的刑事政策，例如："严打"或者"宽严相济"，或者在某个地区对于某几类犯罪的刑事政策，例如广东省曾经提出的"三打两建"等。辩护律师应当依据自己对案情的把握，深入研究特定刑事政策对于案件的影响。

（四）掌握与案情相关联的专业知识

律师要在庭审中为被告人进行充分的辩护，除了要掌握好与案件相关的法学理论知识，还应该对审判中可能涉及的专业知识，如精神病学、动物学、物理学、知识产权等知识有所了解，因为当案件的证据涉及上述学科领域，而且该证据对于案件的定性或者量刑具有重大影响，只有涉猎上述领域知识的律师，才能对于证据进行深入的剖析，作出对于被告人最有利的解释，否则便只能泛泛而谈发表意见。

（五）庭前提交证据和相关申请

根据最高人民法院《关于执行〈中华人民共和国刑事诉讼法〉若干问题的解释》第一百一十九条的规定：对于决定开庭审理的案件，人民法院应当进行的工作包括通知被告人、辩护人于开庭 5 日前提供出庭作证的身份、住址、通讯处、明确的证人、鉴定人名单及不出庭作证的证人、鉴定人名单和拟出庭宣读、出示的证据复印件、照片。因此，根据规定，律师应当在开庭 5 日前将拟出示的证据提交法院（但是在开庭前 5 日获得的新证据不在此限，但律师取得后应及时提交法院，并书面说明先前未能提交的原因）；如果要申请证人、鉴定人、有专门知识的人出庭，也应当遵循上述时效规定提出申请。具体的申请包括：

1. 通知证人出庭申请书

通知证人出庭申请书

申请人：________律师事务所________律师。

通信地址或联系方法：________。

申请事由：通知证人________出庭作证。

申请理由：________系被告人________被控________一案的证人。作为被告人________的辩护律师，本人认为需要该证人________出庭作证。根据《中华人民共和国刑事诉讼法》第四十一条第一款的规定，特提出申请。

请贵院通知。

此致

××人民法院

申请人签名：

（律师事务所章）

附：

证人地址：________________

联系方式：________________

2. 通知鉴定人出庭申请书

通知鉴定人出庭申请书

申请人:________律师事务所________律师。

通信地址或联系方法:________。

申请事项:通知鉴定人________出庭作证。

申请理由:________系被告人________被控________一案的鉴定人。申请人作为________的辩护人,认为该鉴定结论存在诸多事实不清的地方。为了解本案涉及________的问题,对被告人作出公正判决。申请人依据《中华人民共和国刑事诉讼法》的规定,特提出申请。

此致

××人民法院

申请人签名:

(律师事务所章)

(六)庭前会见被告人

庭审前与被告人之间的会见,这是辩护律师与被告人之间沟通的最后一次机会,在此次沟通中,与被告人的沟通是否流畅,配合得好不好,将直接影响到庭审的效果。

1. 听取被告人对于起诉书指控罪名的意见

辩护律师应与被告人确认是否已经收到起诉书以及起诉书的时间,并且询问他对于起诉书所指控罪名的意见。该类意见一般包括以下几个方面的内容:①是否承认起诉书所指控的罪名;②是否认可起诉书所指控的事实;③起诉书指控的从重、加重情节是否存在;④被告人有无相关辩解(无罪或罪轻)并要求其陈述辩解的理由;⑤有无从轻、减轻、免予处罚的事实、情节和线索;⑥有无从轻、减轻、免予处罚的事实、情节和线索;⑦是否有检举揭发他人犯罪的立功表现;⑧是否存在超期羁押及其他合法权益是否受到侵害等情况。

在听取了被告人的意见后,律师应向被告人陈述自己的意见,如果律师的意见与被告人先前表达的意见是一致的,在此情况下律师只需向被告人细化表述的关键点以及对于被告人遗漏的意见而律师认为有必要提出的意见与被告人进行交流便可以了。但是如果在某些情况下,律师与被告人意见明显不一致的情况下,例如被告坚称自己无罪,但是律师从整个案件的证据角度认为做无罪辩护的可能性很小,相反做有罪辩护对于被告人更加有利,这时律师一定要把有罪以及无罪两种辩护方案的效果向被告人分析清楚,并在会见笔录当中予以确认。当然,也要同时告知被告人,如果对于辩护律师所提出的方案均不满意,他也可以选择让辩护律师退出辩护,更换辩护律师。

2. 向被告人介绍法庭审理程序,告知被告人在庭审中的诉讼权利、义务及应注意的事项

除了一部分累犯或者再犯的被告人以外,绝大部分被告人都是首次参与庭审,因此内心

会存在明显紧张感,这将直接影响到被告人在当庭的表现。因此,律师在庭前会见中向被告人介绍庭审程序有助于被告人适应庭审环境。一般来说,应当包括如下内容:①庭审中涉及的主要概念,例如:什么叫做回避?什么叫做交叉质证?什么叫做法庭辩论?②如何对起诉书发表意见,因为开庭初被告人提出的对于起诉书的意见经常可以得到法官的重视,甚至会成为庭审中的重点。③对于公诉人、辩护人的发问进行回答时的注意事项。④如何进行最后陈述,很多被告人在最后陈述阶段会把庭审中的辩护意见又讲了一遍,在实务中会被法官直接打断,严重的甚至会引起法官的反感,但是,如果最后陈述进行的精练,能够体现出真实情感的,往往可以给法官留下较好的印象。

3. 规范被告人庭审中的着装以及行为

对于那些在看守所关押的被告人,出庭的着装一般不会有太大的问题,但是对于那些被取保候审的当事人,由于他们的生活所受影响较小,因此要留意他们开庭前的衣着,切莫穿过于鲜艳、过于暴露的衣服参与庭审。参与庭审应以深色、风格较为严肃的服装为宜。而对于庭审中的行为,不管被告人平常生活中的行为如何,也不论是否认可起诉书中所指控的罪名,均不应该对于法官、公诉人表露出趾高气扬乃至于不可一世的态度,对于法官、公诉人的问话应认真回答,应该遵守基本的法庭礼仪。

【案例分析】

律师应对被告人的庭审行为予以规范

一起共同强奸案件,总共有4人参与,4人均聘请了律师,虽然4人均有认罪,但是主从犯关系并不明显,但是其中1名被告庭审时态度嚣张、语言浮夸,并且对其他3人指指点点,而另外3人则态度诚恳,表现出有明显的悔意,对于公诉人、审判长的回答十分诚恳。因此,合议庭均认为那名行为表现出众的被告人为主犯,其他人为从犯。庭后当事人的家属对律师不满,认为律师的工作如果进行得细致一些,那名被告不会在法庭上表现出对于自己如此不利的行为。

二、参加庭审

(一)法庭调查阶段

法庭调查是指在控辩双方和其他诉讼参与人参加下,在审判人员主持下,当庭对案件事实、证据进行调查核实的活动。辩护人应在该阶段积极开展辩护活动,通过举证和质证来确立辩护观点,为后面的法庭辩论建立前提基础。具体的工作主要包括:

1. 听取公诉人宣读起诉书

一般情形下,公诉人的起诉书与庭前辩护人和被告人的起诉书内容一般是一致的,但是在特定情形下，公诉机关指控被告人涉嫌犯罪的事实和证据也有可能发生变化。如果此种变化在庭前并未告知辩护律师，辩护律师可以要求给予必要的准备时间。另外，在公诉人宣读起诉书后，审判长会询问被告人是否认可起诉书指控的罪名及事实，辩护律师应记录好被告人的答辩意见，因为虽然在开庭前的会见中，律师会询问被告人如何考虑答辩意见，但是不排除被告人会在开庭时临时进行改变，如果辩护律师不予留意，后面将变得比较被动。

2.听取公诉人对于被告人的讯问

在公诉人宣读起诉书后，公诉人一般会讯问被告人。此时，辩护律师应当认真听取并记录公诉人的提问，以避免在其后辩护人对于被告人的提问中重复相同的问题，对于那些公诉人已经问过并且被告人已经明确作出回答的，律师无须再次提问。另外，公诉人的提问中如果存在威逼性、诱导性的内容或者所提内容与案件无关的，辩护律师有权要求审判长制止。但是如果法庭驳回律师反对意见，律师也应尊重法庭决定，而不应作出其他过激举动。

【案例分析】

律师有权制止公诉人采用威逼、诱导的方式进行发问

一起走私案件，公诉人讯问被告人时，被告人提出起诉书指控事项不属实，当庭进行翻供。公诉人立即表情凶狠，提高语调训斥被告人："被告人，你不要狡辩，狡辩只能加重你的处罚。如果态度好，才可以从轻处罚。你现在说清楚，为什么你现在的陈述和当时起诉书的指控变得不一致了。"被告人看到公诉人这样讯问，一下不知应该如何反映。这时候辩护人向法庭提出反对意见："《刑事诉讼法》、《人民检察院刑事诉讼规则》等法律文件，均强调不得采用威逼的方式进行发问，今天的庭审主要是为了查明案情，在公开的庭审中被告人所做的陈述才是最可信的，公诉人的这种讯问方式不利于查明案情，恳请审判长予以指正。"法庭听取了辩护人的意见，要求公诉人注意他的发问方式，使庭审重新进入文明轨道。

3.向被告人发问

在公诉人讯问被告人后，辩护人经审判长许可，也可以向被告人发问。与公诉人为了指控被告人构成某种罪名而发问不同，辩护人是基于使被告人无罪、罪轻的视角进行发问，通过发问使有利于被告人的案件事实和证据展现给法庭。一般来说，辩护人向被告人发问的内容包括如下几个方面：(1)与起诉状所指控的事实相矛盾的问题。(2)对于先前公诉人提问不够全面，从而容易产生歧义的，辩护律师可予以进一步明确。(3)对于案件中有利于被告人量刑情节进行发问，例如：两人产生冲突而致一方受到伤害的案件，如检察机关明确未认定受害人存在过错，辩护律师借助发问向法院传递被害人在案件中存在过错的信息。(4)被告人案件以外的一些特殊家庭、个人情况（例如：被告人可能育有儿女，儿女未成年，依靠其一个人抚养等情节）。整个发问的过程，律师的用语应当简明扼要，重点突出、文明平和。

4.对公诉人出示的证据进行质证

公诉人出示证据时，辩护律师应当认真听取、记录，并围绕证据的真实性、合法性、关联性三个方面展开质证意见。

(1)对被告人供述和辩解的质证内容。

对于被告人供述和辩解的质证内容，辩护人可以从以下几个方面发表质证意见：首先考量程序是否合法，具体包括讯问的时间、地点，讯问人的身份、人数是否符合法律的规定，有否存在刑讯逼供等非法收集的情形；另外要从内容上进行考虑包括被告人的供述是否前后一致，有无反复，被告人的供述内容是否符合案情以及常理，能否与本案的其他被告人的供述或者其他证人的证词相互印证，有无存在矛盾。

(2)对证人证言、被害人陈述的质证内容。

对于证人证言的质证，主要包括证人的内容是否为证人直接感知，证人与案件当事人、案件处理结果是否有利害关系，询问证人是否有个别进行，证人证言的收集是否存在欺诈、胁迫等情形，证人证言以及其他证据之间能否相互印证，有无矛盾。

(3)对物证、书证的质证内容。

对于物证以及书证的质证，主要包括物证、书证的收集程序、方式是否符合法律的规定；经勘验、检查、搜查、提取、扣押的物证、书证，是否附有笔录、清单，物证、书证在收集、保管、鉴定过程中是否受损或者更改，与案件事实有关联的物证、书证是否已经全面收集。

(4)对鉴定意见的质证内容。

对于鉴定意见的质证内容包括鉴定机构和鉴定人是否具有法定资质，检材的来源是否符合法律规定，鉴定意见的形式是否符合法律的规定，所采取的检验方法是否符合业界的要求。鉴定意见是否已经依法告知相关人员，是否给予当事人提出异议的机会。相关意见是否足够明确，是否有助于认定案件事实。

(5)对勘验、检查、辨认、侦查实验等笔录的质证内容。

对于勘验、检查、辨认、侦查实验等笔录的质证内容包括勘验、检查是否依法进行，笔录的制作是否符合法律及有关规定，勘验、检查人员和见证人是否签名或者盖章；勘验、检查、辨认的对象是否完好，有无遭受破坏。如果进行了补充勘察，前后是否一致，如果不一致，原因是什么。

(6)对试听资料、电子数据的质证内容。

对于视听资料、电子数据的质证内容包括是否附有提取过程的说明，来源是否合法，是否为原件，有无复制及复制的份数；是否写明制作人的身份，制作的时间地点、条件和方法；内容和制作过程是否真实，有无剪辑、增加、删除等情形，内容与案件事实是否有关联。

5.辩护人举证

辩护律师举证时，应注意向法庭说明证据的形式、内容、来源以及所要证明的问题。如果公诉方对于辩护律师所举证据提出异议，辩护律师可以在征得法庭同意后，进行答辩，与公诉方展开辩论。另外，如果辩护律师了解到公诉方保留对被告人有利的证据材料没有提供的，有权申请法院向公诉机关调取。

6.法庭辩论阶段

法庭辩论是在刑事案件庭审过程中，公诉人、当事人、辩护人围绕犯罪事实能否认定、被告人是否实施了犯罪行为、是否应负刑事责任、应负什么样的刑事责任等问题，对证据和案件情况发表各自的意见，相互进行辩论，在法庭调查和各方充分发表自己对整个犯罪事实、情节、每个证据的证明力等的意见的基础上，对双方争论的焦点问题，做进一步的辩论的阶段。法庭辩论阶段是辩护律师最集中、最系统发表自己完整变化观点的阶段，辩护律师在法庭辩论阶段应当做好如下工作：

(1)听取公诉人发言。

法庭辩论阶段一般先由公诉人发表公诉意见，公诉意见一般包括以下内容：首先是对于犯罪事实指控的总结概括，认为案件事实清楚、证据确实、充分，已经足以排除合理怀疑，根据法律的规定，被告人的行为已经构成了某项罪名，这一点是公诉意见的核心部分内容。其次是案件的社会危害性及应吸取的教训或警示，旨在通过该案件警示教育在场的旁听群众以及被告人，发挥刑法的一般预防以及特殊预防的作用。最后是量刑建议，公诉人必须对被告人法定的和酌定的从重、从轻、减轻等情节进行充分的说明和证明，并将之折算成刑期，提出合理的量刑幅度建议。辩护人应认真记录公诉人的上述发言，并从中寻找漏洞和突破口，并对庭前已经草拟好的辩护意见进行调整、修改、充实以及补充。

(2)听取被告人的自行辩护。

辩护律师应当在庭审前会见被告人的时候，就其自行辩护的事项进行沟通和交流，并在法律范围内予以辅导。在庭审过程中，辩护律师应认真听取被告人的辩护意见，如果不完善的，辩护律师可以进一步予以补充。但是应注意，如果你所代理的被告人由于文化水平或者其他原因语言能力较差，无法有效阐明自己的辩护观点，可在庭前告知被告人在此阶段由辩护律师先行发表意见，被告人在辩护律师发表意见后进行确认即可，或者也可以在辩护律师发表意见后在此基础上进行补充。

(3)发表辩护意见。

辩护律师应当根据公诉人指控的犯罪事实和法庭调查的情况发表辩护意见，在发表辩护意见的时候，切忌只是低头宣读预先准备好的辩护词，而是应该依据庭审情况和公诉人的观点调整提纲内容。一般来说，会涉及如下内容，如果是进行无罪辩护的，应强调在事实方面指控方的证据不足，没有形成完整的证据锁链，不能认定为被告人有罪，在定性上，被告人的情节显著轻微，危害不大，不认为是犯罪，或者被告人的行为属于正当防卫或者紧急避险等。如果是进行罪轻辩护的，应强调被告人的主观恶性较小，共同犯罪的作用次要，具有立功、自首等从轻情节，认罪态度好，悔罪表现佳等。

(4)控辩双方进行第二轮辩论。

在审判长的主持下，公诉方与辩护律师在第一轮辩论的基础上双方展开第二轮辩论，辩护律师在第二轮辩护中应注意在该论辩护中对于公诉人的反驳应当是更高层面、更新层次的反驳，而不是重申第一轮的辩护理由，如果辩护人的观点是重复的，很有可能会被审判长直接打断，影响庭审的效果。另外，对于第一轮中未发表的辩护意见，辩护律师认为仍然有需要发表的，可以在第二轮中补充发表。

7.被告人最终陈述阶段

依据《最高人民法院执行〈刑事诉讼法〉若干问题的解释》审判长宣布法庭辩论终结后，合议庭应当保证被告人充分行使最后陈述的权利。因此，被告人不管是否认罪，均享有最后陈述的权利，不允许随意剥夺，但需注意，如果被告人在最后陈述中多次重复自己的意见，审判长可以制止；如果陈述内容是蔑视法庭、公诉人，损害他人及社会公共利益或者与本案无关的，或者在公开审理的案件中，被告人最后陈述的内容涉及国家秘密或者个人隐私的，审判长应当予以制止，因此，辩护律师在庭前会见中，应提示被告人注意最终陈述的规则。另外，辩护律师对于被告人的最终陈述，也应记录在案，以备庭后复查。

三、庭后工作

1. 提交辩护词

辩护律师事先准备好的辩护意见，如果在庭审中并没有出现变化，无需进一步完善的，可以由辩护律师签名后，在休庭后直接提交法庭。如果在庭审中出现了新情况、新证据、新的争议焦点，律师应在开庭后及时进行修改和补充，在辩护律师签名后再交至法庭。

2. 领取判决书

如果是通知宣判的，律师应当及时将宣判时间、地点及时间通知家属，一般应亲自到庭听取判决，当庭领取判决书，如果无法出庭的，应当向家属说明，与法院沟通好判决书的领取方式。对于部分由法院直接前往被告人羁押场所进行宣判的案件，律师虽无法直接前往羁押场所，但是，也应在法院下达判决书后及时前往法院领取判决书，并尽快告知被告人家属有关被告人的判决结果。

【案例分析】

律师未参加宣判需与家属做好沟通

一起诈骗案件，法院通知律师宣判开庭。由于律师当天刚好有其他的庭审活动要参加，无法参与，于是便告诉家属开庭宣判的时间、地点，并告诉家属当天自己不能参与，但是会在宣判后第二天前往法院拿判决书。但是没有想到，家属立即在电话中要求律师必须参与宣判。律师觉得疑惑，询问原因，家属的解释是看电视中律师在判决前必须要做结案陈词，如果那天律师不到场，这个结案陈词谁来做，律师了解原因后向家属解释了我们国家的刑事诉讼程序，并向家属说明了自己不能到现场的原因，终于取得了被告人家属的理解。

在司法实践中，由于许多家属对于我们国家的刑事诉讼程序不了解，很多人都会认为每次的开庭都会对被告人的刑事责任产生影响，因此作为被告人的辩护律师必须到庭，否则，就是不负责任，本案中，可以预见如果律师没有预先与家属做好沟通就不出席宣判，必然会引起家属的不满。

3. 回访被告人及其家属

在判决书结果下达后，如果是一审案件。律师应当在上诉期限内前往被告人羁押场所进行回访，询问其对于判决的意见，询问其是否上诉，并给予法律帮助。如果被告人有上诉的意愿，律师应当介绍上诉的相关法律程序，以及上诉的法律后果。如果被告人确定需要上诉，律师应做好笔录，然后将被告人意愿传递给家属，争取尽快签订二审的委托协议，确立委托关系。如果是二审终审判决的案件，被告人仍不服的，辩护人应当告知还可以通过审判监督程序救济，如果被告人服从裁判的，辩护律师也应给予鼓励，提醒被告人在服刑期间遵守法律规定，认真改造，争取早日复归社会。并将被告人在羁押场所内的情况及时告知家属。

【案例分析】

律师未处理好回访与上诉的关系导致徒耗精力

在一起共同故意伤害案件中，被告人一审被判处有期徒刑7年，辩护律师对一审判决进行研究分析后，认为一审判决书在认定案件主犯、从犯；被告人的行为是否构成自首等各个方面均存在很大问题，有较大的把握可以推翻一审判决，为被告人减轻刑期，被告人的家属也提出了让律师尽快上诉，因此辩护律师先行与家属签订了委托协议以及收取了律师费，律师随后立即草拟了上诉状，但是到了看守所后，不管律师如何解释，被告人认为自己是有罪的，法院的判决他服了，坚决不肯上诉。律师只能依据被告人的意见做了笔录，并由被告人签字按指模确认。律师在离开看守所后，重新约见了被告人的家属，说明了情况，解除了委托合同并退还了律师费。

在上述例子中，辩护律师在领取判决书后，因为没有第一时间回访被告人，所以在没有了解被告人真实意思的情况下就与家属进行沟通并签订了二审的委托合同并且撰写了上诉状，但是被告人坚决不上诉，结果出现了该辩护律师花费了大量的精力准备了上诉状，却无法进行上诉的局面。

【本章小结】

本章主要介绍的是刑事律师辩护实务的一些知识。主要包括了律师侦查、起诉阶段和庭审实务。这些内容均是以法律规定为基础，依据司法实践中的具体做法撰写。通过本章的学习，学生应该能够了解刑事律师辩护的基本内容和具体做法，能够掌握如何与犯罪嫌疑人建立委托关系，如何会见以及查阅卷宗应注意的一些基本问题，将法律的规定及法学理论具体应用于司法实际。

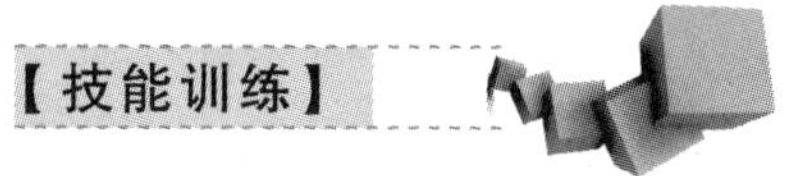
【技能训练】

制作辩护词

目的:让学生学会制作辩护词,掌握辩护词的基本格式。

内容:A与B均是甲村的村民,某日A听闻村里的人说B在到处侮辱自己的名声,包括贴大字报,故A找B理论,在争执过程中,双方冲突加剧,后A因为过于气愤,捡起在身边的石头,直接把B打死了。

步骤和要求:

(1)全班同学均要求按上面提供的材料制作一份辩护词;

(2)辩护词中,事实与理由部分的内容要翔实,法律依据引用准确。

【实践活动】

律师会见犯罪嫌疑人技巧的具体运用

一、过程设计

(一)目的

使学生加深对会见策略知识的理解,根据案件情况正确运用使用会见的各种策略、方法和技巧,通过会见发掘对于嫌疑人有利的信息。

(二)内容

会见的有关法律规定,会见策略的运用方法和技巧,会见笔录以及书面辩护意见的制作。

(三)条件

案例、模拟律师会见室、会见笔录纸、笔、印泥等。

(四)组织

(1)由实验指导教师设计案情,下发有关案情资料;

(2)参加实验的学生分组、分工,明确各自的职责任务和工作内容;

(3)实训指导教师联系扮演犯罪嫌疑人、律师的学生,做好案情布置和保密教育;

(4)讯问的准备工作;

(5)学生分组实际操作,教师进行指导;

(6)教师点评。

(五)作业

提交讯问计划和讯问笔录。

二、实训案例(供参考)

某年5月1日中午,张某的女友陈某因在提供性服务的过程中被李某欺负(李某不给嫖资,并拿走了陈某的衣服作为纪念),张某便带着女友及其同乡好友丁某、赵某(两人携带匕首)前往李某家中理论。到达李某家后,赵某在外望风,双方发生争吵,丁某直接上去捅了李某两刀，张某踢了李某一脚后，便带着陈某、丁某、赵某逃走了。李某受重伤。

经公安机关侦查，当日抓获了上述张某、丁某、赵某，并掌握了三人如下犯罪证据：

1. 丁用的匕首已经找到，匕首的把儿上有清楚的血指纹，经鉴定指纹是丁某的，血迹与李某的血型相同；

2. 李某、陈某、张某的相关笔录，均显示双方一开始只是口角，是丁某突然用匕首刺向李某的；

3. 拘捕后，张、丁、赵均赔偿了李某，李某出具了谅解书；

4. 张、丁、赵三人均是初犯。

【本章练习】

一、不定项选择题

1. 犯罪嫌疑人在被(　　)之日起，有权委托辩护人。

A. 自被侦查机关第一次讯问　　B. 移送检察院

C. 移送法院　　D. 采取强制措施之日起

2. 为犯罪嫌疑人委托辩护律师(　　)签订书面合同。

A. 应当

B. 无需

C. 可签可不签，依据委托人需要

D. 审判阶段必须签署，侦查以及审查起诉阶段不必

3. 律师在侦查阶段前往看守所会见提交的委托人亲属关系证明可以是如下哪些证件？(　　)

A. 结婚证　　B. 户口簿　　C. 出生证　　D. 身份证

4. 犯罪嫌疑人可以在刑事诉讼中的(　　)阶段与其家属见面。

A. 侦查　　B. 审查起诉　　C. 审判　　D. 以上阶段皆不可

5. 依据《刑事诉讼法》的规定，(　　)案件在侦查期间辩护律师会见在押的犯罪嫌疑人，应当经侦查机关许可。

A. 盗窃罪　　B. 危害国家安全犯罪

C. 恐怖活动犯罪　　D. 特别重大贿赂犯罪案件

6. 一名被告人在审判阶段可以委托(　　)名律师为其辩护。

A. 1　　B. 2　　C. 3　　D. 没有数量限制

7. 在刑事辩护中，律师可以通过被告人以下哪些情节作为量刑的辩护事由？(　　)

A. 从犯　　B. 初次犯罪　　C. 累犯　　D. 取得被害人谅解

8. 刑事诉讼中的程序性文书包括(　　)。

A. 拘留证　　B. 逮捕证　　C. 证人证言　　D. 取保候审通知书

9. 以下哪些情形，律师可以拒绝辩护或者代理？(　　)

A. 委托人利用律师活动进行违法犯罪活动

B. 隐瞒重要案件事实

C. 案件超出预计成本

D. 审查证据觉得确实是委托人实施了犯罪行为

10. 以下哪些证据可能作为案件定性资料？（　　）

A. 被害人陈述　　B. 证人证言　　C. 物证、书证　　D. 被告人供述

二、案例分析题

甲某是××律师事务所律师，某日其承接了由乙某委托的其儿子丁某的故意杀人案件（审查起诉阶段），甲某为了节省税费，以个人名义和乙某签订了合同，收取律师费20000元后向乙某开具了个人手写的收据，其后，使用了自己私刻的律师事务所公章伪造了介绍信，前往××市检察院阅卷，其后把所阅卷宗全部交印了一套给乙某。

问：甲某在本案中有哪些行为是错误的？

第五章 审判机关常用刑事实务

【学习目标】

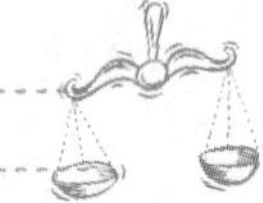

■ 知识目标：

了解刑事案件庭前准备工作的基本内容；

了解刑事附带民事诉讼的概念、特点、成立条件；

了解刑事诉前调解的概念、适用范围；

了解刑事案件庭审的基本内容；

了解刑事附带民事诉讼案件庭审的基本内容；

了解刑事自诉案件的概念、适用范围、庭审内容；

了解简易程序的概念、适用范围、庭审内容；

了解未成年人刑事案件的概念、原则；

了解死刑复核程序的基本内容。

■ 能力目标：

能够熟练掌握相关刑事法律知识；

能够根据刑事法律知识分析司法实践中的刑事法律问题；

能够正确运用实务技能处理刑事法律问题。

第一节 庭前准备工作实务

【案例引导】

在刑事诉讼中，人民法院的庭前准备工作包括哪些内容？

2013 年 4 月 9 日 15 时许，被告人王某甲和被害人胡某在山西省长治市郊区黄碾镇某村某饭店吃饭时，双方因口角发生争执，后王某甲用玻璃杯将胡某面部砸伤。经法医鉴定，胡某面部损伤系轻伤，不构成伤残。长治市郊区人民检察院受理此案后，经过审查，认为被告人王某甲犯故意伤害罪，应当追究刑事责任，遂于 2013 年 12 月 2 日向山西省长治市郊区人民法院提起公诉。经长治市中级人民法院批准，延长审理期限三个月。长治市郊区人民法院依法组成合议庭，公开开庭审理了本案。经法院调解，被告人王某甲赔偿了胡某经济损失 28000 元，并取得被害人胡某的谅解。

一、庭前准备工作的基本内容

（一）刑事案件的庭前准备工作

人民法院对提起公诉的案件进行审查后，对于起诉书中有明确的指控犯罪事实，应当决定开庭审判。对于已经决定开庭审判的案件，人民法院应当进行一系列的庭前准备工作。我国最新修改的《刑事诉讼法》第一百八十二条规定："人民法院决定开庭审判后，应当确定合议庭的组成人员，将人民检察院的起诉书副本至迟在开庭十日以前送达被告人及其辩护人。在开庭以前，审判人员可以召集公诉人、当事人和辩护人、诉讼代理人，对回避、出庭证人名单、非法证据排除等与审判相关的问题，了解情况，听取意见。人民法院确定开庭日期后，应当将开庭的时间、地点通知人民检察院，传唤当事人，通知辩护人、诉讼代理人、证人、鉴定人和翻译人员，传票和通知书至迟在开庭三日以前送达。公开审判的案件，应当在开庭三日以前先期公布案由、被告人姓名、开庭时间和地点。上述活动情形应当写入笔录，由审判人员和书记员签名。"此规定是关于庭前准备工作的具体内容。与 1996 年《刑事诉讼法》相比较，此次修改吸收了最高人民法院关于适用《刑事诉讼法》解释的相关内容，并且增加了"在开庭以前，审判人员可以召集公诉人、当事人和辩护人、诉讼代理人，对回避、出庭证人名单、非法证据排除等与审判相关的问题，了解情况，听取意见"等内容，使刑事案件庭前准备工作的具体规定更加充分和完善。由此可知，刑事案件的庭前准备工作具体包括以下几项内容：

1.确定合议庭的组成人员

我国《刑事诉讼法》第一百七十八条规定:“基层人民法院、中级人民法院审判第一审案件,应当由审判员三人或者由审判员和人民陪审员共三人组成合议庭进行,但是基层人民法院适用简易程序的案件可以由审判员一人独任审判。高级人民法院、最高人民法院审判第一审案件,应当由审判员三人至七人或者由审判员和人民陪审员共三人至七人组成合议庭进行。人民陪审员在人民法院执行职务,同审判员有同等的权利。人民法院审判上诉和抗诉案件,由审判员三人至五人组成合议庭进行。合议庭的成员人数应当是单数。合议庭由院长或者庭长指定审判员一人担任审判长。院长或者庭长参加审判案件的时候,自己担任审判长。”据此规定,我国刑事审判中的合议庭有两种组成形式:

(1)由审判员组成的合议庭。由审判员组成的合议庭因审级不同而在组成人数上可能会有所不同。基层人民法院审理第一审案件,应当由审判员 3 人组成合议庭;高级人民法院、最高人民法院审判第一审案件,应当由审判员 3 人、5 人或 7 人组成合议庭。

(2)由审判员和人民陪审员混合组成的合议庭。我国刑事审判中实行人民陪审员制度,即人民陪审员为合议庭组成人员,共同参与法庭审理,执行审判任务。由审判员和人民陪审员混合形式的合议庭也可能因审级不同而在组成人数上有所不同。基层人民法院审判第一审案件,应当由审判员和人民陪审员共 3 人组成合议庭,既可以由审判员 1 人、人民陪审员 2 人组成合议庭,也可以由审判员 2 人、人民陪审员 1 人组成合议庭;高级人民法院、最高人民法院审判第一审案件,应当由审判员和人民陪审员共 3 人、5 人或 7 人组成合议庭,其中审判员和人民陪审员的人数比例有多种排列组合方式,但无论如何排列组合,都应当注意以下两点:第一,合议庭组成人员必须是单数;第二,至少有一名审判员,合议庭人员不能完全由人民陪审员组成。

合议庭由院长或者庭长指派审判员和选聘人民陪审员组成,院长或者庭长在确定合议庭组成人员时,应当指定一名审判员担任审判长,审判长是一种审判职务,因案件被人民法院受理并决定开庭审判而专门设置,并因案件诉讼终止而解除,这种审判职务与庭长、院长等行政职务有明显的不同。

2.送达起诉书副本于被告人及其辩护人

具体而言,应当注意以下三点内容:

(1)将人民检察院的起诉书副本至迟在开庭十日以前送达被告人及其辩护人;

(2)对于被告人未委托辩护人的,告知被告人可以委托辩护人,或者依法通知法律援助机构指派律师为其提供辩护;

(3)通知当事人、法定代理人、辩护人、诉讼代理人在开庭五日前提供证人、鉴定人名单,以及拟当庭出示的证据;申请证人、鉴定人、有专门知识的人出庭的,应当列明有关人员的姓名、性别、年龄、职业、住址、联系方式。

3.召集公诉人、当事人和辩护人、诉讼代理人,对回避、出庭证人名单、非法证据排除等与审判相关的问题,了解情况,听取意见

(1)就回避问题向公诉人、当事人和辩护人、诉讼代理人了解情况,听取意见。回避是指与案件或者案件的当事人有某种关系的侦查、检察和审判人员,以及书记员、翻译人员和鉴定人等不得参加本案诉讼活动的一项刑事诉讼制度。目的是防止徇私舞弊或发生偏见,以

利于诉讼的正常进行和对案件的公平、正确处理，也有利于司法人员避开嫌疑。回避可分为自行回避和申请回避两种。有权申请回避的主体为当事人及其法定代理人、辩护人和诉讼代理人。回避事由主要包括以下几点：第一，是本案的当事人或者是当事人的近亲属的；第二，本人或者他的近亲属和本案有利害关系的；第三，担任过本案的证人、鉴定人、辩护人、诉讼代理人的；第四，与本案当事人有其他关系，可能影响公正处理案件的；第五，审判、检察、侦查人员接受当事人及其委托的人的请客送礼以及违反规定会见当事人及其委托的人的。适用回避的对象包括侦查人员、检察人员、审判人员、书记员、翻译人员和鉴定人。回避可以在侦查、起诉、审判的各个阶段提起。审判人员、检察人员、侦查人员的回避，应当分别由院长、检察长、公安机关负责人决定；院长的回避，由本院审判委员会决定；检察长和公安机关负责人的回避，由同级人民检察院检察委员会决定。书记员的回避分别由所在单位的院长、检察长或者公安机关的负责人决定。翻译人员和鉴定人的回避，由指派或者聘请机关相应的负责人决定。对侦查人员的回避作出前，侦查人员不能停止对案件的侦查。对驳回申请回避的决定，当事人及其法定代理人、辩护人和诉讼代理人可以申请复议一次。

(2)就出庭证人名单向公诉人、当事人和辩护人、诉讼代理人了解情况，听取意见。所谓证人，是指在诉讼过程中，因知道案件情况并负有作证义务从而向公安司法机关陈述的不具有其他诉讼主体身份的自然人。[①] 我国最新修改的《刑事诉讼法》第六十条规定："凡是知道案件情况的人，都有作证的义务。生理上、精神上有缺陷或者年幼，不能辨别是非、不能正确表达的人，不能作证人。"据此规定，证人必须是当事人之外的知道案件情况的自然人，这是证人资格的基本条件。证人是凭生理上对案件事实的感知并据此作出表述来证明案件情况的，而单位不具备生理上的感知能力，所以单位不能作证人。证人必须具有辨别是非和正确表达的能力，这是证人资格的限制性条件。生理上、精神上有缺陷或者年幼，不能辨别是非、不能正确表达的人，因其不能如实陈述所了解的情况，不能提供对查清案件事实有实际意义的证言，如正在患病期间的精神病人、无能力提供有效证言的幼儿。但并非所有生理、心理有缺陷或年幼的人都不能担任证人。在司法实践中，间歇性精神病患者在间歇期是具有完全行为能力的自然人，能辨别是非并可正确表达的幼儿也可以提供与其认知能力相适应的证言，聋哑人可以通过手势、书写等途径陈述其所了解的案件情况。另外，根据刑事诉讼法的相关规定，被告人、被害人、鉴定人、辩护人以及担任本案侦查、起诉和审判的司法人员均被排除在证人范围之外。换言之，除法律有特别规定外，在诉讼过程中具有其他身份的人不能作证人。

(3)就非法证据排除问题向公诉人、当事人和辩护人、诉讼代理人了解情况，听取意见。证据是证明案件真实情况的事实，也是定案的根据，其本身并无合法与非法之分。所谓非法证据，是指在刑事诉讼过程中，违反法律规定收集或取得的证据。从广义上讲，非法证据包括四种：

其一，主体不合法的证据。即不具备法律规定的取证主体资格的人收集取得的证据，如鉴定人不具备法定的资格和条件、鉴定人不具有相关专业知识或者职称的。

其二，形式不合法的证据。即不具备或不符合法定形式的证据，如收集调取的物证、书

---

① 何家弘. 证人制度研究[M]. 北京：人民法院出版社，2004.

证,在勘验、检查笔录、搜查笔录、扣押清单上没有侦查人员、物品持有人、见证人签名或者物品特征、数量、质量、名称等注明不详的。

其三,程序不合法的证据。即违反法律规定的程序取得的证据,如询问证人没有个别进行而取得的证言;询问聋哑人或者不通晓当地通用语言、文字的少数民族人员、外国人,应当提供翻译而未提供的。

其四,方法、手段不合法的证据。即使用法律禁止之手段获得的证据,如以暴力、威胁等非法手段取得的证人证言;以刑讯逼供等非法手段取得的被告人陈述;以非法搜查、扣押或非法侵入住宅等手段取得的物证、书证。狭义上的非法证据一般是指最后一种情况。我国最新修改的《刑事诉讼法》第五十四条规定:"采用刑讯逼供等非法方法收集的犯罪嫌疑人、被告人供述和采用暴力、威胁等非法方法收集的证人证言、被害人陈述,应当予以排除。收集物证、书证不符合法定程序,可能严重影响司法公正的,应当予以补正或者作出合理解释;不能补正或者作出合理解释的,对该证据应当予以排除。在侦查、审查起诉、审判时发现有应当排除的证据的,应当依法予以排除,不得作为起诉意见、起诉决定和判决的依据。"这里采用的就是狭义上的非法证据,是指在刑事诉讼过程中,法律规定享有调查权的主体违反法律规定的权限或程序,以不正当的方法取得的证据材料。

4.通知人民检察院开庭的时间、地点

为使人民检察院做好支持公诉及法律监督的准备工作,人民法院必须在开庭的3日前通知人民检察院开庭的时间和地点。

5.传唤当事人,通知辩护人、诉讼代理人、证人、鉴定人和翻译人员

我国刑事诉讼中,通知当事人参与刑事诉讼活动的特定行为称为"传唤";对于通知辩护人、诉讼代理人、证人、鉴定人和翻译人员参与刑事诉讼活动的行为称为"通知"。实际上,这里的传唤和通知属于同一内容的诉讼行为,即告知其开庭时间和地点并要求其届时出庭。用于传唤的诉讼文书称为传票,用于通知的诉讼文书称为通知书,传票和通知书至迟须在开庭3日前送达当事人和其他诉讼参与人,以便他们做好出庭准备,届时出席法庭、参与诉讼活动。

6.公布公开审判案件的案由、被告人姓名、开庭时间和地点

公开审理的案件,应当在开庭3日前公布案由、被告人姓名、开庭时间和地点。这是公开审判制度的基本要求,旨在使人民群众、新闻记者了解案件内容,从而更好地旁听报道。

(二)刑事附带民事诉讼案件的庭前准备工作

1.刑事附带民事诉讼的概念及特点

(1)刑事附带民事诉讼的概念。

刑事附带民事诉讼是指人民法院、人民检察院、公安机关在刑事诉讼过程中,在依法追究被告人刑事责任的同时,附带解决被告人的犯罪行为所造成的物质损失的赔偿问题而进行的诉讼活动。

刑事附带民事诉讼作为一项诉讼制度,是有关附带民事诉讼的当事人、赔偿范围、提起和审理程序等问题的法律规范的总称。我国《刑事诉讼法》第九十九条规定:"被害人由于被告人的犯罪行为而遭受物质损失的,在刑事诉讼过程中,有权提起附带民事诉讼。被害人死

亡或者丧失行为能力的，被害人的法定代理人、近亲属有权提起附带民事诉讼。如果是国家财产、集体财产遭受损失的，人民检察院在提起公诉的时候，可以提起附带民事诉讼。”这一规定是进行附带民事诉讼的主要法律依据。《刑事诉讼法》第一百零一条、第一百零二条还对附带民事诉讼的审理原则进行了规定。此外，最高人民法院《刑事诉讼法司法解释》、《关于刑事附带民事诉讼范围问题的规定》以及其他司法解释中关于附带民事诉讼的规定也是司法实践中的重要执法依据。

(2)附带民事诉讼的特点。

第一，附带民事诉讼就其解决问题的性质而言，是经济赔偿问题，与民事诉讼中的损害赔偿并无不同，属于民事诉讼性质。但是同一般的民事诉讼相比，附带民事诉讼又有所不同，因为这种赔偿是由犯罪行为引起的，并且是在刑事诉讼的过程中提起的，由审判刑事案件的审判组织进行审理，所以它是刑事诉讼中的一部分，是一种特殊的民事诉讼。

第二，就附带民事诉讼所适用的法律来看，它具有复合性。由于附带民事诉讼所解决的是刑事犯罪行为所引起的民事赔偿责任的问题，所以所适用的法律具有复合性。从实体法上看，对损害事实的认定，既要遵循刑法关于具体案件犯罪构成的规定，还要受民事法律规范的调整；从程序法上看，除刑事诉讼法有特殊规定的以外，应当适用民事诉讼法的规定。因此，最高人民法院《刑事诉讼法司法解释》规定：人民法院审判附带民事诉讼案件，除适用刑法、刑事诉讼法外，还应当适用民法通则、民事诉讼法有关规定。

第三，从附带民事诉讼的处理程序上来看，它具有依附性。附带民事诉讼以刑事案件的成立为前提，必须在刑事诉讼的过程中提起，附带民事诉讼的判决不得同刑事部分的判决相抵触。附带民事诉讼的起诉时效、上诉期限、管辖法院等都取决于刑事案件。因此，附带民事诉讼在处理程序上是依附于刑事诉讼的，如果刑事诉讼不存在，附带民事诉讼也就无从谈起。

2. 附带民事诉讼的成立条件

(1)附带民事诉讼成立的前提是刑事诉讼已经成立。

附带民事诉讼是由刑事诉讼派生的，若刑事诉讼不成立，也就谈不上附带民事诉讼。因此，附带民事诉讼必须以刑事诉讼的成立为前提。在实践中应当注意以下两种情况：一是虽然有物质损害存在，但是被告人的行为属合法行为，如被告人的行为属于正当防卫，因这些行为所导致的损害，不能提起附带民事赔偿请求。二是被告人的行为虽然不构成犯罪，但是有违法情形存在。只要是关于这种行为的刑事诉讼程序存在，被害人就可以提起附带民事诉讼；如果在侦查或审查起诉阶段，侦查机关或公诉机关决定不追究行为人刑事责任的，被害人可以独立提起民事诉讼，也可以在依法提起自诉时附带提起民事诉讼；如果刑事诉讼已经进入审判阶段，则被害人当然可以提出赔偿请求，由法院根据事实进行裁判。被害人死亡或者丧失行为能力的，被害人的法定代理人、近亲属有权提起附带民事诉讼。

(2)被害人遭受的必须是物质损失。

在这一条件中包含两个互相联系的内容：

一是被害人遭受了物质损失。最高人民法院《关于刑事附带民事诉讼范围问题的规定》第一条第一款明确规定：因人身权利受到犯罪侵犯而遭受物质损失或者财物被犯罪分子毁坏而遭受物质损失的，可以提起附带民事诉讼。这里的物质损失是指犯罪行为已经给被害人造成的损失，如盗窃案中被盗窃的财物；所谓必然遭受的损失，是指犯罪行为使被害人将来必须遭受的物质损失，如伤害案件中的被害人今后需要继续治疗的费用。对于被害人的精神损失能否提起附带民事诉讼，最高人民法院《关于刑事附带民事诉讼范围问题的规定》第一条第二款进一步规定：对于被害人因犯罪行为遭受精神损失而提起附带民事诉讼的，人民法院不予受理。此外，2002 年 7 月最高人民法院《关于人民法院是否受理刑事案件被害人提起精神损害赔偿民事诉讼问题的批复》中还规定：对于刑事案件被害人由于被告人的犯罪行为而遭受精神损失提起的附带民事诉讼，或者在该刑事案件审结以后，被害人另行提起精神损害赔偿民事诉讼的，人民法院不予受理。

二是被害人所遭受的物质损失是由被告人的犯罪行为直接造成的，被害人提起附带民事诉讼要求赔偿的损失，必须是被告人的犯罪行为直接造成的。换言之，被害人的物质损失不是由被告人的犯罪行为造成的，而是由他人行为造成的，就不能提起附带民事诉讼要求赔偿损失。

(3)被害人的物质损失是因被告人的犯罪行为造成的。

首先，这里所指的“犯罪行为”指被告人在刑事诉讼过程中被指控的涉嫌犯罪的行为，而不要求是人民法院以生效裁判确定构成犯罪的行为。只要行为人被公安司法机关进行刑事追诉，因其行为遭受损失的人就可以提起附带民事诉讼。即使被告人的行为最终没有被人民法院以生效裁判确定为犯罪行为，也不影响附带民事诉讼的提起和进行。最高人民法院《司法解释》第一百零一条规定，人民法院认定公诉案件被告人的行为不构成犯罪的，对已经提起的附带民事诉讼，经调解不能达成协议的，应当一并作出刑事附带民事判决。其次，被害人遭受的物质损失与被告人的犯罪行为之间必须存在因果关系。换言之，被害人遭受的物质损失是由被告人的犯罪行为引起的。最高人民法院《关于刑事附带民事诉讼范围问题的规定》第二条规定，被害人因犯罪行为遭受的物质损失，是指被害人因犯罪行为已经遭受的实际损失和必然遭受的损失。据此，犯罪行为造成的物质损失，既包括犯罪行为已经给被害人造成的物质损失，例如犯罪分子作案时破坏的门窗、车辆、物品，被害人的医疗费、营养费等，也包括被害人将来必然遭受的物质利益损失，例如因伤残减少的劳动收入、今后继续医疗的费用、被毁坏的丰收在望的庄稼等。但是，被害人应当获得赔偿的损失不包括今后可能得到的或通过努力才能获得的物质利益，如超产奖、发明奖、加班费等。至于在犯罪过程中因被害人自己的过错造成的损失，则不应当由被告人承担。

3. 刑事附带民事诉讼的庭前准备工作

(1)人民法院受理附带民事诉讼后，应当在 5 日内向附带民事诉讼的被告人送达附带民事诉讼起诉状副本，或者将口头起诉的内容及时通知附带民事诉讼的被告人，并制作笔录。

(2)被告人是未成年人的，应当将附带民事诉讼起诉状副本送达其法定代理人，或者将口头起诉的内容通知其法定代理人。

(3)法院送达附带民事诉讼起诉状副本时，一般要求被告人或者其法定代理人在 15 日内提交民事答辩状。

(4)对于没有律师担任代理的附带民事诉讼案件，庭前要注意对附带民事诉讼原告人做好庭前诉讼指导工作，告知他们参加庭审应注意遵守法庭纪律，服从审判长的指挥，听从审判长的指令及庭审期间如何进行讯问、举证、质证和发表意见等。

二、刑事案件的诉前调解制度

司法实践中，法院调解在近年来的发展趋势雨后春笋般势不可挡，已经成为法院受理案件后首先考虑的结案方式，法官想尽办法调解结案，提高调解的适用率。目前，很多地方已经开始对于部分刑事案件的诉前调解进行试点探索，比如上海市司法机关出台的《关于轻伤害案件委托人民调解的若干意见》，开化县司法机关出台的《关于办理轻微刑事案件实行诉前移送人民调解的若干办法(试行)》等。

1. 刑事案件诉前调解的含义

刑事案件诉前调解，是为全面贯彻落实宽严相济刑事司法政策、深入推进社会矛盾化解、促进社会和谐稳定而推出的一项创新性举措。

所谓刑事案件的诉前调解，主要是指人民法院对于已进入或者可能进入刑事诉讼程序的部分轻微刑事案件，根据双方当事人的申请，或征得双方当事人的同意，由立案法官召集、组织、主持当事人双方平等协商或由法院委托人民调解委员会组织进行调解，促进当事人交流和解，达到撤案、不起诉、免于刑事处罚等处理结果，从而息讼止纷的诉前活动。

刑事案件的诉前调解，使人民调解从民间调解走向诉讼调解，从民事调解走向刑事调解，不但拓展了人民调解的功能范围，使其在调处社会矛盾、维护社会稳定中发挥更大的作用，也符合目前国际上推行的“恢复性司法”制度的要求。此外，充分发挥了检察机关在化解社会矛盾和构建社会主义和谐社会中的职能作用，更好地发挥人民调解工作优势，在办理案件时做到法律效果、政治效果和社会效果的有机统一。

2. 刑事案件诉前调解的适用范围

诉前调解的适用范围：①在适用范围上，要求限于轻伤害案件，即因民间纠纷引发的故意伤害致人轻伤且社会影响不大的案件，一般表现为亲友、邻里、同学、同事之间因纠纷引发的故意伤害案件(轻伤)。例如，西平法院采取诉前调解方式，仅用两天时间，成功化解一起因相邻关系纠纷引起的故意伤害自诉案件。不但使当事人之间的矛盾得到了解决，化解了积怨，而且还节约了诉讼成本，提高了工作效率，增强了人民群众对法院的满意度，收到了良好的法律效果和社会效果。[①] 但是，有下列情形之一的轻伤害案件，不宜委托人民调解：一是雇凶伤人、涉黑涉恶、寻衅滋事、聚众斗殴及其他恶性犯罪致人轻伤的；二是行为人系累犯，或在服刑、劳动教养和被采取强制措施期间，因纠纷致人轻伤的；三是多次伤害他人身体或致三人以上轻伤的；四是轻伤害案件中又涉及其他犯罪的；五是携带凶器伤害他人的；六是其他不宜委托人民调解的。②因生活困苦而初次盗窃或诈骗的案件。这类案件一般表现为数额不大，即犯罪情节轻微，社会危害性不大，行为人是初犯且真诚悔罪。③交通肇事(无重大犯罪情形)案件。这类案件属于可能判处 7 年有期徒刑以下刑罚的过失类犯罪，根据刑事诉讼法公诉案件和解的相关规定，犯罪嫌疑人、被告人真诚悔罪，通过向被害人赔偿损失、赔礼道歉等方式获得被害人谅解，被害人自愿和解的，双方当事人可以和解。因此，此类案件通常也适用诉前调解程序。

---

① 参见张新伟:《西平法院诉前成功调解一起刑事自诉案件》。

3. 刑事案件诉前调解的要求与技能

首先，刑事诉前调解要求人民检察院加强案件审查，对符合条件的轻微刑事案件，在征求双方当事人意见后，再向辖区司法所移送，辖区司法所可指定人民调解委员会组织双方当事人进行调解，并形成相应的调解协议，同时将调解结果及时反馈到人民检察院，人民检察院将根据调解协议提出相应的处理意见等。

其次，刑事诉前调解要求人民调解委员会必须遵循合法合理、公平公正、罪责相当、双方自愿、化解矛盾的原则。合法合理，是指人民调解委员会对于特定刑事案件，应当根据合法合理的原则进行调解，不得因案件采取调解方式解决纠纷而不遵守刑事诉讼法的有关规定，调解协议的内容不得违反法律的规定。公平公正，要求在调解过程中应当给予当事人平等的地位，无倾向性要求其中一方承担不必要的负担，不仅要实现形式的公正，而且要实现实质的平等。人民调解委员会应当居中进行调解，不能成为案件的当事人，不能含有他个人的利益，不应有对当事人一方的好恶偏见。罪责相当，即罪与责应均衡协调，行为人所犯罪行应当与其承担的责任成正比。它是适应人们朴素的公平意识的一种法律思想，是罪与责的基本关系决定的，是预防犯罪的需要。双方自愿即人民调解委员会应当根据双方当事人自愿的原则，在事实清楚的基础上，分清是非，进行调解。调解达成协议，必须是双方自愿，不得强迫，违背当事人真实意思的调解协议，人民法院不予确认。化解矛盾，即人民调解委员会应当以化解社会矛盾为根本出发点，组织进行调解，促进当事人交流和解，达到撤案、不起诉、免于刑事处罚等处理结果，从而达到息讼止纷的上佳效果。

【案例分析】

在刑事诉讼中，人民法院在开庭审判前应当做好哪些准备工作？

2011 年 12 月 1 日，某县人民法院的办公楼一片繁忙景象。101 室内，书记员小王在打电话："请转告李老师明天上午 8 点到县法院第二审判庭参加陪审案件。"102 室内，审判员赵某对同办公室的审判员刘某和孙某说："待会儿我有个案子要开庭，请您二位参加。"刘、孙异口同声地说："就在这儿审吧。"于是，盗窃犯江某被法警带到 102 室，赵、刘、孙三人组成合议庭开庭审理，刘、孙始终埋头看自己的东西，不说一句话。103 室内，另一位书记员正在对一个取保候审的犯罪嫌疑人讲话："今天把你叫到这儿来，主要是给你送达起诉书。"犯罪嫌疑人提出让自己的妻子做辩护人，书记员说："她与你有利害关系，不能做你的辩护人，你必须聘请律师做你的辩护人。"办公楼外的书记员小宋正在贴公告，公告上的内容是：某某杀人案于 2011 年 12 月 1 日上午 9 点整在本院第二法庭开庭。贴完后，小宋走进第二法庭准备开庭。

在法治社会，司法救济是所有救济方式中的最后一种，而且也应当是最有效的途径。因此，法院的一言一行都是神圣而庄严的，绝不能随随便便。庭审前的准备活动也十分重要。庭审前的准备工作做得充分与否，势必影响整个审判活动的公正性和有效性。我国《刑事诉讼法》第一百八十二条规定："人民法院决定开庭审判后，应当确定合议庭的组成人员，将人民检察院的起诉书副本至迟在开庭十日以前送达被告人及其辩护人。在开庭以前，审判人员可以召集公诉人、当事人和辩护人、诉讼代理人，对回避、出庭证人名单、非法证据排除等与审判相关的问题，了解情况，听取意见。人民法院确定开庭日期后，应当将开庭的时间、地点通知人民检察院，传唤当事人，通知辩护人、诉讼代理人、证人、鉴定人和翻译人员，传票和通知书至迟在开庭三日以前送达。公开审判的案件，应当在开庭三日以前先期公布案由、被告人姓名、开庭时间和地点。上述活动情形应当写入笔录，由审判人员和书记员签名。"本案中的几种行为就违反了上述规定。具体分析如下：

(1)通知人民陪审员参与审判的方式不妥。按照我国《刑事诉讼法》和最高人民法院《刑事诉讼法司法解释》的规定，基层人民法院在审理一审案件时，应当由审判员 3 人或者由审判员和人民陪审员共 3 人组成合议庭进行。对于决定开庭审理的案件，若适用普通程序，由院长或者庭长指定审判长并确定合议庭组成人员。人民陪审员在审判案件时与审判员有同等的权利。这些规定说明人民陪审员在诉讼过程中并不是一个摆设，而是我国社会主义司法制度的一个特色，是诉讼民主的一种体现。这就要求陪审员应当与审判员一样在同一时间获得通知和有关的案件材料。书记员小王却是在开庭前 1 日通知陪审员，这是明显违反法定程序的行为，这样做的直接后果就是陪审员对案件没有充分的时间去了解和研究，从而在法庭审判过程中就不可能发挥其应有的作用。

(2)在 102 室内发生的事情也是一种程序违法的行为。审判案件的合议庭组成人员按照法律规定是在决定开庭审判后首先要做的一项工作。本案中，审判员赵某在开庭前几分钟内才临时决定合议庭组成人员，并且在办公室内开庭，这是严重违反法定程序的。

(3)有关聘请辩护人的问题。人民法院应告知被告人有聘请辩护人的权利，并且选择由谁来担任辩护人也是被告人的权利，即只要他选择的人符合法律规定的可以担任辩护人的人选范围就应准许，法院不可以另加限制。按照我国最新修正的《刑事诉讼法》第三十二条规定："犯罪嫌疑人、被告人除自己行使辩护权外，还可以委托一至二人作为辩护人。下列的人可以被委托为辩护人：(一)律师；(二)人民团体或者犯罪嫌疑人、被告人所在单位推荐的人；(三)犯罪嫌疑人、被告人的监护人、亲友。正在被执行刑罚或者依法被剥夺、限制人身自由的人，不得担任辩护人。"最高人民法院《刑事诉讼法司法解释》第三十五条规定："人民法院审判案件，应当充分保证被告人行使刑事诉讼法第三十二条规定的辩护权利。但下列人员不得被委托担任辩护人：(一)被宣告缓刑和刑罚尚未执行完毕的人；(二)依法被剥夺、限制人身自由的人；(三)无行为能力或者限制行为能力的人；(四)人民法院、人民检察院、公安机关、国家安全机关、监狱的现职人员；(五)本院的人民陪审员；(六)与本案审理结果有利害关系的人；(七)外国人或者无国籍人。前款第(四)、(五)、(六)、(七)项规定的人员，如果是被告人的近亲属或者监护人，由被告人委托担任辩护人的，人民法院可以准许。"本案中，书记员以犯罪嫌疑人的妻子与犯罪嫌疑人有利害关系为由否定她担任辩护人的权利，是不合法的。

(4)该案例也存在程序违法的问题。《刑事诉讼法》第一百八十二条明确规定，公开审判的案件，应当在开庭3日以前先期公布案由、被告人姓名、开庭时间和地点。先期公布是一个必经环节，只有这样，才能方便群众到庭旁听，新闻记者到庭采访，才能保障公开审判落到实处。本案中，书记员的做法只是走了一个形式，根本起不到先期公告保障审判公开的作用。[①]

第二节 庭审工作实务

【案例引导】

在刑事诉讼中，法人能否成为刑事自诉案件的自诉人？

自诉人杨某，北京某汽车销售公司法定代表人。被告人曹某，北京某汽车销售有限公司股东、监事。2004年2月18日早晨7时50分，曹某带着5个人冲进北京某汽车销售公司，将正在上班的两名职员控制住，在抢走了他们的手机后，强行抢走公司的营业执照、现金支票、发票、借据等。之后，曹某到公司开户的信用社非法取走该公司账户内的9万元现金。曹某走后，两名职员拨打110报案。2004年3月8日，北京市公安局门头沟分局作出曹某的行为不属于犯罪行为而不予立案的决定。杨某对决定不服向北京市公安局提出复议，市公安局复议决定维持原决定。现汽车销售公司作为刑事自诉案件的自诉人，起诉曹某的行为构成抢劫罪，请求法院追究其刑事责任。

受诉法院经审查认为，某汽车销售公司有证据证明被告人曹某的行为不仅侵犯了该公司财产的所有权，同时也侵害了该公司两名职员的人身权，其行为应当依法追究刑事责任，而公安机关已经作出了不予追究的决定。据此认为某汽车销售公司可以作为自诉人提起刑事自诉，并针对当事人的自诉要求，予以立案受理。

① 陈卫东.刑事诉讼法案例分析[M].北京：中国人民大学出版社，2005.

一、刑事案件庭审的基本内容

(一)刑事案件庭审的一般流程

根据《刑事诉讼法》的规定,法庭审理在程序上大致可以分为开庭、法庭调查、法庭辩论、被告人最后陈述、合议庭评议和宣判五个阶段。具体有以下程序性规范要求:

1.开庭宣告

审判长宣布开庭后,应当向当事人完整地进行四项权利的告知工作,当在庭审进行到不同阶段时可以不再重复,但被告人最后陈述的除外。要注意的问题是由谁查明当事人是否到庭,仍应严格按照最高人民法院、最高人民检察院、公安部、国家安全局、司法部、全国人大常委会法制工作委员会《关于刑事诉讼法实施中若干问题的规定》第三十九条的规定,由审判长进行。

2.核对被告人身份情况和告知诉讼权利

在核对被告人的身份情况时,需要注重核对外来被告人的身份情况。对外来被告人的身份、年龄、前科等情况进行认真仔细的核对,避免出现差错。在诉讼权利的告知环节,应当包括回避权的告知与解释和申请回避情况的处置。

3.法庭调查

(1)辩护律师未经检察院和法院许可向被害人或其近亲属,以及被害人提供的证人收集的证据材料可否作为定案的证据?实践中应视具体情况作具体分析,属于《刑事诉讼法司法解释》第六十一条规定,采取刑讯逼供或威胁、引诱、欺骗等非法的方法取得的证人证言、被害人陈述等,不能作为定案的证据。如果属于仅仅是未经检察院、法院准许,但并未采取刑讯逼供或威胁、引诱、欺骗等非法方法取得的证人证言、被害人陈述等材料,查证属实的,可以作为定案的证据。

(2)辩护人要求出示开庭前没有提供证据目录的证据,如何处置?参照《刑事诉讼法司法解释》第一百五十五条的规定,公诉人没有提出异议,审判长如认为该证据确有出示必要,可以准许出示;如公诉人提出异议,要求对该证据做必要准备时,可以休庭。

(3)人民法院庭外调查核实证据可否进行讯问、询问?根据《刑事诉讼法》第一百九十一条和《刑事诉讼法司法解释》第一百五十四条规定,人民法院庭外调查只能限于勘验、检查、查封、扣押、鉴定和查询、冻结等六种手段。可见,刑事诉讼法及其司法解释并未赋予法院庭外讯问、询问的权利。但从目前的审判实践看,庭外进行讯问被告人、询问证人仍然是法庭审理阶段的事实调查不可缺少的手段。

(4)附带民事诉讼原告在开庭时是否可以就刑事部分中与民事赔偿有关问题对被告人进行讯问?一般来说是可以的,至于哪些问题与民事赔偿有关,由审判长根据具体案情作出决定。

(5)对起诉书认定被告人自首、立功等情节,公诉人在法庭上口头要求撤销,或者起诉书未认定,公诉人口头提出予以认定的,如何处置?合议庭应当让公诉人说明理由,并提供相应证据;同时根据《刑事诉讼法司法解释》第一百五十五条的规定,征求辩护人的意见。辩护方提出异议的,审判长如认为该证据确有出示的必要,可以准许出示;如果辩护方提出对新的证据要做必要准备时，可以宣布休庭，并根据具体情况确定辩护方做必要准备的时间。确定的时间期满后，应当继续开庭审理。对于已有自首、立功等的相关证据而起诉书遗漏，公诉人在法庭上口头补充提出的，则可以在对相关证据进行举证、质证后作出认定。

4.法庭辩论

合议庭认为本案事实已经调查清楚，应当由审判长宣布法庭调查结束，开始就全案事实、证据、适用法律等问题进行法庭辩论，在此阶段应注意以下问题：

(1)审判长对法庭辩论节奏的控制。对辩论双方与案件无关、重复或者互相指责的发言应当及时制止；对辩论脱离事实和法律依据的，可以引导双方就本案争议焦点展开，双方没有新的观点的，可把辩论控制在两轮左右。

(2)对公诉人在法庭上通过法庭调查和辩论后，对起诉书所指控被告人的行为性质有了新的认识，提出追加、减少或变更起诉罪名的情况。对此，有不同的做法，可以考虑做如下处理：一是被告人犯罪事实认定没有变化而改变起诉罪名的，合议庭在案件评议时可予以考虑。二是对在认定被告人犯罪事实上发生变化而要求变更罪名、追加或者减少罪名的，原则上除非公诉人依据《刑事诉讼法》第一百九十八条提出补充侦查建议，否则合议庭对公诉人的这种发言可不予以考虑。

5.被告人做最后陈述

审判长宣布辩论终结后，合议庭应当保证被告人充分行使最后陈述的权利。如果被告人多次重复自己的意见的，审判长可以制止；如果陈述内容是蔑视法庭、公诉人，损害他人及社会公共利益或者与本案无关的，应当制止；在公开审理的案件中，被告人最后陈述的内容涉及国家秘密或者个人隐私的，也应当制止。

6.合议庭评议和宣判

审判长在被告人最后陈述后，应当宣布休庭，合议庭根据已经查明的事实、证据和有关的法律规定，在充分考虑控辩双方意见的基础上进行评议。评议要求充分、全面，评议记录要详细、完整，在宣判阶段应注意以下几个问题：

(1)当庭宣判。法庭调查、辩论阶段结束后，合议庭对认定事实、适用法律、定罪量刑无分歧意见的，应当当庭宣判。当庭宣判要注意：一是应该对证据是否采纳进行认证和评说；二是要进行必要的庭审小结。宣告判决，一律公开进行。

(2)定期宣判。不宜当庭作出判决的案件，审判长宣布“经合议庭决定本案定期宣判”即告休庭。定期宣判一般不宜再做庭审小结，以免出现与判决不相一致的现象。

(3)送达。当庭宣告判决的，应当在5日以内将判决书送达当事人和提起公诉的人民检察院；定期宣告判决的，应当在宣告后立即将判决书送达当事人和提起公诉的人民检察院。判决书应当同时送达辩护人、诉讼代理人。

(二)刑事案件庭审的要求与技能

1.全面控制庭审过程

(1)宣布开庭用语要严肃、规范、清楚。告知当事人的诉讼权利要全面、规范、准确。对回避、时效、管辖以及辩护、陈述等用语，应加以通俗说明。告知性的语言一般要注意：一是肯定性，告知诉讼权利的语气必须是肯定的。二是准备性，告知的对象、内容事项都应是具体而有准备的。三是直觉性，在告知对方时要有提示性的言语，如“你听清楚了吗?”“你听明白了吗?”

(2)主持庭审要注意客观、公正对待控辩双方。不论是在发言的时间上，还是发言次数的限制上，都要做到一视同仁、“一碗水端平”，绝不应该有袒护一方的情形发生，如果出现袒护一方的情形，再好审的案件也会给当事人留下不公正的印象，不能取得良好的社会效果。

(3)正确主持诉讼各方的讯(发)问。一是公诉人讯问时给以方式不当的提示。对于带有指名问供现象的讯问，要提示公诉人注意讯问的方式，并及时予以制止。二是辩护人发问时发生指名问供或诱导性讯问现象时的制止。辩护人发问时指名问供或诱导性发问现象时有发生，同样要以提示辩护人注意发问的方式，及时予以制止。例如:公诉机关指控被告人吴某采用持刀威胁、殴打等方式抢劫被害人王某人民币 1000 元。吴某在侦查提起公诉阶段时做了有罪供述。在法庭陈述中，被告人辩解说自己没有抢劫的故意。辩护人在庭审发问时，首先发问:被告人，你当时没有抢劫的故意，对吗? 被告人说:是的。辩护人问:你是酒后滋事，不想用暴力抢劫，对吗? 被告人回答:是。辩护人接着发问:你只是以被害人无暂住证为借口，敲诈钱财，对吗? 被害人回答:是的。辩护人问:被害人不是被你持刀吓的，而是因为害怕公安来抓人才把钱给你的，对吗? 庭审法官及时制止了辩护人的发问和被告人的回答。在本案中，辩护人为了将被告人的抢劫罪辩护成敲诈勒索罪，以自己预先想好的关于敲诈勒索罪的情节发问被告人，显然属于诱导性发问，应予制止。

(4)合议庭成员要聚精会神、集中精力注意听审。合议庭成员集中精力注意听审，既是明察秋毫的最佳时机，又是公正形象的最好体现，同时又反映了尊重诉讼参与人诉讼的一种良好品质。集中精力听审也为准确、到位的讯问打下基础。

(5)讯问被告人要注意时机掌握和策略运用。刑事法官的讯问是庭审调查中的补充性讯问，刑事法官的讯问可根据不同的案情，在公诉人、辩护人讯问或举证结束后进行。注意防止使人产生庭审一开始法官就介入争论的感觉，有损法庭居中裁判和公正执法的形象。讯问必须围绕起诉指控的事实和涉及的证据，讯问一般针对公诉人、辩护人在庭审过程中没有涉及但对案件事实认定或者法律定性有重要影响的问题;除关键性的事实和情节外，讯问一般不要去重复公诉人、辩护人提过的问题;讯问不得先入为主或指明问供，尽量预计被告人可能作出的回答来确定讯问。根据被告人庭审中的表现，注意以对方能接受的措辞发问，防止发生被告人与合议庭“顶牛”的现象。在庭审中，可以根据不同情况采取不同的讯问方式:一是长问要求短答，只需被告人做简短回答。适用于被告人表达能力差，答话颠三倒四，缺头短尾不连贯，或者被告人在公诉人讯问时态度不好，故意东拉西扯等。这样能够做到节约时间，紧扣环节，防止离题。但一定要掌握好度，防止指名问供。二是短问要求长答，对简短讯问让被告人做较详细的回答。适用于被告人态度好，思路清楚，叙述完整。但这种讯问应当注意不能放任自流，一有重复或与本案无关的就及时制止。三是短问要求短答。目的是抓住中心，针对性强，重点突出有利于问清问题。四是追问。一般不可缺少，比如确定罪与非罪的情节，确定此罪与彼罪的情节，确定犯罪既遂、未遂、预备、中止的情节，确定主犯、从犯、累犯的情节，以及确定是否有从重或加重、从轻或减轻、免予刑事处罚的情节等。讯问应当注意准确、清楚，这样才有可能使被告人回答问题准确清楚。专业性较强用语，法律上专用名词，如果不加以通俗化，不仅被告人听不懂，旁听群众也听不懂。因此，要尽量使用通俗化的语言进行讯问。

(6)观察被告人的行为举止。注意观察被告人接受审判和被告人参加审判的心理承受能力,尤其是被告人的精神状态、身体状况、语言表达、行为举止,如被告人年老多病就让他坐下来回答讯问,如被告人回答问题时有口吃现象,就告诉他可以慢慢讲,不要着急。

(7)根据控辩双方情况,及时调整庭审过程。控辩双方对出庭准备充分与否对庭审举证和质证的影响很大,如有一方举证不充分,使另一方抓住不放时,会影响案件的认定,应提示出示证据方是否需要再做准备,回答肯定的就宣布延期审理,如无碍大局的就继续开庭,庭后再做补充。

(8)妥善处置庭审突发事件。

首先,对被告人与公诉人当庭冲撞的要及时制止、因势利导。发生冲撞一般有两方面的原因:一是公诉人讯问方式不当,可提示公诉人注意讯问的方式;二是被告人情绪对立、故意冲撞,这种情况下要坚决加以制止,如制止仍无法奏效而影响庭审,可以休庭几分钟,会同辩护人做好被告人的稳定工作,要注意工作方法,防止发生被告人与法官直接对抗的事情发生。控、辩双方因争执发生冲突、互不相让时,可用概括归纳一方主要观点后,告知法庭已记录在案,并提示该方继续发表意见的方法以缓解冲突。

其次,对被告人供述的变化或者突然提出新的事实和要求的,应根据具体情况采取应对措施。

一是被告人庭审中突然翻供的庭审质证,就要提示公诉人问明被告人翻供的原因,而不应当由法官去讯问。

二是被告人始终做无罪供述时的庭审质证,法官一方面要提示公诉人举证、质证后注意听取被告人、辩护人的意见;另一方面要沉着冷静、细心观察,以积极、健康的心理去对待,不要受情绪影响。

三是被告人原来没有供认,庭审中供认的庭审质证,一般来说这种现象的发生,只会对开好庭起到积极作用。

四是被告人在庭审中提出新的事实的处理。如果是无碍大局的小事,可告知被告人法庭已充分注意,并已记录在案,如果是重大事情,不搞清楚会影响定罪量刑,就应果断休庭,要求有关一方抓紧查清。

五是被告人在庭审中提出其他要求的处理。无理的要求当庭驳回,有理的要求,看理由是否充分、合理,如可能影响到案件审理或定罪量刑,可以允许,如影响不大,可告知被告人庭审后以书面方式向法庭提出。

再次,对其他突发事件的处置。

一是被告人、辩护人要求申请通知新的证人到庭的处理。如果发生被告人、辩护人申请通知新的证人到庭,调取新的证据时,应当问清理由。如果与定罪量刑有关的,征求公诉人的意见后,宣布休庭延期审理。如果与定罪量刑无关或无理取闹,应告知已记录在案。

二是辩护人要求重新进行鉴定的处理。庭审中否定原来的鉴定,虽然不多,但也有发生,法官应当问清理由,然后区别不同情况予以处理。如果有鉴定人出庭的应请鉴定人发表意见,解释理由充分的继续审理。如果鉴定人未出庭而辩护人的意见合理或有合理因素,可能影响定罪量刑的,可征求公诉人意见后,宣布延期审理。

三是当事人提出回避的处理。当事人在庭审中提出回避,应当问清原因和理由,如果理由正当,符合刑事诉讼法和司法解释关于回避的规定,刑事法官即宣布休庭,有关人员即应回避,如果当事人提出回避的理由缺乏刑事诉讼法和司法解释依据,即应向其讲明法律对回避的具体规定,说清道理后驳回请求。针对审判长本人的回避,应休庭报请院长决定。

四是被告人当庭提出拒绝辩护人为其辩护的处理。如果被告人提出不要律师辩护或者提出另行委托辩护人辩护时,应令被告人说明理由,在法庭征求律师的意见后,应予准许。但如被告人要求另行委托辩护人,应根据《刑事诉讼法》的有关规定,告诉被告人可以自己辩护,如果被告人坚持,可视情作出准许或不准许的决定。如果被告人已有辩护人,当庭提出再要求委托一名辩护人的,一般不予准许。

五是法庭上被告人亲属或其他群众闹事的处理。法庭上可能发生闹事现象,一般事先根据不同案情要有所预见,如果没有预见而发生了,应按照法庭纪律责令旁听群众自觉遵守,如个别旁听人不听劝阻的,责令法警将该旁听人带出法庭。如果影响了庭审,应及时宣布休庭,指令法警一方面及时平息事态,另一方面注意将被告人安全回押。

2.进行归纳概括综合分析

对庭审调查进行归纳概括。①被告人作案次数多,庭审调查结束前进行一次归纳概括。②有多项证据的,在举证、质证后做一次归纳概括以便确认。

对辩论阶段进行归纳概括。①公诉人支持公诉,发表最后意见后的归纳概括。②辩护人发表最后意见后的归纳概括。③法庭审理出现争议焦点时进行综合性归纳概括。

法官在庭审中进行综合分析,是指刑事法官在一大堆互相联系、互相抵触的事实和证据材料中,要从杂乱无章、千头万绪的材料中抓住中心和关键。法官对庭审中的各种情况进行综合分析,是对某一个问题或现象进行解剖,从各个不同的角度深入内部观察研究,把握事物的本质特征。因此,法官应当头脑清醒、善于思索,能捕捉细微的区别而又不吹毛求疵,能正确理解而又不牵强附会,能具体到案件的各个阶段和侧面,又能从具体上抽象。综合分析是法官的一项基本功,只要认真地对案件进行具体的综合分析,就能确定案件的性质,为正确审理好案件打好基础。

3.注重庭审语言公正严谨

在刑事案件庭审中,法官语言表述的基本要求如下:

(1)语言表达要合法确切。合法是指口语表达要符合法律法规,即口语表达不仅要符合程序法和实体法规范,而且在每个阶段、各个环节都要合法。确切是指口语表达要确实、贴切,从实际出发,因案因人而异,针对不同当事人的年龄、文化、职业,采取不同的口语表达方式。

(2)客观公正。客观是法官的口语表达要符合案件的真实情况,口说要有据,不偏听偏信,不信口开河。公正是指法官口语表达不能袒护控辩任何一方,一视同仁,公正对待。

(3)简洁严谨。简洁是指法官口语表达必须简明扼要、重点突出。严谨是指法官的口语表达要严肃谨慎。总之,说话既要让人听得懂,又要严谨认真。要尽量选用简短而又能说明问题的语言,不宜选用冗长啰唆和随意重复的语言;要选用质朴的语言,不要选用虚妄的语言;要选用简练的语言,不要选用拖泥带水的语言;要选用合乎逻辑的语言,不要选用语无伦次或自相矛盾的语言;要选用通俗易懂的语言,不要用故作高深的语言,更要杜绝粗俗语言、讽刺挖苦或贬损人格的语言。

(4)平和文明。平和是指法官的口语表达语气要平稳和蔼,说话不能有盛气凌人之感。文明是指法官的语言要讲究文明、规范,使每句话能取得良好的社会效果。

4.公平公正评议裁判

评议裁判是刑事审判的一个重要阶段,是法官根据已经查明的事实、证据和依据,适用法律对所审理的案件如何处理作出决定。为保证合议庭评议案件质量,评议时应具备以下要素:

(1)评议被告人承担刑事责任应具备的前提条件主要是解决是否属于告诉才处理而没有告诉,被告人是否系精神病,是否已达到法定刑事责任年龄,是否有其他法律、法规规定免予追究法律责任的各种情形,包括案件是否属于本院管辖等。

(2)评议案件事实是否清楚,证据是否确实、充分。

(3)评议根据刑法分则规定如何正确对被告人定性。

(4)评议根据案件事实如何依照法律准确量刑。

(5)刑事法官在评议裁判应当注意:一是要有利于合议庭成员充分发表意见,评议不对外公开;二是评议依据的事实必须是经法庭查证属实的,未经法庭调查核实的事实不能作为评议的基础;三是评议应当认真考虑被告人、辩护人合理辩护意见;四是评议结果要有决议及其理由;五是合议庭应当执行审判委员会的决定。

5.充分行使诉讼指挥权

法官的诉讼指挥权是法律赋予法官指挥、控制庭审、指导当事人进行诉讼活动,以维护庭审活动有序、公正和有效率进行的诉讼权力。① 我国台湾地区著名学者蔡墩铭认为,刑事审判中审判长的诉讼指挥权包括四种权限:

(1)阐明权,如讯问被告对于证据之意见,给予当事人等辩论证据证明之机会;

(2)禁止权,如禁止当事人或辩护人诘问证人、鉴定人;

(3)许可权,如被告人、证人、鉴定人非得许可不得退庭;

(4)介入权,如证人、鉴定人经当事人或辩护人诘问后,审判长得续行讯问。②

我国学者龙宗智将法官的诉讼指挥权概括为庭审引导权、规则维护权、诉讼许可权、秩序维持权等四种。③ 法官的诉讼指挥权包括:一是主持庭审权,或称庭审引导权,即法官作为裁判官主持指挥庭审,应当把握好庭审的方向,引导控辩双方举证、质证、辩论,避免庭审纠缠于细枝末节或与案件无关的问题。二是庭审释明权,即对庭审中的诉讼程序、诉讼规则、控辩双方的权利义务等予以解释说明,如对被告人的回避权、庭审事实调查部分的陈述权、辩护权、最后陈述权,应当进行释明。三是规则维护权,即维护控辩双方举证、质证、辩论应当遵守的规则,制止违规言行;对于控辩双方在庭审中的诉讼请求进行应对,作出许可或不予准许的决定。四是补充调查权,即合议庭在法庭调查过程中,在控辩双方讯问被告人或询问证人、鉴定人之后,可以对被告人进行补充讯问,再对证人、鉴定人进行补充询问;对证据

---

① 龙宗智.刑事庭审制度研究[M].北京:中国政法大学出版社,2001.

② 蔡墩铭.刑事审判程序[M].台北:五南图书出版公司,1992.

③ 龙宗智.刑事庭审制度研究[M].北京:中国政法大学出版社,2001.

有疑问的，可以宣布休庭，对证据进行调查核实。五是秩序维持权，即审判长对于诉讼参与人或者旁听人员违反法庭秩序的行为，应当作出警告，由法警强行带出法庭等决定，维持法庭秩序。法官行使上述诉讼指挥权，关键要把握好以下两个方面的事项：

第一，法官应当保持公正裁判者的地位，赋予控辩双方平等的诉讼地位。实践中，法官在主持指挥庭审的过程中，有时会走向两个极端：一是消极放任型，即放弃组织指挥职责，听任控辩双方无序举证、质证、辩论，庭审杂乱无章，达不到查明事实、辨明是非、保障诉讼参与人的诉讼权利的目的。二是过分干预型，即自觉或不自觉地介入控辩双方正当的发问，重复向被告人、证人、鉴定人等发问，发问带有倾向性等。法官在庭审中应扮演裁判官的角色，既要主持指挥庭审，确保庭审依法有序进行，又要居中冷静、认真、充分地听取控辩双方举证、质证、辩论的内容，并及时用客观公正的语言及严肃、平和的语气加以正确引导。既要防止过分干预控辩双方正当的举证、质证，也要防止消极放任控辩双方的无序举证、质证，更要赋予控辩双方平等的诉讼地位，做到不偏不倚，兼听则明。

第二，对违规言行及时正确引导或制止，保证庭审有序进行。如对控辩双方的讯问、举证、质证过程中的不当言行要采取应对措施。首先，对于控辩双方讯问、发问、询问时方式不当的提示。比如未经审判长许可直接发问、诱导性发问、带有侮辱人格的发问等，审判长应及时制止，可以说："辩护人询问证人应当经审判长同意后方可询问"，"辩护人注意询问证人的方式"，等等。其次，对于控辩双方举证遗漏说明所证明目的的提示。对于公诉人、辩护人所举的证据，在说明该证据所证明的目的时，一般采取两种做法：一是放在举证前，二是放在举完证据后。但不管是放在举证之前还是之后，都应当要求说明所证明的目的、解决什么问题，这是不能缺少的。再次，控辩双方或一方发问内容与案件无关，或目的不明，或出现重复，或陷入某一枝节问题而纠缠不清的，应当及时加以正确引导、制止。对于多次出现重复、陷入某一枝节问题纠缠不清或与案件无关的，应使用制止性语言，如"辩护人不要重复刚才公诉人已经讯问过的内容"，"辩护人不要向证人询问与本案无关的内容"。对于偶尔出现的重复或陷入某一枝节问题的，应使用引导性语言，如"公诉人就本案的主要事实向证人发问"。最后，对于证人、鉴定人陈述不当，即前后矛盾、避重就轻、避实就虚等情况，应当分析原因，如果是怯场，应采用积极引导性的语言鼓励其大胆如实地陈述，如果是其他原因，则应告知其应负的法律责任。对于一方认为对方发问的内容或方法不当而向法庭提出异议的，审判长应判明情况予以支持或者驳回。

6. 正确行使合议庭补充调查权

我国最新修改的《刑事诉讼法》第一百八十六条规定：公诉人在法庭上宣读起诉书后，被告人、被害人可以就起诉书指控的犯罪进行陈述，公诉人可以讯问被告人。被害人、附带民事诉讼的原告人和辩护人、诉讼代理人，经审判长许可，可以向被告人发问。审判人员可以讯问被告人。第一百八十九条规定：证人作证，审判人员应当告知他要如实地提供证言和有意作伪证或者隐匿罪证要负的法律责任。公诉人、当事人和辩护人、诉讼代理人经审判长许可，可以对证人、鉴定人发问。审判长认为发问的内容与案件无关的时候，应当制止。审判人员可以询问证人、鉴定人。第一百九十一条规定："法庭审理过程中，合议庭对证据有疑问的，可以宣布休庭，对证据进行调查核实。人民法院调查核实证据，可以进行勘验、检查、查封、扣押、鉴定和查询、冻结。"最高人民法院《刑事诉讼法司法解释》有关条文也做了类似的规定。从上述规定可以看出，法官的这种补充调查权可以分为庭内和庭外两种。庭内补充调查权是指审判人员在庭审法庭调查过程中，在控辩双方讯问被告人或询问证人、鉴定人之后，可以对被告人进行补充讯问，对证人、鉴定人进行补充询问。庭外补充调查权是庭审过程中合议庭对证据有疑问的，可以宣布休庭，对证据进行调查核实。“合议庭对证据有疑问的”，主要是指：“合议庭在审理过程中，认为公诉人、辩护人提出的主要证据是清楚、充分的，但某个证据或证据的某一方面存在不足或者相互矛盾，如对同一法律事实，公诉人、辩护人各有不同的物证、书证、证人证言或者鉴定意见等证据。在这种情况下，不排除疑问，就会影响定罪或者判刑，但是控辩双方各执一词，法庭无法及时判定真伪，在这种情况下，有时就需要先宣布休庭，对证据进行调查核实。”合议庭的庭内和庭外这两种补充调查权具有以下特点：一是其性质为法官的一项审判职权；二是权利行使时间均在庭审过程中；三是调查核实对象限合议庭对控辩双方所举证据有疑问的，难以作出正确判断，影响到案件有关事实情节的认定，需要补充调查核实；四是庭内补充调查权通过在庭审法庭调查过程中直接行使，在控辩双方举证、质证之后行使，无须休庭即可在庭上查实，而庭外补充调查权要通过休庭，在庭外调查核实。刑事案件庭审中，合议庭正确行使补充调查权需要注意把握好以下几点：

(1)合议庭要始终保持中立的地位。中立性是现代程序必须坚持的基本原则之一。现行《刑事诉讼法》通过强化公诉人的控诉职能和被告人一方的辩护职能，促进了控辩双方的对抗，使他们成为法庭调查的主导，推进法庭调查的深入；法官的调查权由原来的主导性调查转变为辅助性、补充性调查，居中裁判的地位更加突出，法庭审判更趋合理与公平。作为裁判者的法官，必须恪守中立裁判者的职业准则，在与控辩双方接触中或在庭外调查中，始终保持中立，不偏不倚，确保诉讼的公正性，克服因主动进行庭外调查可能形成的对诉讼一方的偏见，始终保持一种超然和中立的态度和地位。

(2)对于控辩双方争议较大的证据或遗漏的有关问题，合议庭应及时抓住关键问题进行补充询问、发问。

(3)休庭待查的证据若不影响其他证据的质证，可以在其他证据质证完毕后再休庭调查核实；下次开庭仅对休庭调查的证据质证；若影响其他证据的质证，应立即休庭调查核实，下次开庭除对休庭调查的证据质证外，还要对其他未经质证的证据进行质证。

(4)法官庭外调查权行使的条件、范围与手段。法官的庭外调查不同于侦查，是法官为审核与保全证据，确保法庭审判活动的顺利进行而采取的审判行为。现行《刑事诉讼法》出于限制庭外调查的立法思想，严格了庭外调查的条件，缩小了庭外调查核实证据的范围。法官庭外调查权的运用必须谨慎，就其条件与范围，应受到以下几点限制：第一，只能在开庭后根据需要休庭进行，不能在开庭前进行。第二，经过庭审调查、质证和辩论仍然未能查清，不得已才能进行庭外调查核实。第三，需要庭外调查核实的证据，应当是案件的主要证据。第四，庭外调查核实仅能就合议庭有疑问的证据，并针对证据的疑问进行，不能超越这一范围收集其他证据。至于庭外调查权的行使手段，法官在庭外可以对与原指控的犯罪有关的场所、物品、人身、尸体等进行勘验或者检查，必要时委托具有专门知识的人进行勘验或者检查；对有关的物证、书证进行扣押；就案件中的某些专门性问题组织鉴定或者重新鉴定；也可以就有关事项向有关单位和部门查询，还可以对与案件相关的财产进行冻结。

(5)控辩双方是否需要参加庭外调查。最高人民法院《刑事诉讼法司法解释》第一百五十四条规定，人民法院采用勘验、检查等六种手段调查核实证据，“必要时，可以通知检察人员、辩护人到场”。《刑事诉讼法》规定的法官庭外调查活动，其实是对庭审证据材料的认证过程，法官在这一过程中对证据材料产生疑问，经控辩双方当庭质证尚无法排除疑问，即宣布休庭，在庭外调查核实证据，通知检察人员、辩护人到场，并听取控辩双方对调查活动的意见；待再次开庭，由控辩双方进行质证、辩论，法官以其调查复核的结果作为认证的依据，对证据是否客观、真实作出结论，并最终体现在判决之中，通知控辩双方到场参与庭外调查核实证据，有利于庭外调查的客观、公正、公开，有利于增加调查的透明度，有利于控、辩、审三方进行调查核实证据方面的信息交流，有利于疑问的澄清。但不是说控辩双方拥有到场权，就必须到场。如一方或双方不能到场，也不影响法官开始庭外调查活动，这里强调的是法官有通知检察人员、辩护人到场参与庭外调查的义务。

(6)通过法官庭外调查获取的新证据由谁出示和能否直接用以定案。对此，司法实践中有三种做法：一是法院只通知公诉人与辩护人，如其无异议即不需上法庭进行质证，可以直接将其用作定案证据；二是由法官直接出示质证；三是根据不同情况分别由公诉人或辩护人出示。有观点倾向于重新开庭，由法官直接出示，经控辩双方质证后才有法律效力。但也有观点认为，鉴于法院直接获取的证据在法庭上再出示并听取各方意见，难以避免法官受质询的尴尬。对此，我们倾向于应当将调查所获有证明价值的证据交由控辩双方在法庭上出示并听取意见。理由是：第一，庭外调查并非庭审调查，取证的结果应当接受法庭的检验，即使法官庭外调查核实时控辩双方已经到场也不例外。因为依据《刑事诉讼法》规定，证据必须经过庭审质证才能作为定案的依据，因此庭审是采信证据的必经途径和程序，否则有违公开审判原则。第二，法官直接出示自行调查获取的证据，使法官难免受到质询，影响法官中立公正的地位。法官调查核实证据后，将新的证据材料交由控辩双方出示，能较好地体现法官超然中立的地位。①

二、刑事附带民事诉讼案件庭审的基本内容

(一)附带民事诉讼案件庭审的一般流程

1.附带民事诉讼的提起

(1)提起附带民事诉讼的期间。最高人民法院《司法解释》第八十九条规定，附带民事诉讼应当在刑事案件立案以后第一审判决宣告以前提起。有权提起附带民事诉讼的人在第一审判决宣告以前没有提起的，不得再提起附带民事诉讼，但可以在刑事判决生效后另行提起民事诉讼。

需要强调的是，只要是在刑事诉讼过程中，无论是在侦查阶段、起诉阶段还是审判阶段，有权主体都可以依法提起附带民事诉讼。最高人民法院《司法解释》第九十条规定，在侦查、预审、审查起诉阶段，有权提起附带民事诉讼的人向公安机关、人民检察院提出赔偿要求，已经公安机关、人民检察院记录在案的，刑事案件起诉后，人民法院应当按附带民事诉讼案件受理；经公安机关、人民检察院调解，当事人双方达成协议并已给付，被害人又坚持向法院提

① 沈志先.驾驭庭审[M].北京：法律出版社，2010.

起附带民事诉讼的，人民法院也可以受理。

(2)提起附带民事诉讼的方式。提起附带民事诉讼一般应当提交附带民事诉状，写清有关当事人的情况、案发详细经过及具体的诉讼请求，并提出相应的证据。书写诉状却有困难的，可以口头起诉。审判人员应当对原告人的口头诉讼请求详细询问，并制作笔录，然后向原告人宣读；原告人确认准确无误后，应当签名或者盖章。不论是口头还是书面提起的附带民事诉讼，都应当说明被害人和被告人的姓名、年龄、住址、控告的罪行以及因犯罪行为遭受损失的程度和具体的诉讼请求等内容。

人民检察院在提起公诉时一并提起附带民事诉讼的，只能以书面方式，即制作附带民事诉状，写明被告人的基本情况，被告人的犯罪行为给国家、集体财产造成损失的情况，代表国家、集体要求被告人赔偿损失的诉讼请求和适用的法律根据。

(3)附带民事诉讼的财产保全和先予执行。附带民事诉讼本质上是一种民事诉讼，因此，在附带民事诉讼中也可以采取民事诉讼中的财产保全和先予执行措施。

首先，附带民事诉讼的财产保全。附带民事诉讼的财产保全是指在刑事诉讼过程中，在可能因被告人或其他人的行为导致将来发生法律效力的附带民事诉讼判决不能或难以得到执行时，司法机关对被告人的财产采取一定的保全措施，从而保证附带民事判决能够得到执行。《刑事诉讼法》第一百条规定，人民法院在必要的时候，可以采取保全措施，查封、扣押或者冻结被告人的财产。附带民事诉讼原告人或者人民检察院可以申请人民法院采取保全措施。人民法院采取保全措施，适用民事诉讼法的有关规定。根据本条规定，人民法院可以采取的保全措施包括查封、扣押与冻结三种。人民法院采取保全措施既可以依职权在必要的时候适用，也可以依附带民事诉讼原告人或者人民检察院的申请适用。人民法院采取保全措施的具体程序与方法，应当适用民事诉讼法的有关规定。

附带民事诉讼的财产保全应当注意：第一，必须存在紧急情况，即被告人或其他人可能实施某种行为导致法院未来作出的附带民事诉讼判决可能无法或难以得到执行；第二，财产保全的对象限于被告人的财产或与本案有关的财产，对于与被告人和本案无关的财产不得进行保全；第三，保全财产的价值必须相当于权利请求或诉讼请求的价额或金额；第四，采取财产保全措施后，如果案件情况发生变化，据以采取财产保全的原因消失，应当及时撤销财产保全。

其次，附带民事诉讼的先予执行。附带民事诉讼的先予执行是指在刑事诉讼过程中，在法院就附带民事诉讼作出判决之前，司法机关根据民事原告人的请求，要求民事被告人先行给付民事原告人一定款项或履行一定义务并立即执行的措施。最高人民法院 2000 年 11 月 20 日通过的《关于审理刑事附带民事诉讼案件有关问题的批复》规定，对于附带民事诉讼当事人提出先予执行申请的，人民法院应当依照民事诉讼法的有关规定，裁定先予执行或驳回申请。

附带民事诉讼的先予执行必须符合以下条件：一是附带民事诉讼当事人之间的权利义务关系明确、肯定，没有争议；二是双方当事人之间不存在对等的给付义务；三是行使权利具有紧迫性，即附带民事原告人急需实现其权利，不实现其权利将严重影响其生产或生活；四是必须由附带民事诉讼原告人提出先予执行的申请；五是附带民事诉讼被告人应当具有履行能力，如果被告人确无履行能力，及时原告人提出了申请，也不应先予执行。先予执行的数额应当折抵附带民事诉讼判决中所确定的赔偿数额。

2.附带民事诉讼的审判组织、受理和准备程序

(1)附带民事诉讼的审判组织。附带民事诉讼的审判组织原则上与刑事案件的审判组织保持同一,以便于全面查清案件事实和节省诉讼成本。《刑事诉讼法》第一百零二条规定,附带民事诉讼应当同刑事案件一并审判,只有为了防止刑事案件审判的过分迟延,才可以在刑事案件审判后,由同一审判组织继续审理附带民事诉讼。最高人民法院《司法解释》第九十九条进一步规定,对于被害人遭受的物质损失或者被告人的赔偿能力一时难以确定,以及附带民事诉讼当事人因故不能到庭等案件为了防止刑事案件审判的过分迟延,附带民事诉讼可以在刑事案件审判后,由同一审判组织继续审理。如果同一审判组织的成员确实无法继续参加审判的,可以更换审判组织成员。

可见,应当按照"先刑后民"的原则处理刑事部分与附带民事部分之间的关系。具体来说,要注意以下几个方面:其一,只能先审理刑事部分,后审理附带民事部分,而不能先审理附带民事部分,后审理刑事部分。其二,必须由审理刑事案件的同一审判组织继续审理附带民事部分,不得另行组成合议庭。如果同一审判组织的成员确实无法继续参加审判的,可以更换审判组织成员。其三,附带民事诉讼部分的判决对案件事实的认定不得同刑事判决相抵触。最后,附带民事诉讼部分的延期审理,一般不影响刑事判决的生效。

(2)附带民事诉讼的受理和准备程序。人民法院收到附带民事诉状后,应当进行审查,并在7日内决定是否立案。符合法定条件的,应当受理;不符合规定的,应当裁定驳回起诉。

人民法院受理附带民事诉讼后,应当在5日内向附带民事诉讼的被告人送达附带民事起诉状副本,或者将口头起诉的内容及时通知附带民事诉讼的被告人,并制作笔录。被告人是未成年人的,应当将附带民事起诉状副本送达其法定代理人,或者将口头起诉的内容通知其法定代理人。人民法院送达附带民事起诉状副本时,应根据案件审理的期限,确定被告人或者其法定代理人提交民事答辩状的时间。

(二)附带民事诉讼案件庭审的要求与技能

1.附带民事诉讼案件审理的一般思路

审理附带民事诉讼案件,必须把握审理的一般思路,这对顺利审结案件具有重要意义。审理刑事附带民事诉讼,应当查明三部分事实:一是要查明损害发生的事实过程和被害人所受的损害后果;二是要查明被告人的犯罪行为对被害人造成的经济损失。这些损失,必须与法定的赔偿范围相关联;三是要查明被告人对造成的损害后果所应承担民事赔偿责任的范围和程度。

在审理附带民事诉讼案件的思路上,为维护被害人的切身利益,应审查被告人的赔偿能力。比如,对被告人应该处以重刑,而被告人又无任何财产,如果被害人的亲属提起附带民事诉讼,花钱聘请代理律师,其付出的诉讼成本不小,但其获赔偿的可能性几乎为零。对于这样的案件,在庭前准备阶段,承办法官应当在通知附带民事诉讼原告人出庭的同时,把上述情况告知清楚。如果附带民事诉讼原告人执意进行诉讼的,应当依法作出判决;如果附带民事诉讼原告人表示撤诉的,必须等收到附带民事诉讼原告人的撤诉状之后,再裁定准予撤诉。

2.附带民事诉讼案件的庭审方式

(1)被害人作为附带民事诉讼原告人出庭的公诉案件,被害人具备一定的文化程度,有能力发问的,法庭可以在公诉人席的旁边,加设附带民事诉讼原告人席。为了便于原告人行使要求被告人赔偿的民事权利,在公诉案件事实调查阶段,经审判长准许,原告人可以就指控的被告人犯罪的事实向被告人发问,参与刑事案件的质证和辩论。刑事案件审理结束后,审判长可以宣布刑事案件的法庭审理结束,转入附带民事诉讼的法庭审理,若公诉人要求退庭的,可以准许;或者宣布休庭,待公诉人退庭后,重新宣布附带民事诉讼案件的开庭审理。

(2)被害人死亡或者丧失行为能力,由其法定代理人、近亲属提起附带民事诉讼,由于出庭参与诉讼的原告人或者其代理人都不是刑事案件的当事人,既无能力在法庭上证明被告人犯罪,也不需要对被告人犯罪的事实过程以及致被害人损害的后果承担举证责任,其提起附带民事诉讼,只是要求被告人赔偿经济损失,只需对被告人犯罪所造成的经济损害后果承担举证责任。其参与刑事案件的事实调查,对附带民事诉讼没有实际意义,反而会降低刑事案件的庭审效率。所以,附带民事诉讼原告人无须参与刑事案件的审理。

(3)法官在附带民事诉讼案件民事赔偿部分审理中的注意事项:第一,提示附带民事诉讼原告人及其代理人赔偿理由进行举证;第二,提示附带民事诉讼原告人及其代理人就赔偿范围的举证;第三,提示附带民事诉讼原告人及其代理人提供赔偿直接损失依据的证据;第四,对于具有一定的伸缩性的营养费、护理费、误工损失费等,提示详细证据;第五,双方能否达成协议进行调解的提示。

3.附带民事诉讼案件的调解

(1)附带民事诉讼案件调解的特点。

附带民事诉讼的调解与完全意义上的民事调解有所区别。对原告人来说其最重要的是其物质损失能否得到赔偿,对被告人判处刑罚的轻重是次要的。所以,其特点表现为:

首先,调解工作离不开被告人亲属的参与和配合。在刑事诉讼中,被告人是处于被羁押状况,其人身自由受到限制,其表达意思的时间及处分财产的权利都有因人身自由受到限制而受到一定的影响。被告人本人有财产的,以其财产来赔偿被害人的物质损失的,需要被告人亲属的配合,根据被告人的意思表示用被告人的财产来赔偿被害人的物质损失。被告人没有财产的,则对被害人物质损失的赔偿,需要被告人亲属的参与,由其亲属自愿代为承担,后一种情况是普遍存在的。因此,附带民事诉讼案件调解能否成功,往往在于被告人亲属的态度,调解的侧重点应放在被告人亲属上,让被告人亲属感到自愿代被告人承担赔偿责任,是在帮助被告人消除对社会造成危害的后果,从而使被告人获得酌情从轻处罚的机会。

其次,是给付之诉的调解。最高人民法院《关于刑事附带民事诉讼范围问题的规定》第一条规定,因人身权利受到犯罪侵犯而遭受物质损失或者财物被犯罪分子毁坏而遭受物质损失的,可以提起附带民事诉讼。据此规定,附带民事诉讼的范围是限定为损害赔偿的范围。被告人对损害赔偿案件承担民事责任的方式就是赔偿对方的物质损失。因此,调解有给付内容,它不涉及案件当事人以外的人和事,也不涉及孰是孰非的问题,调解的难度不大。

最后,诉讼中可供调解的时间很短。刑事诉讼的审限很短,适用普通程序审理的审限一般为两个月,至迟不得超过三个月。对于可能判处死刑的案件或者附带民事诉讼的案件以及有《刑事诉讼法》第一百五十六条规定情形之一的,经上一级人民检察院批准,可以延长三个月。因特殊情况还需要延长的,报请最高院批准;而适用简易程序审理的审限一般为 20 日,对于可能判处有期徒刑超过三年的,可以延长至一个半月。对附带民事诉讼的审理只在为了防止刑事案件审判的过分迟延,可以在刑事案件审判后,由同一审判组织继续审理。一般情况下是同刑事部分一并判决,这就使得附带民事诉讼的调解时间很短。

(2)附带民事诉讼案件调解的技能。

调解附带民事诉讼案件是刑事法官的一项重要工作任务。在实践中,刑事法官需要甘当"三器",即甘当灭火器、甘当计算器和甘当扬声器,从而促进附带民事调解。

首先,甘当灭火器,浇灭愤怒之火,闻其言,解其结,促其和。这种方法主要是用于双方积怨较深的案件。在刑事案件中,犯罪人和被害人之间的矛盾、积怨往往较深。双方剑拔弩张、势不两立的情形较为常见。当然,一些当事人对法官也充满敌意。对于这些案件,法官要像灭火器一样,找准突破点、着力点,准确有效地浇灭愤怒之火。具体做法是"闻其言,解其结,促其和"。"闻其言"要求法官在接待过程中,与当事人有效沟通,耐心倾听当事人的心声;"解其结"要求法官帮助当事人解开心结,平和情绪,站在当事人的角度进行换位思考,调解工作也就水到渠成。比如,对被告人潘某某过失致人死亡案的审理。案件发生在 1993 年,被告人潘某某在打闹中误伤自己的同乡导致其死亡,案发以后逃亡了 13 年终落法网。法官受理此案以后,通过多种渠道联系到了被害人的母亲,一位白发苍苍的老人,在等待了 13 年之后,带着老伴的遗愿来到法院,坚决要追究被告人故意杀人罪的刑事责任,法官耐心听取了她几个半天的哭诉,使其心理长年的压抑得以完全的释放,从与其谈话中,法官了解到案发以后被害人的父亲不堪忍受白发人送黑发人的痛苦,8 年前去世了。被害人的母亲多年来一直忍受着痛苦的煎熬。被告人的哥哥接到法官们的通知也来到了法院,法官见时机成熟便安排双方在一起直接沟通,从被告人哥哥的哭诉中法官们得知,由于被告人长期逃离在外,父亲已含愤离世,妻子改嫁,孩子与姐姐相依为命,苦不堪言。双方的沟通达到了积极的效果,被害人母亲的怒火渐渐消失,法官适时的分析了本案的法律问题,介绍了法院的刑事和解制度,最终被告人的哥哥变卖了自己的住房,赔偿了被害人母亲 13 万元,双方握手言和,而且一致表示以后两家将携手共渡难关。一个拖延了 13 年一直折磨着两个家庭的案件,法官们适用简易程序,在 20 天内顺利结案并完全化解了矛盾,取得了良好的效果。

其次,甘当计算器,明确赔偿数额,算其账,纠其错,促其和。此种方法,主要适用于一些当事人提出无理要求的案件。有些被害人以生命无价、健康无价为由,漫天要价,索赔数额巨大;有些被害人,对被告人的赔偿能力有不切实际的判断,拒绝让步,过于幻想。这类案件,要求刑事法官甘当计算器。具体做法是"算其账,纠其错,促其和"。"算其账"指对于正在调解的案件赔偿数额有明确的认知,做到心中有数,从而掌握主动权。"纠其错"指对于当事人的无理要求,要积极释明,必要时要义正言辞地指明其错误心理和错误做法。法官个人对这些案件进行调解时,应当随身携带三种工具:一是最高人民法院关于人身损害赔偿的司法解释;二是所在省市高级法院公布的相关赔偿数据;三是计算器。通过精确的计算,使当事人对其诉讼请求能够有合理的认识。对于一些仍然固执己见的当事人,法官会调取法院相关类似案例的判决,发挥判例的引领作用,使当事人有更加直观的认识。

最后,甘当扬声器,宣扬和解制度,明其理,排其忧,促其和。此种方法,主要适用于当事人尤其是被告人一方对刑事和解制度缺乏认识,对法官产生不信任的案件。附带民事诉讼案件的调解，是在刑事判决作出之前进行的，一些被告人及其亲属具有思想上的顾虑，担心赔偿之后得不到法官的从轻处罚，从而不愿调解。由于受到程序法相关规定以及审判纪律的约束，一些法官对于给当事人何种程度的承诺也有所顾虑，从而延误了调解的大好时机。这就需要刑事法官甘当扬声器，宣扬和解制度，具体做法就是“明其理，排其忧，促其和”。“明其理”指向当事人宣扬、说明刑事和解制度及其根据；“排其忧”指排除当事人的后顾之忧。因此，刑事法官要以适当的方式进行互动，消除当事人的顾虑，对被告人的刑期给予适当的提示，以刑事和解促成民事调解，以民事调解实现刑事和解。

(3)附带民事诉讼案件调解中应处理好的关系。

第一，应处理好调解与判决的关系。审理附带民事诉讼案件应注重调解的作用，对于可以调解的案件，应尽量调解。根据审判实践，可以调解的案件，一般是指侮辱、诽谤案，虐待案，暴力干涉婚姻自由案，轻伤案等。对于其中犯罪情节尚不严重、双方当事人是邻里亲属关系、矛盾不深、被告人能够真诚悔改的案件，都可以进行调解；对于重婚案件中犯罪情节较轻，经过教育确有悔罪表现的被告人(主要是被害人配偶)，在取得自诉人谅解的情况下，从维护其婚姻家庭关系的角度出发，也可以进行调解；至于破坏军婚等案件，由于这些犯罪不仅侵害了被害人的合法权益，而且往往严重地侵害国家和社会利益，故不宜适用调解。对于确已构成犯罪的被告人应该依法判处刑罚，由于调解成立，将使一些客观上已经或可能构成犯罪的被告人免受刑事处罚。因此，在适用调解时必须慎重考虑，不能一律适用调解，更不能把是否调解和调解成功率作为衡量办案质量的标准。

第二，教育与惩戒的关系。在附带民事诉讼案件的调解中，自始至终贯穿着教育和疏导。可以说，除了案件性质、情节、危害后果等客观因素外，教育和疏导的效果往往可以决定调解的成败。因此，各地法院都把其作为调解活动的中心环节；选择有思想工作经验的审判人员主持调解，注意揣摩当事人的矛盾根源，深入分析其症结所在，有的放矢地做好批评、说服劝导工作，把教育和疏导贯穿于审查立案、调查取证、实体审理以及审理附带民事诉讼的全过程；注意工作方法，因势利导，坚持耐心细致，力戒简单粗暴，使激化的矛盾得到缓解，强烈的对立情绪得以消除，从而促进调解的成立。然而，附带民事诉讼案件的调解不同于一般的民间调解，它是针对客观上已经或可能构成犯罪的被告人进行的。因此，在教育和疏导的同时，必须给予被告人以必要的惩戒，以伸张正义、打击邪恶，这不仅能给予被告人更深刻的教训，也有助于教育更多的公民。在审判实践中，一般可以对被告人采用刑法规定的非刑罚处罚方法进行训诫或者责令其具结悔过、赔礼道歉，也可以进行公开批评，责令等声众检讨，并且保证今后不再犯。人民法院还可以建议有关单位根据情况对被告人给予党纪、政纪处分。

第三，原则性和灵活性的关系。附带民事诉讼案件的调解是人民法院的审判活动。调解协议尽管是双方当事人的意思表示，但必须经法院认可并由法院制作和出具调解书。因此，调解的内容必须符合法律和政策，人民法院在调解中必须严格依法、坚持原则，既不能使必须定罪处罚的被告人逃避处罚，又不能迁就自诉人过高的要求；对当事人提出的违反法律、规避法律以及显失公平的调解条件不应认可，对内容含糊不清、有可能产生歧义的条款应予澄清。当事人不得在调解之外另行就同一内容私下达成与调解不符的协议，以规避人民法院的审查，否则人民法院不予认可和保护。由于法律允许刑事自诉案件的自诉人在一定范围内享有处分自己的实体权利和诉讼权利，因此，在调解中应当具体案件具体对待，注意工作方法，充分考虑双方当事人的实际情况，允许和鼓励当事人在非原则问题上求同存异，在法律和政策范围内对调解条件作出适当让步，做到有理、有利、有节。

第四，以法院为主和争取有关人员协助的关系。在附带民事诉讼案件的调解中，法官应牢牢把握调解工作的主动权，积极主动地开展工作；但同时也应尽力争取外界协助开展调解工作。实践证明，由当事人的亲友、单位或基层组织负责人协助调解，对当事人进行教育，共同协商调解案件，往往比仅由法官调解的效果要好。根据实践审判经验，一般可以请下列人员协助调解：一是当地基层组织或者当事人所在单位的负责人。这些人有一定的政策水平，是非分明，影响力较大，又比较了解当事人的意思、性格等情况，由他们协助调解，有利于使当事人树立正确的思想认识，并能够协助解决一些实际问题，对调解成立可以起到明显的效果。二是当事人的邻里、好友。他们与当事人长期相处，了解矛盾的产生、激化过程，与当事人有一定的感情联系。请他们协助调解，可以使疏导工作更有针对性，使当事人减少抵触情绪而易于接受。邻里、好友还可以对当事人施以经常性的影响和监督，营造有利于调解的氛围，不仅可以促进案件的合理调解，而且有利于当事人之间的长久安定。三是当事人的亲属，特别是受尊重的长辈。他们与当事人有着密切的感情联系，是当事人所敬重的人，说话有威望、有影响力。故请其协助法院做工作，可以起到事半功倍的效果。四是其他与当事人有联系的人。自诉案件往往说情者较多，"案件一进门，双方(自诉人、被告人)都托人"，对法院依法办案造成一定的干扰。有的人民法院在对说情者进行说服教育，晓以利害，促使其提高认识后，引导他们回去做当事人的思想工作，变阻力为动力。由于这些说情者往往比较有身份，当事人对其寄予了一定的期望，他们反过来教育当事人，可以使当事人丢掉幻想，端正态度，冷静、客观地考虑问题，接受调解。刑事法官要认真考虑上述人员的思想品质、权衡利弊，积极而有选择性地邀请协助调解者。要对协助调解者进行必要的法律和政策教育，使其了解案件的真实情况，统一认识、因人而异，全方位地对当事人开展工作，同时要注意坚持原则，内外有别，防止产生各种消极影响，协助调解的人应当在调解法官的指导下进行调解工作，但不得在调解笔录、调解书中签名。

【案例分析】

工资谈不拢　棍殴德国主管[1]

2012年4月17日9时许，被告人左某因工资发放问题无法协商一致，与公司主管被害人哈某(德国人)发生口角后，被告人左某持一铁管从后殴打哈某的背部、面部及左手臂，致其受伤。经鉴定，被害人的左颌面部及左肘部检见软组织挫擦伤，符合钝器作用所致，造成左侧上颌窦前臂骨折，损伤已达轻伤。顺德区人民检察院据此指控被告人犯故意伤害罪，并建议对被告人左某判处有期徒刑6个月至1年6个月之刑罚。

① 参见陈曦：《工资谈不拢　棍殴德国主管》。

在与被害人详谈之后，主审法官发现被害人对于刑事部分指控被告人构成故意伤害罪意见很大，应认定为故意杀人罪，认为量刑建议太轻。由于被害人是外国人，不熟悉我国的相关法律规定，主审法官立即就案件的情况，以及我国的相关法律规定对被害人进行了耐心的释法，并让被害人的朋友和同事多关心被害人，被害人的对抗情绪逐渐被缓解。

在开庭前几天，被害人主动提出愿意与被告人达成调解，提出四个条件：一是要被告人在开庭时当着神圣国徽和法官的面，真诚地向其道歉；二是要求被告人亲笔书写一份悔过书；三是要求被告人在悔过书上写明恳请被害人将该悔过书张贴在公司的公告栏上，让公司员工引以为戒；四是被告人在按要求完成了上述三点要求后，被害人要求被告人赔偿其医药费及住院伙食补助费、护理费共计人民币9000元。

针对上述情况，为了案件一次开庭成功，主审法官当即决定延期开庭，并立即与被告人的家属取得联系，在家属反映经济方面的赔偿没有问题后，主审法官立即前往看守所提审被告人，向被告人了解其对案件的看法，对其阐明达成调解的法律后果，说明被害人提出的四点要求，被告人也表示愿意与被害人调解，并愿意按照被害人提出的几点要求来做。

在开庭过程中，被害人与被告人就本案的起因进行了详细沟通之后，双方的误会化解了，并达成了调解协议。至此，一起外国人提出的附带民事诉讼案件最终以调解结案。

三、自诉案件庭审的基本内容

（一）自诉案件的含义及适用范围

自诉是相对于公诉而言的，刑事自诉案件，指被害人及其法定代理人、近亲属等为追究被告人的刑事责任，直接向人民法院提起诉讼，由人民法院受理的刑事案件。根据最新修改的《刑事诉讼法》第二百零四条的规定，自诉案件包括下列三类案件：第一，告诉才处理的案件；第二，被害人有证据证明的轻微刑事案件；第三，被害人有证据证明对被告人侵犯自己人身、财产权利的行为应当依法追究刑事责任，而公安机关或者人民检察院不予追究被告人刑事责任的案件。其中，第一类案件具体包括侮辱、诽谤案，暴力干涉婚姻自由案，虐待案，侵占案等。第二类案件指犯罪事实、情节较为轻微，可能判处3年以下有期徒刑以及拘役、管制等较轻刑罚的案件。应当注意的是，这类案件强调被害人的举证责任，自诉能否成立在一定程度上取决于被害人等有无证据或者证据是否充分，如果被害人等没有证据，人民法院将不予受理。如果被害人等提出的证据不充分，不足以支持其起诉主张的，人民法院将裁定驳回自诉。这类案件具体包括轻伤案、非法侵入住宅案、侵犯通信自由案、重婚案、遗弃案等。第三类案件即公诉转化为自诉的案件，人民法院受理此类案件必须具备以下条件：一是被害人有证据证明被告人实施了侵犯自己人身、财产权利的行为；二是依法应当追究刑事责任；三是公安机关或者人民检察院已经作出不予追究的书面决定，即公安机关、人民检察院已经作出不立案、撤销案件、不起诉等书面决定。

（二）自诉案件庭审的一般流程

1. 自诉案件的提起

自诉人起诉，应当提出起诉的事实根据，向人民法院提供必要的证据，起诉应当以书面形式进行，向人民法院提交符合规范的刑事自诉状。提起附带民事诉讼的，还应当提交刑事附带民事自诉状。自诉人如果书写自诉状确有困难的，可以口头告诉，由人民法院工作人员作出告诉笔录，向自诉人宣读，自诉人确认无误后，应当签名或者盖章。

自诉状或者告诉笔录应当包括以下内容：①自诉人、被告人、代为告诉人的姓名、年龄、性别、民族、出生地、文化程度、职业、工作单位、住址；②被告人犯罪行为的时间、地点、手段、情节和危害后果等；③具体的诉讼请求；④致送人民法院的名称及具状时间；⑤证人的姓名、住址及其他证据的名称、来源等。如果被告人是2人以上的，自诉人在自诉时需按照被告人的人数提供自诉状副本。

2. 自诉案件的受理、审判程序

(1)自诉案件的受理程序。

人民法院应当在收到自诉状或者口头告诉第二日起的15日内作出是否立案的决定，并书面通知自诉人或者代为告诉人。自诉案件的立案即是自诉案件的受理。人民法院对于自诉案件进行审查后，按照下列情形分别处理：第一，犯罪事实清楚，有足够证据的案件，应当开庭审判；第二，缺乏罪证的自诉案件，如果是自诉人提不出补充证据，应当说服自诉人撤回自诉或者裁定驳回。此外，人民法院经过审查有下列情形之一的，也应当说服自诉人撤回起诉或者裁定驳回起诉：不符合刑事诉讼法和有关司法解释规定的人民法院受理自诉案件条件的；证据不充分的；犯罪已过追诉时效期限的；被告人死亡的；被告人下落不明的；除因证据不足而撤诉的以外，自诉人撤诉后，就同一事实又告诉的；经人民法院调解结案后，自诉人反悔，就同一事实再行告诉的。

对于已经立案，经审查缺乏罪证的自诉案件，如果自诉人提不出补充证据，应当说服自诉人撤回自诉或者裁定驳回起诉。自诉人经说服撤回自诉或者被驳回起诉后，又提出了新的足以证明被告人有罪的证据，再次提起自诉的，人民法院应当受理。自诉人明知有其他共同侵害人，但只对部分侵害人提起自诉的，人民法院应当受理，并视为自诉人对其他侵害人放弃告诉权利。判决宣告后自诉人又对其他共同侵害人就同一事实提起自诉的，人民法院不再受理。共同被害人中只有部分人告诉的，人民法院应当通知其他被害人参加诉讼。被通知人接到通知后表示不参加诉讼或者不出庭的，视为放弃告诉权利。第一审宣判后，被通知人就同一事实又提起自诉的，人民法院不予受理。但当事人另行提起民事诉讼的，不受限制。

(2)自诉案件的第一审审判程序。

人民法院对于决定受理的自诉案件，应当开庭审判。不适用简易程序审理的，审判程序参照公诉案件第一审程序的规定进行。此外，还应注意以下几点：

第一，自诉人经过两次依法传唤，无正当理由拒不到庭的，或者未经法庭许可中途退庭的，按撤诉处理。

第二，在自诉案件审判过程中，审判人员对证据有疑问，需要调查核实的，可以宣布休庭，对证据进行调查核实。人民法院调查核实证据，可以进行勘验、检查、扣押、鉴定和查询、冻结。人民法院受理自诉案件后，对于当事人因客观原因不能取得并提供有关证据而申请法院调取证据的，人民法院认为必要的，可以依法调取。①

第三，被告人实施的两个以上的犯罪行为，分别属于公诉案件和自诉案件的，人民法院可以在审理公诉案件时，对自诉案件一并审理。

第四，在自诉案件审理过程中，被告人下落不明的，应当中止审理；被告人归案后，应当恢复审理；必要时，应当对被告人依法采取强制措施。

第五，人民法院对于依法宣告无罪的自诉案件，其附带民事诉讼部分应当依法进行调解或者一并作出判决。

(三)自诉案件庭审的要求与技能

1. 自诉案件的举证要求

一般情况下，刑事诉讼案件要求证据确实、充分，但是不能绝对化，因为自诉人毕竟不是公诉机关，没有侦查能力。因此，在特定条件下，可以采纳民事诉讼的"自认规则"。比如，只有自诉人和被告人两人发生纠纷，结果自诉人受伤，在公安机关调解时被告人承认实施了伤害行为，后因调解不成，自诉人起诉。这时被告人承认实施了伤害行为的陈述即为证据。不能因为被告人以后翻供而否认该证据的效力。这样认定被告人供述的证据效力，并不违反"反对强迫自证其罪特权"的原则。②

2. 自诉案件的调解

调解是指在审判人员的主持下，通过对当事人双方进行说服和教育，由双方当事人进行协商，达成解决纠纷的协议。经法院调解，双方达成协议的，法院应当制作自诉案件调解书，由审判人员和书记员署名，并加盖人民法院印章。调解书送达后即发生法律效力，任何一方当事人不得对之提起上诉。经法院调解达不成协议，或者虽达成了协议，但一方或双方在调解书送达前反悔的，法院应当开庭审判。人民法院审判自诉案件可以调解，但不是必须调解，调解不是审判的必经程序。从司法实践来看，自诉案件调解结案的多见于有附带民事诉讼的案件。需要特别注意的是：《刑事诉讼法》第二百零四条第三款规定的公诉转自诉的案件不适用调解。对于自诉人要求撤诉的，经过人民法院审查，确属自愿的，可以准许。

3. 自诉案件的和解与撤回起诉

和解是自诉人同被告人自行协商，取得一致意见后，不再需要法院对双方的纠纷加以解决。和解和撤诉实际上都是自诉人自动放弃追究被告人刑事责任的权利。自诉人在宣告判决前，可以同被告人自行和解或者撤回自诉。人民法院对于双方当事人的和解或自诉人的撤诉，一般应予准许，但如果发现和解或撤诉均非出于自诉人自愿，应询问自诉人。如自诉

---

① 沈志先. 驾驭庭审[M]. 北京：法律出版社，2010.

② 沈志先. 驾驭庭审[M]. 北京：法律出版社，2010.

人同意继续追究被告人刑事责任的，原和解或撤诉失去法律效力，人民法院应开庭审判。人民法院裁定准许自诉人撤诉或者当事人自行和解的案件，被告人被采取强制措施的，应当立即予以解除。

4.自诉案件的反诉

反诉是指在诉讼过程中，被告人作为被害人控告自诉人犯有与本案有关联的罪行，要求人民法院进行审判，追究自诉人刑事责任的诉讼活动。成立反诉，应具备下列条件：

(1)反诉只能由自诉案件中的被告人或其法定代理人提出。

(2)反诉的对象必须是自诉案件中的自诉人。如果被告人控告的不是自诉人，即使是自诉人的法定代理人，也不属于反诉，而是一个独立的诉讼。

(3)反诉提起的时间只能是在法院对自诉案件判决宣告前。

(4)反诉所控告的犯罪行为必须是与自诉案件有关联的犯罪行为。

(5)反诉的案件必须是属于法院直接受理的告诉才处理案件或者被害人有证据证明的轻微刑事案件。人民法院对被告人的反诉进行审查后，认为反诉符合法定条件，应予受理的，即在受理后与自诉案件合并审理。在司法实践中，尽管反诉与自诉合并审理，但反诉并不以自诉为其成立或存在的前提，反诉是一个独立的诉讼。

四、适用简易程序案件庭审的基本内容

(一)简易程序的含义及适用范围

1.简易程序的含义

简易程序，是指基层人民法院审理某些事实清楚、被告人承认自己所犯罪行并对起诉书指控的犯罪事实没有异议的刑事案件时，所适用的比普通程序相对简化的审判程序。简易程序的设置在当今世界各国十分普遍，而且适用范围有不断扩大的趋势。为合理分配有限的司法资源，提高审判效率，2012 年刑事诉讼法再次修改，进一步扩大了简易程序的适用范围，将简易程序审判的案件范围修改为“基层人民法院管辖的认罪案件”。

2.简易程序的适用范围

(1)简易程序适用的审级。简易程序只适用于第一审程序，不适用第二审程序、死刑复核程序和审判监督程序。相比之下，第二审程序、死刑复核程序和审判监督程序审理的刑事案件相对复杂、重大。

(2)简易程序适用的法院。简易程序只适用于基层人民法院。按照刑事诉讼法的规定，基层人民法院管辖案件简单、影响较小、处罚较轻的刑事案件。只有这些案件才具有适用简易程序审判的条件。刑事诉讼法将性质严重、影响较大的案件划归中级人民法院、高级人民法院和最高人民法院管辖，因此相对重大、复杂、疑难的刑事案件，不适用简易程序。

(3)简易程序适用的案件。《刑事诉讼法》第二百零八条规定，基层人民法院管辖的案件，符合下列条件，可以适用简易程序审判：第一，案件事实清楚、证据充分的。无论公诉案件还是自诉案件，适用简易程序时，都必须具备“事实清楚、证据充分”这一条件。如果案件属于事实不清、证据不充分的，不应当适用简易程序。第二，被告人承认自己所犯罪行，对指控的犯罪事实没有异议的。此次刑事诉讼法大幅修改了简易程序的适用范围，主要就是将

简易程序审判的案件范围修改为基层人民法院管辖的“认罪”案件，即可能判处有期徒刑以下刑罚、被告人承认自己所犯罪行的案件。因此，适用简易程序必须满足被告人承认自己所犯罪行，对起诉书指控的犯罪事实没有异议的要求。第三，被告人对适用简易程序没有异议的。普通程序是第一审程序的基本设计，是基于保障人权和打击犯罪的双重目的而构造的基本程序。依据程序法定原则，刑事诉讼法只能依据既定的法律程序进行。但考虑到诉讼效率等要求，刑事诉讼法又对普通程序进行简化而构造了简易程序。这种简化程序虽然有利于提高诉讼效率，但由于简化了相关诉讼程序，可能侵犯了被告人的部分诉讼权利。因此，适用简化程序必须获得被告人的同意，即要求被告人对适用简易程序没有异议。此外，根据《刑事诉讼法》第二百零九条的规定，有下列情形之一的案件，不适用简易程序：一是被告人是盲、聋、哑人，或者是尚未完全丧失辨认或者控制自己行为能力的精神病人的；二是有重大社会影响的；三是共同犯罪案件中部分被告人不认罪或者对适用简易程序有异议的；四是其他不宜适用简易程序审理的。

（二）简易程序案件庭审的一般流程

1. 简易程序的决定适用程序

公诉案件适用简易程序，其决定程序分为人民检察院建议和人民法院建议两种情形：

（1）人民检察院建议适用的程序。人民检察院在提起公诉时，对于案件事实清楚、证据充分，被告人承认自己罪行的，对起诉书指控的犯罪事实没有异议，被告人对适用简易程序没有异议，且案件属于基层人民法院管辖范围时，可以建议人民法院适用简易程序。人民检察院适用简易程序的，应当制作《适用简易程序意见书》，在提起公诉时，连同全案卷宗、证据材料、起诉书一并移送人民法院。人民法院在征得被告人、辩护人同意后决定适用简易程序的，应当制作适用简易程序决定书，在开庭前送达人民检察院、被告人及辩护人。人民法院认为依法不应当适用简易程序的，应当书面通知人民检察院，并将全案卷宗和证据材料退回人民检察院。

（2）人民法院建议适用的程序。对于人民检察院没有建议适用简易程序的公诉案件，人民法院经审查认为可以适用简易程序审理的，应当征求人民检察院与被告人、辩护人的意见。人民法院认为案件需要适用简易程序，向人民检察院提出书面建议的，人民检察院应当在10日内答复是否同意。人民检察院同意并移送全案卷宗和证据材料后，适用简易程序审理。人民法院决定适用简易程序的，应当制作适用简易程序决定书，在开庭前送达人民检察院、被告人及辩护人。

自诉案件，应当审查是否有明确的被告人，是否事实清楚、证据充分；是否属于告诉才处理的案件或者被害人有证据证明的轻微刑事案件。凡审查符合条件的，决定适用简易程序。适用简易程序审理的案件，人民法院应当在开庭前将开庭的时间、地点分别通知人民检察院、自诉人、被告人、辩护人及其他诉讼参与人。通知可以用简便方式，但应当记录在卷。

2. 简易程序的审判程序

（1）公诉案件的审判程序。适用简易程序审理公诉案件，人民检察院应当派员出庭。适用简易程序审理的案件，审判人员宣布开庭，传被告人到庭后，应当查明被告人的基本情况，然后依次宣布案由、审判员、书记员、公诉人、被害人、辩护人、诉讼代理人、鉴定人和翻译人员的名单，并告知各项诉讼权利。审判人员应当询问被告人对起诉书指控的犯罪事实的意见，告知被告人适用简易程序审理的法律规定，确认被告人是否同意适用简易程序审理。适用简易程序审理案件，经审判人员许可，被告人及其辩护人可以同公诉人、自诉人及其诉讼代理人互相辩论。在判决宣告前，应当听取被告人的最后陈述意见。

被告人自愿认罪，并对起诉书所指控的犯罪事实无异议的，法庭可以直接作出有罪判决。对自愿认罪的被告人，酌情予以从轻处罚。对于适用简易程序审理的公诉案件，人民法院一般当庭宣判，并在5日内将判决书送达被告人和提起公诉的人民检察院。

(2)自诉案件的审判程序。适用简易程序审理的自诉案件，自诉人宣读起诉书后，被告人可以就起诉书指控的犯罪事实进行陈述，并自行辩护。自诉人应当出示主要证据。被告人有证据出示的，审判员应当准许。经审判员准许，被告人及其辩护人可以同自诉人及其诉讼代理人进行辩论。适用简易程序审理的案件，将普通程序中的许多程序予以简化，唯独最后被告人最后陈述这一程序未予简化。被告人可以就起诉书所指控的犯罪事实、性质和情节、所适用的法律以及对法庭的请求等进行陈述。被告人做最后陈述后，人民法院一般应当当庭宣判。

(三)简易程序向普通程序的转化

1.简易程序转为普通程序的具体情形

新《刑事诉讼法》第二百一十五条规定："人民法院在审理过程中，发现不宜适用简易程序的，应当按照本章第一节或者第二节的规定重新审理。"结合本法第二百二十九条、最高人民法院《刑事诉讼法司法解释》第二百一十九条、第二百二十二条、第二百二十九条以及最高人民法院、最高人民检察院、司法部第二条、第十条的规定，应当将简易程序转为普通程序重新审理的情形主要包括：

①被告人的行为不构成犯罪；②被告人当庭对起诉指控的犯罪事实予以否认；③事实不清或者证据不足；④有重大社会影响的；⑤共同犯罪案件中部分被告人不认罪或者对适用简易程序有异议的；⑥公诉案件的被告人对于起诉指控的犯罪事实予以否认的；⑦比较复杂的共同犯罪案件；⑧被告人、辩护人做无罪辩护的；⑨被害人有证据证明对被告人侵犯自己人身、财产权利的行为应当依法追究刑事责任，而公安机关或者人民检察院不予追究被告人刑事责任的案件；⑩其他不宜适用简易程序审理的。在适用简易程序审理自诉案件时如出现以上情形，也应当转为普通程序重新审理。

2.简易程序转为普通程序的操作流程

适用简易程序审理刑事案件时，如出现上述规定情形，需要中止审理，并转为普通程序重新审理。最高人民法院、最高人民检察院、司法部《关于适用简易程序审理公诉案件的若干意见》(简称《简易程序意见》)第十一条规定："转为普通程序重新审理的公诉案件，人民法院应当在三日内将全案卷宗和证据材料退回人民检察院。人民检察院应当在收到上述材料后五日内按照普通程序审理公诉案件的法定要求，向人民法院移送有关材料。"据此规定，结合审判实践，简易程序转为普通程序可按照如下操作流程：

(1)人民法院在开庭审理刑事案件时，如出现上述不宜适用简易程序，需要中止审理并转为普通程序重新审理的法定情形时，独任审判员应当当庭宣布中止简易程序审理的事由，告知诉讼参与人本案转为普通程序重新审理,并制作中止审理决定书,在三日内送达人民检察院或者自诉人及其诉讼代理人、被告人及其辩护人;属于公诉案件的,同时还应当将全案卷宗和证据材料退回人民检察院。

(2)人民检察院在收到上述材料后五日内按照适用普通程序审理公诉案件的法定要求,向人民法院移送有关材料。

(3)简易程序转为普通程序后审理期限如何计算的问题。按照最高人民法院《刑事诉讼法司法解释》第二百三十条规定,转为普通程序审理的案件,审理期限应当从决定转为普通程序之日起计算。

(4)简易程序转为普通程序后,再次开庭时间如何确定的问题。中止简易程序转为普通程序重新审理的案件,由于在适用简易程序审理阶段已经向被告人送达了起诉书副本,因此,转为普通程序审理后,可以视情况不同来决定再次开庭的时间。一是原来送达起诉书副本的时间超过10日的,人民法院可以决定随时出庭;二是原来送达起诉书副本的时间不满10日的,人民法院应当在满10日以后的时间开庭。其他则按照公诉案件第一审普通程序的有关规定执行。

第三节 死刑复核程序实务

【案例引导】

死刑复核程序包括哪些具体内容?

被告人吴甲,男,27岁,个体工商户。被告人吴乙,男,25岁,个体工商户,系吴甲的弟弟。二被告人因生产、销售有毒有害食品致多人中毒,并造成其中两人死亡的严重结果,经某市中级人民法院审理后认定二人构成生产、销售有毒有害食品罪的共同犯罪。其中吴甲是主犯,被判处死刑,剥夺政治权利终身,并处没收个人全部财产,吴乙是从犯,判处无期徒刑,剥夺政治权利终身,并处没收个人全部财产。一审宣判后,二人均未提出上诉,公诉机关也未提出抗诉。上诉期满后15天,某市中级人民法院将本案报最高人民法院复核,在上报材料时,未提交案件的审理报告、法庭审理笔录、合议庭评议笔录等材料。案件经最高人民法院三名法官组成合议庭复核此案后认为案件事实不清、证据不足,裁定不予核准,并撤销原判,发回一审法院重新审理。案件发回后,市中院指派原来审理本案三名法官组成合议庭,仅针对案卷进行了审查,并未开庭审理此案。[①]

① 黄荣昌,钱芙贤.程序法案例解析及实训[M].北京:中国政法大学出版社,2013.

一、死刑复核程序的概念和特点

(一)死刑复核程序的概念

死刑复核程序,是我国刑事诉讼法规定的一种独立于普通审判程序之外的特别审查核准程序。这一特别程序体现了立法者对死刑案件极其审慎的态度,能够最大限度地防止和纠正死刑案件可能发生的偏差和错误,从程序上保证死刑案件的质量,统一死刑适用标准,贯彻少杀、慎杀,防止错杀的方针。

死刑复核程序是指有核准权的人民法院对已经判处死刑的案件进行复查核准应遵循的一种特别审判程序。我国死刑复核程序的任务是,由享有复核权的人民法院对下级人民法院报请复核的死刑判决、裁定,在认定事实和适用法律上是否正确进行全面审查,依法作出是否核准死刑的决定。因此,对死刑案件进行复核时,必须完成两项任务:一是查明原审裁判认定的犯罪事实是否清楚,据以定罪的证据是否确实、充分,罪名是否准确,量刑(死刑、死缓)是否适当,程序是否合法;二是依据事实和法律,作出是否核准死刑的决定并制作相应的司法文书,以核准正确的死刑判决、裁定,纠正不适当或错误的死刑判决、裁定。死刑复核程序以其独特的审判对象和核准权的专属性等特征既区别于普通程序,又不同于其他特殊程序。

(二)死刑复核程序的特点

1. 审理对象特定

死刑复核程序只适用于判处死刑的案件,包括判处死刑立即执行和判处死刑缓期二年执行的案件。只有死刑案件才需要经过死刑复核程序,没有被判处死刑的案件无须经过这一程序。这种审理对象的特定性使死刑复核程序既不同于普通审判程序,即一审和二审程序,也不同于另一种特殊审判程序,即审判监督程序。

2. 死刑复核程序是死刑案件的终审程序

一般刑事案件经过第一审、第二审程序以后,判决就发生法律效力。而死刑案件除经过第一审、第二审程序以外,还必须经过死刑复核程序。只有经过复核并核准的死刑判决才发生法律效力。从这一意义上说,死刑复核是两审终审制的一种例外。

3. 所处的诉讼阶段特殊

死刑复核程序的进行一般是在死刑判决作出之后,发生法律效力并交付执行之前。相比较而言,第一审程序、第二审程序审理时间是在起诉之后,二审判决之前;审判监督程序则是在判决、裁定发生法律效力之后。

4. 核准权具有专属性

依据《刑事诉讼法》规定,有权进行死刑复核的机关只有最高人民法院和高级人民法院。

5. 程序启动上具有自动性

第一审程序和第二审程序的启动都遵循不告不理原则:只有检察机关提起公诉或者自诉人提起自诉,人民法院才能启动第一审程序;只有检察机关提起抗诉或者被告人、自诉人提起上诉,人民法院才能启动二审程序。而死刑复核程序的启动既不需要检察机关提起公诉或者抗诉,也不需要当事人提起自诉或上诉,只要二审法院审理完毕或者一审后经过法定的上诉期或抗诉期被告人没有提出上诉、检察院没有提起抗诉，人民法院就应当自动将案件报送高级人民法院或最高人民法院核准。

6.报请复核方式特殊

依照法律有关规定，报请复核应当按照法院的组织系统逐级上报，不得越级报核。

二、判处死刑立即执行案件的复核程序

（一）死刑案件的核准权

死刑核准权是死刑复核程序中最核心的问题，关系到设立这一程序的根本目的能否得以实现，关系到死刑复核程序能否真正发挥防止错杀无辜和罚不当罪的作用。

新中国成立以来，死刑核准权经历了一个复杂的变化过程。在新中国成立初期，虽然系统的司法体制尚未完全建立，但国家有关部门仍规定，死刑案件必须经核准才能执行。死刑核准权由高级人民法院和最高人民法院分工行使。1957 年 7 月 15 日，第一届全国人民代表大会第四次会议经讨论决定：今后一切死刑案件，都由最高人民法院判决或核准，从而在新中国成立后第一次将死刑案件的核准权全部收归最高人民法院。1958 年 5 月 29 日，最高人民法院对死缓案件的核准权作出规定：凡是由高级人民法院判处或者审核的死刑缓期执行案件，一律不再报最高人民法院核准，从而第一次确立了死缓和死刑立即执行的核准权由高级人民法院和最高人民法院分别行使的做法。1966 年"文革"开始后，死刑复核程序与其他法律制度一样受到冲击，死刑核准权被下放给各省、直辖市、自治区革命委员会。

1979 年 7 月 1 日，新中国第一部刑事诉讼法正式颁布。该法第一百四十四条要求，死刑立即执行必须由最高人民法院核准。但这一规定实施不到两个月，国家有关部门就不断作出例外规定：

第一次是 1980 年 2 月 12 日，第五届全国人大常委会第十三次会议批准最高人民法院和最高人民检察院的建议，同意在 1980 年内对现行的杀人、强奸、抢劫、放火等犯有严重罪行应当判处死刑的案件，最高人民法院可以授权省、自治区、直辖市高级人民法院核准。

第二次是 1981 年 6 月，第五届全国人大常委会第十九次会议通过了《关于死刑案件核准权问题的决定》，规定在 1981—1983 年之间，对犯有杀人、抢劫、强奸、爆炸、投毒、决水和破坏交通、电力等设备的罪行，由高级人民法院终审判处死刑的，或者中级人民法院一审判处死刑后被告人不上诉、经高级人民法院核准的，以及由高级人民法院一审判处死刑、被告人不上诉的，都不必报最高人民法院核准。

第三次是 1983 年 9 月 2 日，第六届全国人大常委会第二次会议通过了《关于修改〈中华人民共和国人民法院组织法〉的决定》，将该法第十三条修改为：死刑案件除由最高人民法院判决的以外，应当报请最高人民法院核准。杀人、抢劫、强奸、爆炸以及其他严重危害公共安全和社会治安判处死刑案件的核准，最高人民法院在必要的时候，得授权省、自治区、直辖市高级人民法院行使。据此，最高人民法院于 1983 年 9 月 7 日发布了《关于授权高级人民法院核准部分死刑案件的通知》，其中规定：在当前严厉打击刑事犯罪活动期间，为了及时严惩严重危害公共安全和社会治安的罪大恶极的刑事犯罪分子，除由最高人民法院判处死刑的案件以外，各地对反革命案件和贪污等严重经济犯罪案件判处死刑的，仍应由高级人民法院

复核同意后，报最高人民法院核准；对杀人、抢劫、强奸、爆炸以及其他严重危害公共安全和社会治安判处死刑案件的核准权，最高人民法院依法授权由省、自治区、直辖市高级人民法院和解放军军事法院行使。

第四次是 1991—1997 年之间，最高人民法院以“通知”的形式分别授予云南、广东、广西、甘肃、四川和贵州高级人民法院对毒品犯罪判处死刑案件（本院判决的和涉外的毒品犯罪死刑案件除外）的核准权。

第五次例外规定是在 1997 年。1996 年修改的《刑事诉讼法》和 1997 年修改的《刑法》都要求死刑立即执行案件的核准权必须由最高人民法院行使，但在 1997 年 9 月 26 日，最高人民法院又发出通知，其中规定：除本院判处的死刑案件外，各地对刑法分则第一章规定的危害国家安全罪，第三章规定的破坏社会主义市场经济秩序罪，第八章规定的贪污贿赂罪判处死刑的案件，高级人民法院、解放军军事法院二审或复核同意后，仍应报本院核准。对刑法分则第二章、第四章、第五章、第六章（毒品犯罪除外）、第七章、第十章规定的犯罪，判处死刑案件（本院判决的和涉外的除外）的核准权，本院依据人民法院组织法第 13 条的规定，仍授权由各省、自治区、直辖市高级人民法院和解放军军事法院行使。但涉港澳台地区死刑案件在一审宣判前仍需报本院内核。对于毒品犯罪死刑案件，除已获得授权的高级人民法院可以行使部分案件核准权外，其他高级人民法院和解放军军事法院在二审或复核同意后，仍应报本院核准。

死刑立即执行案件的核准权由最高人民法院行使，在必要的时候最高人民法院将其授予高级人民法院和解放军军事法院，简称“下放”。这既体现了国家对适用死刑的严肃慎重，又体现了原则性与灵活性相结合的原则，对于依法从重从快打击最严重的犯罪，维护社会秩序，保护公民的人身权利、财产权利及其他合法权益有一定的意义。但这一做法也存在不少问题：一是下放的时间太长。自 1980 年 2 月 12 日第五届全国人大常委会第十三次会议第一次批准下放以来，死刑案件的核准权就从来没有收回最高人民法院，最高人民法院自此从未完整地行使过死刑立即执行案件的核准权。二是下放的范围太广。按照最高人民法院于 1997 年 9 月 26 日发布的通知规定，绝大多数死刑案件的核准权都被授予高级人民法院，应当由最高人民法院核准的死刑案件在全部死刑案件中只占少数。三是授权高级人民法院核准的死刑案件的核准程序名存实亡。由于高级人民法院通常是死刑案件的二审法院，因而司法实践中高级人民法院通常将二审程序与死刑复核程序合二为一，在作出二审裁定后，直接在裁定书上标明“根据最高人民法院依法授权高级人民法院核准部分死刑案件的规定，本裁定即为核准死刑的裁定”，而不再进行死刑复核，导致死刑复核程序实际上被取消，这种状况不利于确保死刑的正确适用和防止错杀。

在社会各界的大力呼吁下，2006 年 10 月 31 日，第十届全国人民代表大会常务委员会第二十四次会议讨论通过了《关于修改〈中华人民共和国人民法院组织法〉的决定》（以下简称《决定》），《决定》将人民法院组织法第十三条规定的“杀人、强奸、抢劫、爆炸以及其他严重危害公共安全和社会治安判处死刑的案件的核准权，最高人民法院在必要的时候，得授权省、自治区、直辖市的高级人民法院行使”修改为：“死刑除依法由最高人民法院判决的以外，应当报请最高人民法院核准。”由于《决定》自 2007 年 1 月 1 日起施行，因而这意味着自 2007 年 1 月 1 日起，死刑立即执行案件的核准权由最高人民法院统一行使。为了贯彻《决定》的要求，最高人民法院于2006年12月13日发布了《关于统一行使死刑案件核准权有关问题的决定》，规定：①自2007年1月1日起，最高人民法院根据全国人民代表大会常务委员会有关决定和人民法院组织法原第十三条的规定发布的关于授权高级人民法院和解放军军事法院核准部分死刑案件的通知，一律予以废止。②自2007年1月1日起，死刑除依法由最高人民法院判决的以外，各高级人民法院和解放军军事法院依法判处和裁定的，应当报请最高人民法院核准。③2006年12月31日以前，各高级人民法院和解放军军事法院已经核准的死刑立即执行的判决、裁定，依法仍由各高级人民法院、解放军军事法院院长签发执行死刑的命令。

（二）判处死刑立即执行案件的报请复核

根据最新的《刑事诉讼法》、最高人民法院、最高人民检察院、公安部、国家安全部、司法部、全国人大常委会法制工作委员会《关于刑事诉讼法实施中若干问题的规定》、最高人民法院、最高人民检察院、公安部、司法部《关于进一步严格依法办案确保办理死刑案件质量的意见》以及最高人民法院《关于适用〈中华人民共和国刑事诉讼法〉的解释》（简称《解释》）及其《关于复核死刑案件若干问题的规定》等，最高人民法院核准的死刑立即执行案件的报请复核应当遵循以下要求：

（1）中级人民法院判处死刑的第一审案件，被告人不上诉、人民检察院不抗诉的，上诉、抗诉期满后3日以内报请高级人民法院复核。高级人民法院同意判处死刑的，依法作出裁定后，再报请最高人民法院核准。

高级人民法院不同意判处死刑的，应当提审或者发回重新审判。高级人民法院提审后所作的改判是终审裁判，其中改判为死刑缓期二年执行的判决，不需要经过复核程序。

但当中级人民法院一审判处死刑的案件，被判处死刑的被告人未提出上诉，但共同犯罪的部分被告人或者附带民事诉讼原告人提出上诉时，依据最高人民法院《关于对被判处死刑的被告人未提出上诉、共同犯罪的部分被告人或者附带民事诉讼原告人提出上诉的案件应适用何种程序审理的批复》的相关规定，应当适用如下程序处理：中级人民法院一审判处死刑的案件，被判处死刑的被告人未提出上诉，共同犯罪的其他被告人提出上诉的，高级人民法院应当适用第二审程序对全案进行审查，并对涉及死刑之罪的事实和适用法律依法开庭审理，一并处理；中级人民法院一审判处死刑的案件，被判处死刑的被告人未提出上诉，仅附带民事诉讼原告人提出上诉的，高级人民法院应当适用第二审程序对附带民事诉讼依法审理，并由同一审判组织对未提出上诉的被告人的死刑判决进行复核，作出是否同意判处死刑的裁判。

（2）中级人民法院判处死刑的第一审案件，被告人上诉或者人民检察院抗诉，高级人民法院终审裁定维持死刑判决的，报请最高人民法院核准；高级人民法院经第二审不同意判处死刑的，应依不同情形直接改判或者发回重审，高级人民法院所作的改判为死刑缓期二年执行的判决，即为终审判决，不需再经复核程序。

（3）高级人民法院判处死刑的第一审案件，被告人不上诉、人民检察院不抗诉的，在上诉、抗诉期满后3日以内报请最高人民法院核准。

（三）判处死刑立即执行案件报请复核的材料及要求

中级人民法院或高级人民法院报请复核死刑案件，应当一案一报。报送的材料应当包括：报请复核报告、死刑案件综合报告和判决书各15份以及全部诉讼案卷和证据；共同犯罪的案件，应当报送全部诉讼案卷和证据。

1. 报请复核报告

应当包括下列内容：①案由；②简要案情（时间、地点、手段、情节、后果等）；③审理过程；④判决结果。

2. 死刑案件综合报告

包括下列内容：①被告人的姓名、性别、出生年月日、民族、文化程度、职业、住址、简历以及拘留、逮捕、起诉的时间和现在被羁押的处所；②被告人的犯罪事实，包括犯罪时间、地点、动机、目的、手段、危害后果以及从轻、从重处罚等情节，认定犯罪的证据和定罪量刑的法律依据；③需要说明的其他问题，如被告人虽无前科但有劣迹等。

3. 诉讼案卷和证据

根据具体案件情况应当包括下列内容：①拘留证、逮捕证、搜查证的复印件；②扣押赃款、赃物和其他在案物证的清单；③起诉意见书或者人民检察院的侦查终结报告；④人民检察院的起诉书；⑤案件审查报告、法庭审查笔录、合议庭评议笔录和审判委员会讨论决定笔录；⑥上诉状、抗诉状；⑦人民法院的判决书、裁定书和宣判笔录、送达回证；⑧能够证明案件具体情况并经过查证属实的各种肯定的和否定的证据，包括物证或者物证照片、书证、证人证言、被害人陈述、被告人供述和辩解、鉴定意见以及勘验检查笔录等。

（四）判处死刑立即执行案件的复核程序

最高人民法院复核死刑案件，应当由审判员3人组成合议庭进行。复核死刑案件一般要进行以下活动：

1. 讯问被告人

讯问被告人是死刑复核程序的重要环节。讯问被告人不仅有利于使其得到最后辩解的机会，而且有利于查明案件真实情况，发现和纠正错判，切实保障被告人的辩护权，因此对核准死刑的案件，应当讯问被告人，当面听取被告人的辩护意见。

2. 审查核实案卷材料，简称为“阅卷”

阅卷是非常重要的复核方式，通过全面审查案卷，可以发现原判定犯罪事实是否清楚，证据是否确实、充分，定性是否准确，法律手续是否完备，对被告人判处死刑是否正确，以便结合提审被告人对案件作出正确的处理。审阅案卷应当全面审查以下内容：

（1）被告人的年龄，有无责任能力，是否正在怀孕的妇女。

（2）原判决认定的主要事实是否清楚，证据是否确实、充分。

（3）犯罪情节、后果及危害程度。

（4）原审判决适用法律是否正确，是否必须判处死刑，是否必须立即执行。

（5）有无法定、酌定从轻或者减轻处罚的情节。

（6）其他应当审查的情况。

3. 听取辩护人的意见

《刑事诉讼法》第二百四十条第一款规定，最高人民法院复核死刑案件，应当讯问被告人，辩护律师提出要求的，应当听取辩护律师的意见。因此，只要辩护律师提出要求，最高人民法院复核死刑案件就必须听取其辩护意见。另外,最高人民法院、最高人民检察院、公安部、司法部联合出台《关于进一步严格依法办案确保办理死刑案件质量的意见》(以下简称《意见》)第四十条规定:死刑案件复核期间,被告人委托的辩护人提出听取意见要求的,应当听取辩护人意见,并制作笔录附卷。辩护人提出书面意见的,应当附卷。

4.最高人民检察院提出意见

《刑事诉讼法》第二百四十条第二款规定,在复核死刑案件过程中,最高人民检察院可以向最高人民法院提出意见。

5.制作复核审理报告

对报请复核的死刑案件进行全面审查后,合议庭应当进行评议并写出复核审理报告。复核审理报告应当包括下列内容:

(1)案件的由来和审理经过。

(2)被告人和被害人简况。

(3)案件的侦破情况。

(4)原判决要点和控辩双方意见。

(5)对事实和证据复核后的分析和认定。

(6)合议庭评议意见和审判委员会讨论决定意见。

(7)其他需要说明的问题。

6.向最高人民检察院通报死刑复核结果

《刑事诉讼法》第二百四十条第二款规定,最高人民法院应当将死刑复核结果通报最高人民检察院。这项制度旨在加强检察机关对死刑复核程序的法律监督职能。

(五)判处死刑立即执行案件复核后的处理

为了保证死刑立即执行案件复核的顺利进行,《刑事诉讼法》第二百三十九条规定了死刑立即执行案件复核后的处理。另外,最高人民法院于 2007 年 1 月 22 日发布了《关于复核死刑案件若干问题的规定》,对死刑立即执行案件复核后的处理做了以下规定:

最高人民法院复核死刑案件,应当作出核准或者不核准死刑的裁定。对于不核准死刑的,最高人民法院可以发回重新审判或者予以改判。

(1)原判认定事实和适用法律正确、量刑适当、诉讼程序合法的,裁定予以核准。原判判处被告人死刑并无不当,但具体认定的某一事实或者引用的法律条款等不完全准确、规范的,可以在纠正后作出核准死刑的判决或者裁定。

以下三种情况,最高人民法院复核后应当裁定不予核准,并撤销原判,发回重新审判或者予以改判:①原判认定事实不清、证据不足的。②原判认定事实正确,但依法不应当判处死刑的。③原审人民法院违反法定诉讼程序,可能影响公正审判的。

(2)数罪并罚案件,一人有两罪以上被判处死刑,最高人民法院复核后,认为其中部分犯罪的死刑裁判认定事实不清、证据不足的,对全案裁定不予核准,并撤销原判,发回重新审判;认为其中部分犯罪的死刑裁判认定事实正确,但依法不应当判处死刑的,可以改判并对其他应当判处死刑的犯罪作出核准死刑的判决。

一案中两名以上被告人被判处死刑,最高人民法院复核后,认为其中部分被告人的死刑裁判认定事实不清、证据不足的，对全案裁定不予核准，并撤销原判，发回重新审判；认为其中部分被告人的死刑裁判认定事实正确，但依法不应当判处死刑的，可以改判并对其他应当判处死刑的被告人作出核准死刑的判决。

(3)最高人民法院裁定不予核准死刑的，根据案件具体情形可以发回第二审人民法院或者第一审人民法院重新审判，也可以予以改判。

高级人民法院依照复核程序审理后报请最高人民法院核准死刑的案件，最高人民法院裁定不予核准死刑，发回高级人民法院重新审判的，高级人民法院可以提审或者发回第一审人民法院重新审判。

(4)发回第二审人民法院重新审判的案件，第二审人民法院可以直接改判；必须通过开庭审理查清事实、核实证据的，或者必须通过开庭审理纠正原审程序违法的，应当开庭审理。

发回第一审人民法院重新审判的案件，第一审人民法院应当开庭审理。

最高人民法院《解释》规定，除因原判认定事实正确，但依法不应当判处死刑被发回重新审判的案件外，对最高人民法院发回重新审判的案件，原审人民法院都应当另行组成合议庭进行审理。

共同犯罪案件中，部分被告人被判处死刑的，最高人民法院复核、核准时，应当对全案进行审查，但不影响对其他被告人已经发生法律效力的判决、裁定的执行；发现对其他被告人已生效的裁判确有错误时，可以指令原审人民法院再审。

三、判处死刑缓期二年执行案件的复核程序

《刑事诉讼法》第二百三十七条规定：中级人民法院判处死刑缓期二年执行的案件，由高级人民法院核准。根据这一规定，死刑缓期二年执行案件的核准权由高级人民法院统一行使。

高级人民法院核准死刑缓期二年执行的案件，应当由审判员 3 人组成合议庭。

合议庭在审查时应当提审被告人。根据《刑事诉讼法》以及《解释》的规定，高级人民法院核准死刑缓期二年执行的案件，应当按照下列情形分别办理：

(1)中级人民法院判处死刑缓期二年执行的第一审案件，被告人不上诉、人民检察院不抗诉的，在上诉、抗诉期满后，报请高级人民法院核准。

高级人民法院对于报请核准的死刑缓期二年执行的案件，经审查后，按照下列情形分别处理：

①同意判处死刑缓期二年执行的，作出予以核准的裁定。

②如果认为原判事实不清，证据不足，应当裁定发回原中级人民法院重新审判。对于发回中级人民法院重新审判的案件，重新审判所作出的判决、裁定，被告人可以上诉，检察院可以抗诉。

③认为原判过重，不同意判处死刑缓期二年执行的，可以直接改判。

高级人民法院核准判处死刑缓期二年执行案件，只能作出核准或者不核准的决定，不能加重被告人的刑罚，即高级人民法院对死刑缓期二年执行案件的改判，只能减轻原判刑罚，而不能改判为死刑立即执行，也不得以提高审级等方式加重被告人的刑罚。

(2)中级人民法院判处死刑缓期二年执行的第一审案件，被告人上诉或者人民检察院抗

诉的，由高级人民法院进行二审。高级人民法院二审后，按照不同情形分别处理：

①同意判处死刑缓期二年执行的，作出维持原判的裁定。此裁定立即生效，无需再经过核准程序。

②原判认定的事实不清或者证据不足的，用裁定撤销原判，发回原审人民法院重新审判。

③原判决认定事实正确，但适用法律有错误或者量刑不当，不需要判处死刑缓期二年执行的，应当用判决直接改判；认为应当判处死刑立即执行的，应当区别对待。其中，如果属于人民检察院提出抗诉的案件，高级人民检察院按照第二审程序后可依法改判死刑，报请最高人民法院核准；如果只有被告人上诉的案件，高级人民法院必须遵从“上诉不加刑”的原则，不得直接改判死刑立即执行。

(3)高级人民法院第一审判处死刑缓期二年执行的案件，被告人不上诉、人民检察院不抗诉的，在上诉、抗诉期满后判决即发生法律效力。

【案例分析】

死刑案件核准后应如何处理？

被告人吉某，女，1970 年 4 月 24 日出生，彝族，农民。因涉嫌犯运输毒品罪于 2006 年 7 月 1 日被逮捕。2006 年 6 月中下旬，阿支尔伍(在逃)和另一姓“阿支”的人(在逃)在西昌找到被告人吉某和乃古么子阿木(另案处理)，许诺给一定的报酬，让其二人从昆明运输毒品回西昌。吉某遂携带幼子二人，乃古么子阿木带婴儿一人，一起坐火车到昆明。同月 25 日 16 时许，吉某和乃古么子阿木运输海洛因到达金阳县金口大桥处被公安民警查获。检查时，吉某示意其子将装有海洛因的塑料袋丢弃于公路边坡下。公安民警当场查获被告人运输的海洛因 3 包，重 1002 克。经鉴定，海洛因含量为 77.68%。四川省凉山彝族自治州人民检察院以被告人吉某犯运输毒品罪，向凉山彝族自治州中级人民法院提起公诉。凉山彝族自治州中级人民法院认定被告人吉某犯运输毒品罪，判处死刑，剥夺政治权利终身，并处没收个人全部财产。一审宣判后，被告人吉某提出上诉，四川省高级人民法院经二审审理认为，一审判决认定的犯罪事实清楚，证据确实、充分，定罪准确，量刑适当，审判程序合法，依法裁定驳回上诉，维持原判。宣判后四川省高级人民法院依法将本案报请最高人民法院核准。最高人民法院经复核认为，被告人吉某明知是毒品而运输，其行为已构成运输毒品罪。其运输海洛因达 1000 余克，数量巨大，应依法惩处。第一审判决、第二审裁定认定的事实清楚，证据确实、充分，定罪准确，审判程序合法。但被告人吉某系为赚取少量运费而受雇运输毒品，归案后认罪态度较好，且系初犯，其运输毒品尚不属于罪行极其严重，对其判处死刑不当。依照《刑事诉讼法》第一百九十九条(1996 年《刑事诉讼法》)和最高人民法院《关于复核死刑案件若干问题的规定》第四条的规定，裁定不核准四川省高级人民法院对被告人的死刑判决，发回四川省高级人民法院重新审判。①

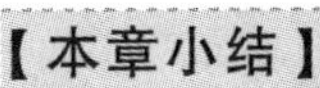

【本章小结】

本章是学习刑事法律实务课程的必备章节，主要介绍刑事法律实务的一些基础知识和处理刑事法律案件所不可或缺的技能。包括刑事案件及附带民事诉讼案件庭前准备工作的具体内容，刑事诉前调解制度的探索研究，如何运用一些技能与方法进行庭审的相关诉讼活动以及对于死刑复核案件的具体操作流程等。这些知识都是学生在司法实践中能够运用到的刑事司法实务基础性知识。通过本章的学习，学生应能够正确认识刑事司法实务庭前、庭审的基本内容，能够在掌握相关技能的基础上从容应对刑事司法实务问题，并能够正确处理好司法实践中的矛盾纠纷。

【技能训练】

正确认识刑事诉讼审判的基本知识

目的：使学生在真实世界体验中获得法律知识的积累。通过现实观察和分析，将具体的刑事法律融入直观的刑事法律现象、刑事案例进行探讨，深化对刑事法律知识的理解。

要求一：通过图书、期刊、网络等方式收集资料，列举出十个比较典型的刑事案例，并运用所学法律知识对其进行具体的分析。

要求二：参与实习，深入司法机关进行刑事案件的调研活动，作出有一定参考价值的调研报告。

【实践活动】

模拟刑事附带民事诉讼案件的庭审流程

目的：使学生掌握我国《刑事诉讼法》的主要规定，培养学生熟练应用《刑事诉讼法》的基本知识和相关法律规定，正确处理刑事司法事务，进而增强其解决社会矛盾纠纷的实践能力，加强与刑事诉讼法等课程的衔接。

内容：开展刑事诉讼的模拟法庭活动。

---

① 参见贾霆：《吉某运输毒品死刑复核成功案》。

步骤：

(1)挑选出同学担任合议庭组成人员、书记员、公诉人、被害人、被告人、原告人及证人；

(2)模拟一个交通肇事致死案件；

(3)根据刑事诉讼法的程序流程，审判人员主持好庭审过程；

(4)每位扮演角色的同学应根据案件具体情况和相关法律法规参加庭审活动，如进行公诉、辩护、审判等；

(5)审判人员依照事实和法律作出裁判文书。

要求：掌握刑事诉讼法相关的法律法规；了解刑事案件庭审的基本程序。能够运用所学法律知识，认识到正确进行庭审活动的重要性，从而处理司法实践中的法律问题。

【本章练习】

一、不定项选择题

1. 法院在刑事案件的审理过程中，根据对案件的不同处理需要使用判决、裁定和决定。关于判决、裁定和决定的适用对象，下列选项正确的是（　　）。

A. 判决不适用于解决案件的程序问题　　B. 裁定不适用于解决案件的实体问题

C. 决定只适用于解决案件的程序问题　　D. 解决案件的程序问题只能用决定

2. 王某与张某发生口角，王某一怒之下顺手将李某放在桌子上的手机打向张某，致张某轻伤。对由王某造成的伤害，张某依法享有的诉讼权利是（　　）。

A. 向法院提起自诉　B. 向公安机关控告　C. 向检察院控告　D. 提起附带民事诉讼

3. 下列哪一情形不得适用简易程序？（　　）

A. 未成年人案件　　B. 共同犯罪案件

C. 有重大社会影响的案件　　D. 被告人没有辩护人的案件

4. 一审程序中有下列何种情形，二审人民法院应该撤销原判，发回原审法院重新审判？（　　）

A. 对不复杂的共同犯罪案件适用简易程序审理的

B. 适用简易程序审理的公诉案件，检察人员没有出庭的

C. 一审合议庭的书记员应回避而未回避的

D. 适用简易程序审理的自诉案件，开庭审理中被告人委托的辩护人没有出庭的

5. 曲某因涉嫌爆炸罪被检察机关提起公诉。某市中级人民法院经审理认为，曲某的犯罪行为虽然使公私财物遭受了重大损失，也没有法定减轻处罚情节，但根据案件特殊情况，可以在法定刑以下判处刑罚，于是判处曲某有期徒刑8年。曲某在法定期间内没有提出上诉，检察机关也没有提出抗诉。该案在程序上应当如何处理？（　　）

A. 在上诉、抗诉期满后3日内报请上一级人民法院复核

B. 如果上一级人民法院同意原判，应当逐级报请最高人民法院核准

C. 如果上一级人民法院不同意在法定刑以下判处刑罚，应在改判后逐级报请最高人民法院核准

D. 最高人民法院予以核准的，应当作出核准裁定书

6. 在某自诉案件的审理程序中，法庭主持双方当事人对一刑事自诉案件进行了调解，双方协商一致达成协议，但当法院向自诉人送达调解书时，自诉人发现调解书中的内容发生了不利于己的重大变化。该自诉人下列何种做法是正确的？（　　）

A. 接受调解书，然后提出上诉　　　　B. 接受调解书，然后重新起诉

C. 拒绝在送达回证上签字　　　　D. 要求法院判决

7. 法院对一起共同犯罪案件审理后分别判处甲死缓、乙无期徒刑。甲没有提出上诉，乙以量刑过重为由提出上诉，同时检察院针对甲的死缓判决以量刑不当为由提起抗诉。下列关于第二审程序的何种表述是错误的？（　　）

A. 二审法院可以不开庭审理

B. 二审法院应当开庭审理

C. 因上诉和抗诉都不是针对原审事实认定，二审法院对本案不能以事实不清为由撤销原判，发回重审

D. 因本案存在抗诉，二审法院不受上诉不加刑原则的限制

8. 张一、李二、王三因口角与赵四发生斗殴，赵四因伤势过重死亡。其中张一系未成年人，王三情节轻微未被起诉，李二在一审开庭前意外死亡。在一审过程中，如果发生附带民事诉讼原、被告当事人不到庭情形，法院的下列做法正确的是（　　）。

A. 赵四父母经传唤，无正当理由不到庭，法庭应当择期审理

B. 赵四父母到庭后未经法庭许可中途退庭，法庭应当按撤诉处理

C. 王三经传唤，无正当理由不到庭，法庭应当采取强制手段强制其到庭

D. 李二父母未经法庭许可中途退庭，就附带民事诉讼部分，法庭应当缺席判决

9. 被告人王某故意杀人案经某市中级法院审理，认为案件事实清楚，证据确实、充分。如王某被判处死刑立即执行，下列选项正确的是（　　）。

A. 核准死刑立即执行的机关是最高法院

B. 签发死刑立即执行命令的是最高法院审判委员会

C. 王某由作出一审判决的法院执行

D. 王某由法院交由监狱或指定的羁押场所执行

10. 张某因犯故意杀人罪和爆炸罪，一审均被判处死刑立即执行，张某未上诉，检察机关也未抗诉。最高法院经复核后认为，爆炸罪的死刑判决事实不清、证据不足，但故意杀人罪死刑判决认定事实和适用法律正确、量刑适当。关于此案的处理，下列哪些选项是错误的？（　　）

A. 对全案裁定核准死刑

B. 裁定核准故意杀人罪死刑判决，并对爆炸罪死刑判决予以改判

C. 裁定核准故意杀人罪死刑判决，并撤销爆炸罪的死刑判决，发回重审

D. 对全案裁定不予核准，并撤销原判，发回重审

二、案例分析题

案情：张某与王某因口角发生扭打，张某将王某打成重伤。检察院以故意伤害罪向法院提起公诉，被害人王某同时向法院提起附带民事诉讼。

问题：

(1)如果一审宣判后,张某对刑事部分不服提出上诉,王某对民事部分不服提出上诉,第二审法院在审理中发现本案的刑事部分和附带民事部分认定事实都没有错误,但适用法律有错误,应当如何处理?

(2)如果一审宣判后,检察院对本案刑事部分提起了抗诉,本案的附带民事部分没有上诉。第二审法院在审理中发现本案民事部分有错误,二审法院对民事部分应如何处理?

(3)如果一审宣判后,本案的刑事部分既没有上诉也没有抗诉,王某对本案附带民事部分提起了上诉,在刑事部分已经发生法律效力的情况下,二审法院在审理中发现本案的刑事部分有错误,二审法院应如何处理?

(4)如果一审宣判后,王某对附带民事部分判决上诉中增加了独立的诉讼请求,张某在二审中也对民事部分提出了反诉,二审法院应当如何处理?

(5)如果在一审程序中,法院审查王某提起的附带民事诉讼请求后,认为不符合提起附带民事诉讼的条件,法院应当如何处理?

(6)如果法院受理了附带民事诉讼,根据我国《刑事诉讼法》及司法解释相关规定,对一审过程中附带民事诉讼的调解,法院应当如何处理?

第六章 刑事执行机关常用刑事实务

【学习目标】

■ 知识目标：

了解减刑、假释、社区矫正制度的概念以及其主要任务及主要指导思想；

了解减刑、假释、社区矫正制度的机构设置及具体职责。

■ 能力目标：

能运用本章节知识分析社会中出现的涉及减刑、假释、社区矫正制度的典型案例；

能够填写社区矫正过程中的各类表格。

第一节 减刑、假释实务

【案例引导】

假释考验期限内盗窃汽车

1987 年 7 月，王某因实施暴力强奸而被人民法院依法以强奸罪判处有期徒刑 15 年。后其服刑表现不错，1999 年 7 月被假释。2001 年 3 月的一天，王某盗窃一辆汽车（价值 8 万多元）而未被发现。2003 年 4 月，王某因参与以传播“非典”相威胁敲诈某市多所高校钱财的行为而被逮捕，其后交代了自己在假释考验期限内盗窃汽车的行为。[①]

① 参见陈丹：《假释期间又盗窃》。

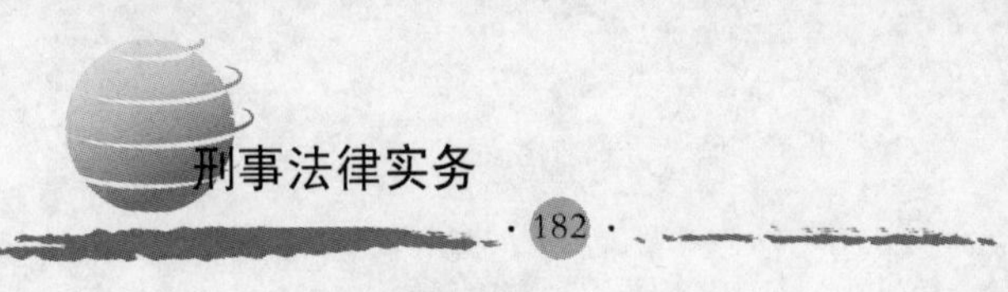

一、减刑的概念

减刑,分为广狭两义,狭义的减刑是指对被判处管制、拘役、有期徒刑、无期徒刑的犯罪分子,根据其在刑罚执行期间的悔改或者立功表现,而适当减轻其原判刑罚的制度。而广义的减刑除了上述对象外,还包括对死缓犯、缓刑犯、附加刑的减刑以及赦免等情况。

二、减刑适用的对象

依据《刑法》第七十八条的规定,被判处管制、拘役、有期徒刑、无期徒刑的犯罪分子,在执行期间,如果认真遵守监规,接受教育改造,确有悔改表现的,或者有立功表现的,可以减刑。因此,可以知道减刑适用的刑罚种类还是比较多的,在主刑中,除了死刑立即执行的犯罪分子因为判决生效后生命被剥夺以外,对于被判处其他主刑的犯罪分子,都可以适用减刑。另外,从广义的减刑角度,还包括以下几种情况:

1. 死刑缓期执行中的减刑

依据《刑法》第五十条的规定,判处死刑缓期执行的,在死刑缓期执行期间,如果没有故意犯罪,二年期满以后,减为无期徒刑。如果确有重大立功表现,二年期满以后,减为十五年以上二十年以下有期徒刑;如果故意犯罪,查证属实的,由最高人民法院核准,执行死刑。

2. 附加刑的减刑

《刑法》第七十八条并未将附加刑的减刑概括其中,但实质上附加刑也是可以减刑的。例如,依据《刑法》第五十七条第二款的规定,在死刑缓期执行减为有期徒刑或者无期徒刑减为有期徒刑的时候,应当把附加剥夺政治权利的期限改为三年以上十年以下;《刑法》第五十三条规定,对于罚金刑,如果由于遭遇不能抗拒的灾祸缴纳确实有困难的,可以酌情减少或者免除;依据最高人民法院《关于办理减刑、假释案件具体应用法律若干问题的规定》第十二条的规定,在有期徒刑罪犯减刑时,对附加剥夺政治权利的期限可以酌减。酌减后剥夺政治权利的期限,不能少于一年。

3. 缓刑犯的减刑

缓刑犯并不属于主刑也不属于附加刑,不是一种单独的刑种,而是一种单独的刑罚执行方式。依据最高人民法院《关于办理减刑、假释案件具体应用法律若干问题的规定》第十三条的规定,处拘役或者三年以下有期徒刑并宣告缓刑的罪犯,一般不适用减刑。前款规定的罪犯在缓刑考验期限内有重大立功表现的,可以参照《刑法》第七十八条的规定,予以减刑,同时应依法缩减其缓刑考验期限。拘役的缓刑考验期限不能少于两个月,有期徒刑的缓刑考验期限不能少于一年。依据上述规定,对于缓刑犯,一般情况下是不减刑的,但是如果有重大立功表现,也可以在主刑缩减的情况下,缩减考验期限。

三、减刑的实质条件

依据《刑法》第七十八条的规定,可以将减刑的实质条件归纳为"确有悔改表现"或者有"立功表现",现分述如下:

1. 确有悔改表现

依据最高人民法院《关于办理减刑、假释案件具体应用法律若干问题的规定》,所谓"确有悔改表现"是指同时具备以下四个方面情形:认罪悔罪;认真遵守法律法规及监规,接受教育改造；积极参加思想、文化、职业技术教育；积极参加劳动，努力完成劳动任务。其中认罪悔罪是确有悔改表现的心理基础和先决条件，如果一个犯罪人他根本认识不到自己行为的性质，只是一味推卸责任，那是无法认定其具有悔改表现的。而认真遵守监规，接受教育改造说明犯罪人在认识到自己的错误后，在监狱中认真接受监管，行为符合《罪犯行为规范》、《犯人守则》和监狱内各种规章纪律。积极参加思想、文化、职业技术教育；积极参加劳动，努力完成劳动任务则是指犯罪人已经开始学习新的技能，并且已经开始加以运用。

2. 有立功表现

立功表现可以分为“立功表现”及“重大立功表现”，对于犯罪人有立功表现的，可以减刑，有重大立功表现之一的，应当减刑。所谓“立功表现”，是指：①阻止他人实施犯罪活动的；②检举、揭发监狱内外犯罪活动，或者提供重要的破案线索，经查证属实的；③协助司法机关抓捕其他犯罪嫌疑人（包括同案犯）的；④在生产、科研中进行技术革新，成绩突出的；⑤在抢险救灾或者排除重大事故中表现突出的；⑥对国家和社会有其他贡献的。

而重大立功表现，依据《刑法》第七十八条的规定，具体包括：①阻止他人重大犯罪活动的；②检举监狱内外重大犯罪活动，经查证属实的；③有发明创造或者重大技术革新的；④在日常生产、生活中舍己救人的；⑤在抗御自然灾害或者排除重大事故中，有突出表现的；⑥对国家和社会有其他重大贡献的。

【案例分析】

监外服刑期间勇救落水儿童　内江产生首例社区服刑人员减刑案例[①]

2009 年 8 月，雷某某因犯合同诈骗罪，被威远县人民法院判处有期徒刑 8 年，后被送往川西监狱执行刑罚。在服刑期间，雷某某因具有悔改表现被裁定减刑三个月。

2012 年至 2015 年，雷某某因身患肝硬化失代偿期，符合保外就医条件，经省监狱管理局批准对其暂予监外执行，并交由威远县司法行政机关实行社区矫正。

自接受社区矫正以来，雷某某能按时向社区矫正管理机关汇报思想，服从社区矫正管理和帮扶。2014 年 8 月 24 日，雷某某在村民曾某家帮工煮饭时，听到屋外有人喊救命，发现是村民张某 6 岁的儿子不慎掉入深达两米的池塘中，水已淹没小孩头顶危及生命，雷某某不顾患有严重肝硬化，立即跳入池塘中，几番努力后将小孩救上岸，并将已昏迷的小孩抢救至脱离生命危险时止，事后又婉言谢绝了小孩家长给予的现金酬谢。雷某某舍己救人的行为受到当地村民称赞。内江市司法局根据雷某某在矫正期间的表现，提请并建议市中级人民法院对其予以减刑。

---

① 参见李嘉：《监外服刑期间勇救落水儿童　内江产生首例社区服刑人员减刑案例》。

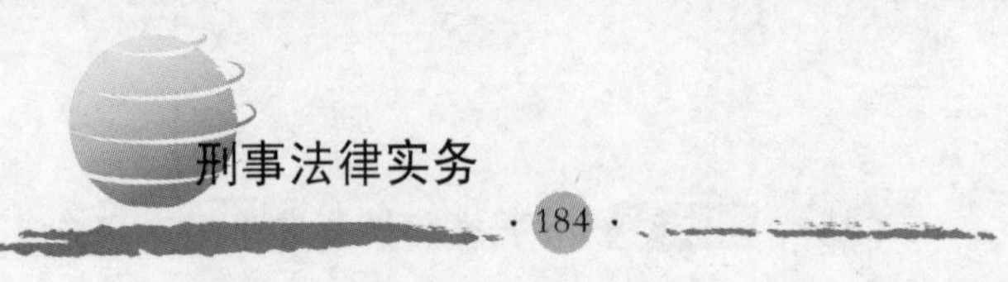

四、减刑的限度和幅度

减刑意味着对于原裁判执行内容的更正，因此如果减刑的幅度过大或者频率过于频繁，均意味着对于原裁判权威性的破坏，因此减刑的适用必须以原判刑罚为基础，在适当的限度和幅度内进行。

1.减刑的限度

减刑的限度主要体现在对于犯罪人"实际执行期限"的限制，这种限制主要有：

(1)减刑以后实际执行的刑期，判处管制、拘役、有期徒刑的，不能少于原判刑期的二分之一。

(2)判处无期徒刑的，确有悔改或者立功表现的，一般可以减为十八年以上二十年以下有期徒刑；对有重大立功表现的，可以减为十三年以上十八年以下有期徒刑，经过一次或几次减刑以后实际执行的刑期，不少于十三年以上有期徒刑。

(3)人民法院依照《刑法》第五十条第二款规定限制减刑的死刑缓期执行的犯罪分子，缓期执行期满后依法减为无期徒刑的，不能少于二十五年，缓期执行期满后依法减为二十五年有期徒刑的，不能少于二十年。

(4)有期徒刑罪犯减刑时，对附加剥夺政治权利的期限可以酌减。酌减后剥夺政治权利的期限，不能少于一年。

(5)判处拘役或者三年以下有期徒刑并宣告缓刑的罪犯，一般不适用减刑。犯罪分子在缓刑考验期限内有重大立功表现的，可以参照刑法第七十八条的规定，予以减刑，同时应依法缩减其缓刑考验期限。拘役的缓刑考验期限不能少于两个月，有期徒刑的缓刑考验期限不能少于一年。

2.减刑的幅度

减刑的幅度包括刑法开始执行后，多长时间才可以开始减刑，一次可以减刑多少，减刑之间的间隔时间的内容。最高人民法院《关于减刑、假释案件的规定》对于减刑的幅度所包含的上述问题做了如下规定：

(1)有期徒刑罪犯在刑罚执行期间，符合减刑条件的，减刑幅度为：确有悔改表现，或者有立功表现的，一次减刑一般不超过一年有期徒刑；确有悔改表现并有立功表现，或者有重大立功表现的，一次减刑一般不超过两年有期徒刑。被判处十年以上有期徒刑的罪犯，如果悔改表现突出或者有立功表现的，一次最长可以减二年有期徒刑。有期徒刑罪犯减刑的起始时间以及每次减刑的间隔时间为：被判处五年以上有期徒刑的罪犯，一般在执行一年六个月以上方可减刑，两次减刑之间一般应当间隔一年以上。被判处不满五年有期徒刑的罪犯，可以比照上述规定，适当缩短起始和间隔时间。确有重大立功表现的，可以不受上述减刑起始和间隔时间的限制。

(2)无期徒刑在刑罚执行期间，无期徒刑犯在执行期间，如果确有悔改或者立功表现的，服刑二年以后，可以减刑。为使无期徒刑犯的减刑，与死缓犯、有期徒刑长刑犯的减刑相照应，对确有悔改或者立功表现的，一般可以减为二十年以上二十二年以下有期徒刑；有重大立功表现的，可以减为十五年以上二十年以下有期徒刑。无期徒刑犯在执行期间重新犯罪，被判处有期徒刑以下刑罚的，自新罪判决确定之日起一般在两年内不予减刑；对新罪判处无期徒刑的，减刑的起始时间要适当延长。

3.减刑的程序

减刑涉及监狱、检察机关、法院等多个部门，必须遵循严格的法定程序。根据司法部《监狱提请减刑假释工作程序规定》、最高人民法院《关于减刑、假释案件审理程序的规定》，减刑的具体程序如下：

(1)程序的提起。

对于需要减刑的罪犯，结合罪犯服刑表现，由分监区人民警察集体研究，提出提请减刑建议，报经监区长办公会议审核同意后，由监区报送监狱刑罚执行部门审查。直属分监区或者未设分监区的监区，由直属分监区或者监区人民警察集体研究，提出提请减刑、假释建议，报送监狱刑罚执行部门审查。

(2)资料的初审。

监狱刑罚执行部门收到监区或者直属分监区对罪犯提请减刑的材料后，应当就下列事项进行审查：①需提交的材料是否齐全、完备、规范；②罪犯确有悔改或者立功、重大立功表现的具体事实的书面证明材料是否来源合法；③罪犯是否符合法定减刑的条件；④提请减刑的建议是否适当。经审查，对材料不齐全或者不符合提请条件的，应当通知监区或者直属分监区补充有关材料或者退回；对相关材料有疑义的，应当提讯罪犯进行核查；对材料齐全、符合提请条件的，应当出具审查意见，连同监区或者直属分监区报送的材料一并提交监狱减刑评审委员会评审。监狱减刑假释评审委员会应当召开会议，对刑罚执行部门审查提交的提请减刑建议进行评审，提出评审意见。会议应当有书面记录，并由与会人员签名。监狱可以邀请人民检察院派员列席减刑假释评审委员会会议。监狱减刑假释评审委员会经评审后，应当将提请减刑的罪犯名单以及减刑意见在监狱内公示。公示内容应当包括罪犯的个人情况、原判罪名及刑期、历次减刑情况、提请减刑的建议及依据等。公示期限为5个工作日。公示期内，如有监狱人民警察或者罪犯对公示内容提出异议，监狱减刑假释评审委员会应当进行复核，并告知复核结果。监狱应当在减刑假释评审委员会完成评审和公示程序后，将提请减刑建议送人民检察院征求意见。征求意见后，监狱减刑假释评审委员会应当将提请减刑、假释建议和评审意见连同人民检察院意见，一并报请监狱长办公会议审议决定。监狱对人民检察院意见未予采纳的，应当予以回复，并说明理由。

(3)向人民法院提请减刑。

监狱长办公会议决定提请减刑、假释的，由监狱长在罪犯减刑(假释)审核表上签署意见，加盖监狱公章，并由监狱刑罚执行部门根据法律规定制作提请减刑建议书或者提请假释建议书，连同有关材料一并提请人民法院裁定。人民检察院对提请减刑、假释提出的检察意见，应当一并移送受理减刑、假释案件的人民法院。而对于被判处死刑缓期二年执行的罪犯的减刑，被判处无期徒刑的罪犯的减刑，由监狱提出建议，经省、自治区、直辖市监狱管理局审核同意后，提请罪犯服刑地的高级人民法院裁定。

(4)人民法院裁定。

人民法院审理减刑案件，应当在立案后五日内将执行机关报请减刑的建议书等材料依法向社会公示。公示内容应当包括罪犯的个人情况、原判认定的罪名和刑期、罪犯历次减刑情况、执行机关的建议及依据。公示应当写明公示期限和提出意见的方式。公示期限为五日。其后，人民法院由审判员或者审判员、人民陪审员组成合议庭进行审理，合议庭可以采取开庭审理或者书面审理的方式。但下列减刑、假释案件，应当开庭审理：①因罪犯有重大立功表现报请减刑的；②报请减刑的起始时间、间隔时间或者减刑幅度不符合司法解释一般规定的；③公示期间收到不同意见的；④人民检察院有异议的；⑤被报请减刑、假释罪犯系职务犯罪罪犯，组织（领导、参加、包庇、纵容）黑社会性质组织犯罪罪犯，破坏金融管理秩序和金融诈骗犯罪罪犯及其他在社会上有重大影响或社会关注度高的；⑥人民法院认为其他应当开庭审理的。

在审理后，依据犯罪人的情况，分别作出如下处理：①被报请减刑的罪犯符合法律规定的减刑条件的，作出予以减刑的裁定；②被报请减刑的罪犯符合法律规定的减刑条件，但执行机关报请的减刑幅度不适当的，对减刑幅度做了相应调整后作出予以减刑的裁定；③被报请减刑罪犯不符合法律规定的减刑条件的，作出不予减刑的裁定。人民检察院认为人民法院减刑裁定不当，在法定期限内提出书面纠正意见的，人民法院应当在收到纠正意见后另行组成合议庭审理，并在一个月内作出裁定。人民法院作出减刑、假释裁定后，应当在七日内送达报请减刑、假释的执行机关、同级人民检察院以及罪犯本人。减刑裁定书应当通过互联网依法向社会公布。

4.减刑后刑期的计算

犯罪分子原判刑罚的种类不同，减刑后刑期的计算方法也是不同的，依据《刑法》及相关法律、司法解释的规定，减刑后具体计算方法是对于管制、拘役、有期徒刑的减刑起始时间自判决执行之日起计算。原判刑期已经执行的部分，应当计算在减刑后的刑期之内。对于原判无期徒刑减为有期徒刑的，从裁定减刑之日起计算。对原判无期徒刑减为有期徒刑后，依法再次进行减刑的，再次减刑的刑期从有期徒刑执行之日即无期徒刑裁定减为有期徒刑之日起计算。

五、假释的概念

假释，是对被判处有期徒刑、无期徒刑的犯罪分子，在执行一定刑期之后，因其认真遵守监规，接受教育和改造，确有悔改表现，不致再危害社会，而附条件地将其予以提前释放并在社会中接受社区矫正等考核的制度。

六、假释适用的条件

1.适用对象

依据《刑法》的规定，被判处有期徒刑的犯罪分子，执行原判刑期二分之一以上，被判处无期徒刑的犯罪分子，实际执行十三年以上，如果认真遵守监规，接受教育改造，确有悔改表现，假释后不致再危害社会的，可以假释。因此，在我国适用假释的是被判处主刑中有期徒刑和无期徒刑的犯罪分子。另外，死刑缓期执行的犯罪分子在依法改判为无期徒刑或者有期徒刑后，也可以适用假释。

另外，还需注意的是，并非所有被判处有期徒刑及无期徒刑的罪犯都可以适用假释，依据《刑法修正案八》的修改，《刑法》第八十一条第二款规定，对累犯以及因杀人、爆炸、抢劫、强奸、绑架等暴力性犯罪被判处十年以上有期徒刑、无期徒刑的犯罪分子，不得假释。依据该条规定，对于累犯由于其人身危险性较高，再犯可能性极大，不能适用假释。另外，对于触犯杀人、爆炸、抢劫、强奸、绑架等暴力性犯罪被判处十年以上有期徒刑的，由于此类犯罪社会危害性较大，为了充分实现对于犯罪人的惩罚及矫正，也是不可以适用假释的。这里被判处十年以上有期徒刑是指犯罪人入罪时的宣告刑，因此，即便犯罪人被裁定减刑后低于十年的，也不允许适用假释。

2. 执行的刑期条件

对于假释犯必须服完一定刑期后方能考虑适用假释，一方面也是为了发挥刑罚的惩罚功能，另一方面是因为受刑人的真诚悔改和人身危险性的减少乃至于消失需要一个矫正过程。依据我国《刑法》及相关司法解释的规定，被判处有期徒刑的犯罪分子，需要执行原判刑罚一半以上。有期徒刑罪犯假释，执行原判刑期二分之一以上的起始时间，应当从判决执行之日起计算，判决执行以前先行羁押的，羁押一日折抵刑期一日。被判处无期徒刑的犯罪分子，需执行十三年以上，才能适用假释；而死刑缓期两年执行的罪犯减为无期徒刑或者有期徒刑后，符合《刑法》第八十一条第一款和实际执行刑期不少于十三年（不含死刑缓期执行考验期间两年）的，可以假释。

另外《刑法》第八十一条还规定，如果有特殊情况，经最高人民法院核准，可以不受上述执行刑期的限制。所谓特殊情况，是指与国家、社会利益有重要关系的情况。

3. 实质条件

假释的实质条件是认真遵守监规，接受教育和改造，确有悔改表现，不致再危害社会。认真遵守监规，接受教育和改造认定时的标准与前述减刑相关标准的认定是一致的。所谓“不致再危害社会”是指罪犯在刑罚执行期间，其人身危险性已经得到改变，即便将其予以释放，也不至于会再实施犯罪行为；或者也可能是由于某种客观原因例如因年老或因身体有残疾而丧失再犯能力的。另外，由于在《刑法修正案八》中明确了对于假释的犯罪分子需要实行社区矫正，因此犯罪分子决定假释时，应当考虑其假释后对所居住社区的影响。

七、假释的程序、考验核撤销

1. 假释的程序

对于犯罪分子的假释，依据《刑法》第八十二条的规定，依照本法第七十九条规定的程序进行。非经法定程序不得假释。依据这一规定，假释的决定与前述减刑程序相同，均是由监狱刑罚执行部门或者经监狱提出建议，经省、自治区、直辖市监狱管理局审核同意后，由人民法院裁定假释。

2. 假释的考验

(1)假释的考验期限。

依据《刑法》第八十三条的规定，有期徒刑的假释考验期限，为没有执行完毕的刑期；无期徒刑的假释考验期限为十年。假释考验期限，从假释之日起计算。

(2)假释的行为规则。

对于被假释的犯罪分子而言，假释并非完全刑满释放，其在考察期内仍需遵循一定的行为规则。《刑法》第八十四条规定，被宣告假释的犯罪分子，应当遵守下列规定：①遵守法律、行政法规，服从监督；②按照监督机关的规定报告自己的活动情况；③遵守监督机关关于会客的规定；④离开所居住的市、县或者迁居，应当报经监督机关批准。另外，依据《刑法修正案八》的规定，对假释的犯罪分子，在假释考验期内，依法实行社区矫正。因此，被假释的犯罪分子除了需要遵循上述行为规范外，还需要遵循社区矫正的相关规定[①]

(3)假释的撤销。

如果犯罪者在假释考验期内没有撤销假释的情形，假释考验期满，就认为原判刑罚已经执行完毕，并公开宣告刑罚不再执行。反之如果行为人出现《刑法》第八十六条规定的情形，则应依法撤销假释。根据《刑法》第八十六条的规定，撤销假释的原因包括：①被假释的犯罪分子，在假释考验期限内犯新罪，应当撤销假释，依照《刑法》第七十一条的规定实行数罪并罚。②在假释考验期限内，发现被假释的犯罪分子在判决宣告以前还有其他罪没有判决的，应当撤销假释，依照《刑法》第七十条的规定实行数罪并罚。③被假释的犯罪分子，在假释考验期限内，有违反法律、行政法规或者国务院公安部门有关假释的监督管理规定的行为，尚未构成新的犯罪的，应当依照法定程序撤销假释，收监执行未执行完毕的刑罚。

【案例分析】

假释人员不按时报到玩失踪　被裁定撤销假释收监执行

杨某于1991年出生，因犯抢劫罪被判处有期徒刑四年六个月，在江苏省丁山监狱服刑。因在监狱吃苦耐劳、表现较好，于2013年10月被无锡市中级人民法院刑庭裁定予以假释。2013年11月，杨某到船山区司法局办理入矫手续，并在河沙司法所接受社区矫正管理。“入矫以来，杨某表现一般，工作也不稳定，没有做到每个月到司法所报到。”据河沙司法所的工作人员介绍，2014年11月，司法所通知杨某到所报到，其一直未到所，经数次联系发现杨某手机一直处于关机甚至停机状态。2015年1月，司法所工作人员多次与其家属联系，但其家属也表示不知杨某下落。随后，司法所工作人员对杨某所在村的村干部和邻居做了书面调查，村民均表示杨某表现不好，应该按照法律规定处理。

由于杨某的行为严重违反了《刑法》第八十六条、《社区矫正实施办法》第二十五条的规定，2015年2月，船山区司法局向遂宁市司法局提交了提请撤销假释审核表，建议对杨某撤销假释。

经过市司法局审核，随即，市司法局向无锡市中级人民法院递交了撤销假释建议卷。[②]

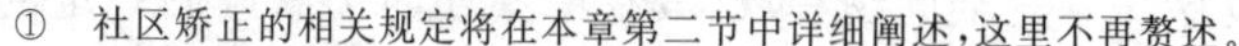

① 社区矫正的相关规定将在本章第二节中详细阐述，这里不再赘述。

② 参见邓攀：《假释人员不按时报到玩失踪 被裁定撤销假释收监执行》。

第二节 社区矫正实务

【案例引导】

司法行政机关为李某办理居住地变更执行手续

社区矫正人员李某系含山县清溪镇人，因犯故意伤害罪于2011年11月28日被含山县人民法院依法判处有期徒刑三年缓刑五年。矫正期间为2011年12月9日至2016年12月8日。其在本地接受社区矫正期间，由于居无定所、无亲可投，加上年龄偏大，生活得不到保障，不得不常去大儿子居住地江苏省无锡宜兴市投靠。因其随意跨省往返两地多次，未依法履行外出请假手续，执行地司法所无法对其进行有效监管。县司法局因其违反了《社区矫正实施办法》和有关监管规定先后对其进行了警告和治安处罚。

针对李某的情况，如其继续在两地之间往返，必将因违规面临撤销缓刑收监执行的法律后果，综合考虑李某年龄和实际情况，如果简单以违法监管规定提请撤销缓刑予以收监，并不能体现非监禁刑教育改造罪犯的目的。为对李某顺利实施社区矫正，司法局积极探索出了一套解决方法，运用多方力量，成功予以解决。一是发挥配合协作机制。专门召开了公、检、法、司联席会议，研究讨论方法，提出解决方案，形成会议纪要。2014年12月11日，由县矫正局会同县检察院监所科负责人亲自去往无锡宜兴市，对李某及其儿子的情况进行调查了解。经实地走访调查，其儿子在当地有稳定住所和收入，也愿意提供父亲居所和生活保障。宜兴市司法局也认为李某基本符合居住地变更条件，经过座谈协调，最终达成一致意见，同意李某办理居住地变更。二是坚持变更审批原则。按照"符合规定、程序严谨、避免脱漏管"的原则，由李某提出申请，填写有关文书，司法所签署意见后报县司法局审批，再由县局向无锡宜兴司法局发函征求意见，待意见反馈后按照有关规定办理执行移交手续。

2015年1月4日，李某成功变更执行地到无锡宜兴市司法局接受社区矫正，确保了矫正措施的连续性，化解了此类矫正执行难题。[①]

① 参见贾宏亮:《县司法局探索社区服刑人员居住地变更执行，解决矫正执行难问题》。

一、社区的概念

“社区”一词源于拉丁语，意思是共同的东西和亲密的伙伴关系。19世纪，德国社会学家斐迪南·藤尼斯第一次将“社区”一词运用到社会学中，并指出，“社区”是指那些存在于前工业社会，具有共同价值取向的同质人口组成的关系密切、出入相友、守望相助、富有人情味的社会关系和社会利益共同体。① 而在我国，当前“社区”的概念也得到官方的认可，依据2000年中共中央办公厅、国务院转发的《民政部关于在全国范围内推进城市社区建设的意见》，在我国“社区”是指聚居在一定地域范围内的人们所组成的社会生活共同体。

二、社区矫正的概念与特征

（一）概念

所谓“社区矫正”，是与监禁刑相对应的非监禁刑罚执行方式，是指将符合社区矫正条件的罪犯置于社区内，由专门的国家机关在相关社会团体和民间组织以及社会志愿者的协助下，在判决、裁定或决定确定的期限内，矫正其犯罪心理和行为恶习，并促使其顺利回归社会的非监禁刑罚执行活动。

（二）特征

依据上述概念，社区矫正的特征可以概括为以下几个方面：

(1)非监禁性。如上所述，社区矫正和一般的刑罚执行方式最大的不同在于其并不需要将犯罪人羁押于指定场所，而是可以将其置于相对自由的社区对其进行教育改造。

(2)兼具教育、惩罚性。社区矫正的出现很大程度上是为了克服监禁刑的弊端而出现的，是为了让犯罪人更好地回归社会，因此，教育性是它的首要特性。但是从另一个角度，社区矫正从本质上来说仍然是一种刑罚执行方式，虽然对于接受社区矫正的犯罪分子并不需要进行关押，但是他并非是自由的，仍然要遵守社区矫正的相关规章制度，仍然要受到负责社区矫正机关的制约，因此与一般公民的生活仍然是不同的。

(3)内容特定。社区矫正的内容在于矫正犯罪人的犯罪心理和行为恶习，社区矫正的内容包括主观和客观两个方面，从主观方面来说，主要是改变犯罪人的世界观、思想观，使他认识到过往的犯罪行为是错误的，人在社会中生存应该遵守社会的各项法律规则，从而实现犯罪人思想上的转变。而从客观方面来讲，则是改变犯罪人过往那种与主流社会规则不相符合的生活习性，从而促使其顺利回归社会。

(4)执行的依据和适用的对象特定。社区矫正的执行依据只能是刑事判决、裁定或者决定。而适用的对象依据我国现行刑法的规定，分别适用于被判处管制的犯罪分子，适用缓刑的犯罪分子以及适用假释的犯罪分子。

(5)社会参与性。对于社区矫正除了强调由专门的国家机关主导进行外，其重要的特色在于其有广泛的社会参与性。针对犯罪人员的社区矫正是一项复杂的系统性工程，单靠政府的力量是不足够的，因此应该动用起全社会的力量进行积极参与，应该积极调动起社会团

---

① 斐迪南·滕尼斯.共同体与社会[M].北京：商务印书馆，1999.

体、民间组织和社会志愿者的积极性，动员它们参与社区矫正工作，这样才能保障社区矫正的效果。

三、社区矫正与相关概念的区别

（一）社区矫正与监禁矫正的区别

社区矫正与监禁矫正的区别主要体现在以下几个方面：

1.执行场所不同

监禁矫正的执行场所是放在看守所、拘役所、监狱等封闭场所进行，犯罪人进入上述场所后，其人身自由被剥夺，只能在羁押场所内活动。而社区矫正，顾名思义是在相对开放的社区中进行，一般来说，适用社区矫正的犯罪分子是被放到其户籍所在地或者经常居住地的社区进行矫正，除了遵循相关社区矫正的规定外，社区矫正人员可以与社会正常接触。

2.矫正主体不同

监禁刑的矫正主体主要是看守所、拘役所、监狱的人民警察；而社区矫正的主体以基层司法行政机关为主，还包括社会工作者和志愿者、有关部门、村(居)民委员会、社区矫正人员所在单位、就读学校、家庭成员或监护人、保证人等。

3.针对的对象不同

监禁矫正人员主要包括被依法判处有期徒刑、无期徒刑或死刑缓期执行的犯罪人；而社区矫正针对的对象主要是管制、缓刑、假释、暂予监外执行和被剥夺政治权利并在社会上服刑的犯罪人。

4.采取的矫正方式不同

监禁矫正主要是通过狱内强制劳动、“三课”教育、心理咨询等为主要内容；而社区矫正则通过社区开发式的资源对于社区矫正人员进行矫正，其方式相较于监禁矫正更加灵活，方式更加多样化。

（二）社区矫正与回归帮教的区别

所谓“回归帮教”，简言之就是指社会对刑释解教人员进行帮助、教育、监督和管理，使刑释解教人员巩固监禁改造的成果，继续维持并且进一步深化思想意识改造和行为矫正，努力适应新的社会环境，真正走向遵纪守法、自食其力、安居乐业的社会生活轨道，不再违法犯罪和危害社会。因此，无论是社区矫正还是回归帮教，都强调对于针对的对象进行思想道德规范教育、法治观念教育、提供法律帮助，这是它们的相联系之处，它们的区别主要体现在以下几个方面：

1.对象不同

回归帮教的主要对象是刑释解教人员，其刑事责任已经终结。社区矫正的对象是符合社区矫正条件且仍在服刑改造的“罪犯”，其仍然处于需要承担因为先前行为而产生的刑事责任的阶段。

2.性质不同

社区矫正属于刑罚的执行阶段，兼具教育性与惩罚性。回归帮教不是刑罚执行工作，不具有惩罚性，是地方治安综合治理的重要内容，带有明显的社会公共福利性。

3.工作目的不同

回归帮教的目的在于让刑释解教人员重新适应社会生活，社区矫正侧重于惩罚犯罪和对现行“罪犯”的矫正。

4.工作期限不同

回归帮教没有明确的法定期限，从刑释解教人员刑释解教日开始就要对其进行回归帮教，一直到刑释解教人员生命终止，无论其进步如何，始终不能对他们放松思想帮助和教育，因此，回归帮教的期限一般比社区矫正要长。社区矫正有具体的工作期限，一般以刑事判决、裁定、决定所决定的期限为准，不允许随意改变。

5.工作方式不同

回归帮教采取完全自由和完全开放式的帮教。这是因为帮教对象享有一个正常公民充分享有的自由，除回归登记、思想帮教等具有强制性外，其他均由帮教对象自己选择。回归帮教组织和人员只能采用跟踪式的监督和服务，即便帮教对象不服从帮教，也不能采用国家强制性的手段要求帮教对象服从管理。社区矫正采取不完全自由和相对开放式的管理。这是因为社区矫正仍是一种执行刑罚的活动，仅相对监禁矫正来说具有一定的自由性和开放性。因此，接受矫正的对象仍然需要遵守《刑法》、《刑事诉讼法》以及其他相关法律的规定，如果被矫正对象违反上述规定，需要承担相应法律责任。

6.工作者的身份不同

社区矫正是刑罚执行工作，因此，从事社区矫正工作的主体必须是法律规定具有刑罚执行职责的机构或人员。其他社会人员和民间力量仅仅是刑罚执行主体所吸收为促进社区矫正工作的参与人员和力量，必须要经过专门的国家机关批准才能参与进来。而回归帮教不是刑罚执行工作，其在人员来源、人员参与方式上更加灵活、多样化。

7.工作难易程度不同

首先，回归帮教采取的是完全自由和开放式的工作方式，而且其缺乏国家强制力进行保障，因此，较采取不完全自由和相对开放式工作方式的社区矫正难度大，能否取得效果主要是看帮教人的责任心及方法以及受帮教对象是否从内心愿意接受帮教。而社区矫正如上所述有国家强制力作坚强后盾，对不服从社区矫正管理的“罪犯”可以及时转化为监禁措施进行改造，这对社区矫正对象具有强大的威慑性和制约性。

【案例分析】

社区矫正

一、关系的建立阶段

1.基本资料

姓名：周某

性别：男

出生年月：1959年2月

文化程度：文盲

婚姻状况：已婚

家庭成员情况：妻子刘某，小学教师

家庭地址：××乡××村××组

犯罪及处罚情况：2001 年周某因犯故意伤害罪被判有期徒刑 10 年，因周某在监狱表现良好，2007 年 8 月 8 日假释回家，假释日到 2011 年 8 月 21 日。

2. 背景资料

(1)家庭背景：妻子儿女共 5 人，周某现与妻子一起生活，与子女关系都比较融洽。

(2)生活经历：周某家住农村，以务农为主。2002 年周某因犯故意伤害罪被判有期徒刑 10 年，因周某在××监狱表现良好，于 2005 年和 2007 年分别记功一次，于 2008 年 8 月 8 日假释回家。

二、矫正对象问题研究与诊断

(1)对象的性格：周某的性格内向，从小孤僻，不善交友，平时闷声不响，但易急躁，鲁莽，行事草率。不在外面玩耍，沉默寡言。他平时的所思所想不外露，别人看不出，也掌握不了。因此，周某案发时人们感到很突然。

(2)对象的心理：周某犯罪已受到法律制裁，长期的狱中生活使本就内向的周某越发沉闷。假释回来后，自认低人一等的周某所想所思羞于与亲朋故友交流。甚至也不向自家兄弟吐露半句。自卑感与日俱增，心态已不正常。

(3)家庭和社会关系：周某有子女三个。两个女儿已出嫁。

(4)经济基础与事业发展：周某假释回来后，很快报上了户口，又拿到了劳动手册，并被推荐到大卖场超市配售中心收货处工作，就目前而言，基本上解决了本人的生活开支。据分析，周某经济上还有一些问题要帮助解决。一是存在想快速致富的思想和动机，与同出来的狱友盲目攀比，认为自己经济与其比差距很大。二是周某无专业技能，且文化水平低，缺乏竞争能力。

三、社区矫正计划

(1)认知与领悟：一个长期陷入失意，困苦的人，或者重复陷于困扰处境的人，需要进一步强化其认知与领悟，才能使其摆脱无法消遣的症结、自己看不到的矛盾，才能摸索到得以改善的方向。让周某正确地认识到自己的过去，反思自己犯罪的思想根源，解决错误的思想意识问题，面对现实，勇敢地接受人生的挫折和不幸，与过去错误的思想、行为彻底决裂。

(2)有针对性地对周某提供个别化的服务：周某犯罪文化水平低，知识贫乏，他本人性格内向，行事鲁莽草率，这些因素对他的犯罪有着一定的催生作用。因此，需要对其恶习劣根进行综合治理，有针对地对周某进行个别化、人性化、社会化的服务，做到因人施教。

(3)跟踪服务，动态管理：事物在不断地发展，情况在不断地变化，对象现实的情绪也在不断地变化，所以要跟踪服务、动态管理。

四、社区矫正指导思想的法律规定

依据2009年《关于在全国试行社区矫正工作的意见规定》,全面试行社区矫正工作的指导思想是:坚持以邓小平理论和“三个代表”重要思想为指导,深入贯彻落实科学发展观,贯彻落实宽严相济的刑事政策,按照“首要标准”的要求,进一步加强对社区服刑人员的教育矫正、监督管理和帮困扶助,努力减少再违法犯罪数量;进一步加强社区矫正工作机构和队伍建设,不断完善社区矫正管理体制和工作机制;进一步加强社区矫正工作的制度化、规范化建设,积极推进社区矫正立法进程,探索建立中国特色非监禁刑罚执行制度,为维护社会和谐稳定作出积极贡献。

五、社区矫正的机关及职责

社区矫正是一个系统的工程,它的每个操作步骤都应该由具体的机关进行落实,但是从总体来说,承担社区矫正的机构主要分为四类:一类是社区矫正的决定机构,二是社区矫正的执行机构,三是社区矫正的监督机构,四是社区矫正的协助机关。

(一)社区矫正决定机构

社区矫正决定机构是指裁定对犯罪分子适用社区矫正执行方法的有权机构。在我国,社区矫正的决定机构有人民法院和刑罚执行机关,即监狱管理机关和公安机关。

1.人民法院

依据《社区矫正实施办法》第二条的规定,人民法院对符合社区矫正适用条件的被告人、罪犯依法作出判决、裁定或者决定。所以,人民法院作为审判机关是社区矫正的决定机关,审判机关在社区矫正中进行下列工作:

(1)依据宽严相济刑事政策的要求,依法充分适用非监禁刑。适用非监禁刑是适用社区矫正的前提条件,在当前我国司法观念对于刑罚适用监禁刑处于主导地位的情况下,人民法院能否依法充分发挥非监禁刑在刑罚体系中的作用,将直接影响到社区矫正的实施效果。

(2)在庭审中做好对于社区矫正人员的法治教育,促使其真心悔罪,愿意接受社区矫正,如果在判决后被告人有疑问的,应当做好判后答疑工作。

(3)完善对于被告人的社会评价机制,为后期的社区矫正实施积累有益素材。

(4)做好社区矫正人员的法律文书送达工作,加强与司法行政机关、公安机关、检察机关的工作衔接,确保被判处管制、缓刑的犯罪分子能够及时落实社区矫正的机关。

(5)加强对于判处管制、缓刑等涉及社区矫正案件的质量检查。对于社区矫正人员重新犯罪的,也应及时归纳总结。

(6)做好监狱罪犯假释的裁定工作,以及社区矫正人员的减刑、缓刑撤销、假释撤销等裁定工作。

2.刑罚执行机关

能够决定使用社区矫正的刑罚执行机关主要是监狱管理机关和公安机关。其中,监狱管理机关主要是对有期徒刑和部分无期徒刑的罪犯作出暂予监外执行和社区矫正的裁决,其具体工作包括:

(1)对拟适用社区矫正的罪犯,做好委托调查评估工作。

(2)做好监狱服刑人员假释、暂予监外执行的呈报,以及暂予监外执行类社区矫正人员的押送工作。

(3)做好假释、暂予监外执行类社区矫正人员的相关法律文件以及档案材料的移交工作;并加强与县级司法行政机关的交流,并总结假释工作经验。公安机关则有权决定对被判处拘役的罪犯暂予监外执行和社区矫正。

(二)社区矫正执行机构

社区矫正的执行机构,是指在接受需要进行社区矫正的人员后,依据法律规定对社区矫正人员进行管理、考察、教育、矫正以及保障社区矫正人员合法权益的机构。2012 年,中央机构编制委会办公室《关于设立司法部社区矫正管理局的批复》同意司法部设立社区矫正管理局,主要职责是:负责监督检查社区矫正法律法规和政策的执行工作;规定全国社区矫正工作发展规划、管理制度和相关政策并组织实施;监督管理对社区矫正人员的刑罚执行,管理教育和帮扶工作;指导开展对社区矫正人员社会工作和志愿服务。2012 年《社区矫正实施办法》第三条规定,县级司法行政机关社区矫正机构对社区矫正人员进行监督管理和教育帮助,司法所承担社区矫正日常工作。

1. 县级司法行政机关

县级司法行政机关的社区矫正科负责社区的社区矫正执行工作,其主要负责的社区矫正工作包括:社区矫正适用前调查评估,法律文书和社区矫正人员的接受,建立社区矫正人员的执行档案,社区矫正人员进入特定场所、外出、变更居住地的审批,给予警告,提出治安管理处罚建议,提出撤销缓刑、假释、收监执行建议;提出减刑建议书,对脱离监管的社区矫正人员进行追查,社区矫正期限届满后,发放解除社区矫正证明书等。

2. 司法所

司法所是县(市、区)司法局在乡镇(街道)的派出机构,负责具体组织实施和直接面向广大人民群众开展基层司法行政业务工作的机构。其主要负责的社区矫正工作包括:在社区矫正接受环节,司法所要根据县级司法行政机关的指派,接收社区矫正人员,并组织宣告;确定社区矫正小组;制定矫正方案;建立社区矫正档案。在社区矫正实施的过程中,社区的服刑人员应当要向司法所定期报告近一段时间的思想、工作以及其他生活状况。司法所的工作人员也可以到社区矫正人员的家庭、所在单位、就读学校了解情况,核实社区矫正人员的思想动态和现实表现情况等。发现社区矫正人员脱离监管的,及时向县级司法行政机关报告;对社区矫正人员 7 日以内的外出进行审批;组织日常教育学习活动和社区服务;开展有针对性的个别教育和心理辅导;对社区矫正人员进行考核并实施分类管理等。在期满解除矫正时,司法所要对社区矫正人员作出书面鉴定,并提出安置帮教建议;组织解除社区矫正宣告。另外,司法所由于处于基层,因此,还肩负着动员社会团体、民间组织、社区志愿者参与社区矫正的任务。

(三)社区矫正监督机关

社区矫正从本质上属于刑罚的执行活动,其涉及刑事法律的具体落实,而检察机关作为法律监督机关,它内设的监所检察部门担负着对社区矫正执法环节依法实行法律监督的任务。检察机关在社区矫正中的具体监督职能如下：

(1)加强刑罚监督，确保社区矫正工作严格依照法律相关规定进行。

(2)对社区矫正工作中不符合法律规定的行为及侵犯社区矫正人员合法权益的行为提出检察建议。

(3)在社区矫正工作中，对由于严重不负责任致使社区矫正人员漏管、脱管造成严重后果的，依法追究有关人员的责任，并提出纠正违法建议。

(4)依法查办社区矫正执行活动中发生的贪污贿赂、渎职侵权等职务犯罪案件。

(四)社区矫正协助机关

除了上述机关外，由于社区矫正是一项系统性的工程，其他的行政机关也从不同角度参与到社区矫正工作中。这些机关主要包括：

(1)财政部门。为每一年度的社区矫正工作提供经费保障，并且对经费使用情况进行监督。

(2)人力资源与劳动社会保障部门。主要是为社区服刑人员提供技能培训、职业介绍、职业指导、推荐就业等各项服务。由于社区服刑人员需要在社区上正常生存，就必须有一定收入进行保障，人力资源与劳动社会保障部门为社区服刑人员提供了一定的就业保障。

(3)民政部门。主要是指导居(村)委会配合好当地司法所做好社区服刑人员的矫正和监控工作。另外，参与社区矫正的社区团体、民间组织也需要通过民政部门取得相应资质，并服从民政部门的管理。

(4)教育部门。解决社区服刑人员的学历教育和其他教育等方面的问题，为社区矫正服刑人员联系社会上的各类型办学机构，为他们提供学习各类技能的机会，并且对为社区服刑人员提供教育服务的机构进行监督和管理。

(5)共青团、妇联、残疾人联合会。上述机构分别对应自己所面对的社区服刑人员群体，配合各辖区的司法所做好社区矫正工作。

除了上述机关外，卫生部门、工商行政管理部门、税务部门等也皆在自己的职务领域内为社区矫正活动发挥相应的作用。

六、社区矫正的程序

依据社区矫正的工作顺序，可以把社区矫正工作分为以下流程：社区矫正人员的前期调查评估，社区矫正的决定，社区矫正人员的接收与管理，社区矫正人员的转处与安置。

(一)社区矫正人员的前期调查评估

依据《社区矫正实施办法》第4条的规定，人民法院、人民检察院、公安机关、监狱对拟适用社区矫正的被告人、罪犯，需要调查其对所居住社区影响的，可以委托县级司法行政机关进行调查评估。受委托的司法行政机关应当根据委托机关的要求，对被告人或者罪犯的居所情况、家庭和社会关系、一贯表现、犯罪行为的后果和影响、居住地村(居)民委员会和被害人意见、拟禁止的事项等进行调查了解，形成评估意见，及时提交委托机关。依据上述规定，针对社区矫正人员进行调查评估的机会主要是拟进行社区矫正的人员的户籍所在地的司法行政机关，如果其户籍所在地和经常居住地不一致，应当由经常居住地的司法行政机关进行。人民法院、人民检察院、公安机关、监狱等机关，如果需要对拟适用社区矫正的被告人或者罪犯启动前期调查评估程序，应向司法行政机关出具委托函，该函同时需要抄送人民检察院。委托函具体格式如下：

委托函(假释)

________县(市、区)司法局：

根据刑法、刑事诉讼法、监狱法以及最高人民法院、最高人民检察院、公安部、司法部《社区矫正实施办法》的有关规定，监狱对罪犯________拟提请假释。现委托贵局对罪犯________假释后对所居住社区影响进行调查评估。

附件：

1. 罪犯判决书

2. 罪犯个人信息(基本信息、改造表现，可从狱政管理信息系统中打印)

监狱(盖章)

年　　月　　日

在接到上述委托函后，社区矫正人员户籍所在地或者经常居住地的司法行政机关应当及时指派社区矫正专职工作人员会同公安机关、民政部门以及学校、单位、街道、居民委员会、村民委员会或监护人进行调查，也可以委托其他单位或者组织协助调查。具体来说，前期社会调查评估的内容如下：

(1)拟适用社区矫正人员的基本情况，例如年龄、居住情况、身体状况、是否怀有身孕、是否确实无法自理生活、教育水平和成长经历等。

(2)拟适用社区矫正人员的家庭和社会关系，在家庭、工作单位、学校以及社会上的表现，与家庭成员、同事、同学和老师的关系，性格特征、社会交往等。

(3)与犯罪有关的事实，具体包括犯罪的原因、过往是否存在类似的行为，犯罪后的表现，是否有取得被害人的谅解。

(4)所在社区对该拟适用社区矫正人员的评价和反映，包括该人员重返社区后人身危险性的评价以及社区是否有足够的资源对该人员进行管理矫正。司法行政机关结合上述内容形成书面的评估意见书，由具体的调查人签字，经县级司法行政机关负责人审核并签署后，及时移送委托进行前期调查的机关。评估意见书的具体格式如下：

调查评估意见书

( )字 号

人民法院(人民检察院、公安局、监狱):

受你单位委托,我局于 年 月 日至 年 月 日对被告人罪犯__________进行了调查评估。有关情况如下:

综合以上情况,评估意见____________________。

(公章)

年 月 日

(二)社区矫正的判决、裁定及决定

依据上述《调查评估意见书》,结合被告人或者罪犯的其他资料,社区矫正的决定机关作出是否实施社区矫正的判决、裁定或者决定。其中,人民法院对判处管制刑和缓刑的被告人以及判处剥夺政治权利的被告人同时适用社区矫正,作出人民法院刑事判决书。罪犯所在地监狱对于需要适用假释的有期徒刑和无期徒刑的罪犯报请当地中级人民法院裁定,制作假释裁定书。中级人民法院组成合议庭后,对于上述假释意见进行审查、决定。另外,执行监狱对于符合条件需要监外执行的罪犯,可以向省、自治区、直辖市监狱管理机关提出书面意见,由其批准决定,省、自治区、直辖市监狱管理机关在决定对其适用暂予监外执行的罪犯暂予监外执行决定书中,应当将社区矫正的决定纳入其中。在确定和宣告决定书或者裁定书的同时,人民法院、监狱、公安机关应当在判决、裁定生效或者罪犯释放后三个工作日内,将判决书、裁定书、假释证明书副本、刑满释放通知书、暂予监外执行决定书等法律文书送达其居住地县级司法行政机关,同时抄送其居住地县级人民检察院和公安机关。

(三)社区矫正人员的接收与管理

1.社区矫正人员的报到与接收

依据《社区矫正实施办法》第六条的规定,社区矫正人员应当自人民法院判决、裁定生效之日或者离开监所之日起十日内到居住地县级司法行政机关报到。县级司法行政机关应当及时为其办理登记接收手续,并告知其三日内到指定的司法所接受社区矫正。暂予监外执行的社区矫正人员,由交付执行的监狱、看守所将其押送至居住地,与县级司法行政机关办理交接手续。罪犯服刑地与居住地不在同一省、自治区、直辖市,需要回居住地暂予监外执行的,服刑地的省级监狱管理机关、公安机关监所管理部门应当书面通知罪犯居住地的同级监狱管理机关、公安机关监所管理部门,指定一所监狱、看守所接收罪犯档案,负责办理罪犯收监、释放等手续。人民法院决定暂予监外执行的,应当通知其居住地县级司法行政机关派员到庭办理交接手续。

社区矫正人员报到后,县级司法行政机关应及时进行接收登记,填写社区矫正人员基本信息表等文书。相关手续完成后,告知社区矫正人员前往指定司法所报到。

社区矫正人员基本信息表

单位：　　　　　　　　编号：　　　　　　填表日期：

<table>
<tr><td>姓名</td><td></td><td>曾用名</td><td></td><td>身份证号码</td><td colspan="3"></td><td rowspan="3">一寸免冠照片</td></tr>
<tr><td>性别</td><td></td><td>民族</td><td></td><td>出生年月日</td><td colspan="3"></td></tr>
<tr><td>文化程度</td><td></td><td>健康状况</td><td></td><td>原政治面貌</td><td></td><td>婚姻状况</td><td></td></tr>
<tr><td>居住地</td><td colspan="8"></td></tr>
<tr><td>户籍地</td><td colspan="8"></td></tr>
<tr><td>所在工作单位（学校）</td><td colspan="5"></td><td>联系电话</td><td colspan="2"></td></tr>
<tr><td>个人联系电话</td><td colspan="8"></td></tr>
<tr><td>罪名</td><td colspan="2"></td><td>刑种</td><td></td><td colspan="2">原判刑期</td><td colspan="2"></td></tr>
<tr><td>社区矫正决定机关</td><td colspan="3"></td><td>原羁押场所</td><td colspan="4"></td></tr>
<tr><td>禁止令内容</td><td colspan="3"></td><td>禁止期限起止日</td><td colspan="4"></td></tr>
<tr><td>矫正类别</td><td colspan="2"></td><td>矫正期限</td><td></td><td colspan="2">起止日</td><td colspan="2"></td></tr>
<tr><td>法律文书收到时间及种类</td><td colspan="4"></td><td colspan="2">接收方式及报到时间</td><td colspan="2"></td></tr>
</table>

<table>
<tr><td>在规定时限内报到</td><td></td><td>超出规定时限报到</td><td></td><td>未报到且下落不明</td><td></td></tr>
<tr><td>主要犯罪事实</td><td colspan="5"></td></tr>
<tr><td>本次犯罪前的违法犯罪记录</td><td colspan="5"></td></tr>
<tr><td rowspan="6">个人简历</td><td colspan="2">起止时间</td><td colspan="2">所在单位</td><td>职务</td></tr>
<tr><td colspan="2"></td><td colspan="2"></td><td></td></tr>
<tr><td colspan="2"></td><td colspan="2"></td><td></td></tr>
<tr><td colspan="2"></td><td colspan="2"></td><td></td></tr>
<tr><td colspan="2"></td><td colspan="2"></td><td></td></tr>
<tr><td colspan="2"></td><td colspan="2"></td><td></td></tr>
<tr><td rowspan="9">家庭成员及主要社会关系</td><td>姓名</td><td>关系</td><td colspan="2">工作单位或家庭住址</td><td>联系电话</td></tr>
<tr><td></td><td></td><td colspan="2"></td><td></td></tr>
<tr><td></td><td></td><td colspan="2"></td><td></td></tr>
<tr><td></td><td></td><td colspan="2"></td><td></td></tr>
<tr><td></td><td></td><td colspan="2"></td><td></td></tr>
<tr><td></td><td></td><td colspan="2"></td><td></td></tr>
<tr><td></td><td></td><td colspan="2"></td><td></td></tr>
<tr><td></td><td></td><td colspan="2"></td><td></td></tr>
<tr><td></td><td></td><td colspan="2"></td><td></td></tr>
<tr><td>备注</td><td colspan="5"></td></tr>
</table>

注:此表由县级司法行政机关在社区矫正人员报到时填写,一式三份,县司法行政机关、司法所各存档一份,抄送居住地公安(分)局一份。

2.社区矫正宣告

在社区矫正人员完成报到后,县级司法行政机关应及时组织社区矫正宣告。宣告事项应当包括:

(1)相关司法文书的主要内容。

(2)社区矫正期限。

(3)社区矫正人员在矫正期间应遵守的规定。

(4)社区矫正人员依法享有的权利及被限制的权利。

(5)矫正小组的组成及职责。在对社区矫正人员进行宣告时,可以通知有关部门、基层组织、所在单位以及社区矫正人员的亲属、保证人到场。

社区矫正宣告仪式的程序为:

(1)由司法所所长向社区矫正人员宣读社区矫正宣告书,告知其在法定期限内应接受司法所依据法律规定对其实施的矫正。

(2)明确社区矫正相关规定。主要是向社区矫正人员发放相关资料,告诫他们要遵守各项规定,积极参加社区矫正。

(3)社区矫正人员承诺。社区矫正人员应当签订接收社区矫正保证书,向矫正小组承诺认真遵守规定。

(4)司法所与社区矫正监督人员签订相关帮教协议书。

社区矫正宣告书

社区矫正宣告书

社区矫正人员________:

你因__________罪经__________人民法院于________年____月____日判处________(同时宣告禁止________)。________年____月____日经__________人民法院(监狱管理局、公安局)裁定假释(决定、批准暂予监外执行)。在管制(缓刑、假释、暂予监外执行)期间,依法实行社区矫正。社区矫正期限自________年____月____日起至________年____月____日止。现就对你依法实施社区矫正的有关事项宣告如下:

一、遵纪守法,按规定向司法所报告的有关情况,遵守外出审批、居住地变更审批、会客等有关规定(遵守人民法院宣告的禁止令),服从监管;按规定参加司法所组织的教育学习和社区服务。

二、如违反社区矫正监督管理规定,将视情节给予警告、治安管理处罚、撤销缓刑、撤销假释、收监执行。

三、人身安全、合法财产和辩护、申诉、控告、检举以及其他未被依法剥夺或限制的权利不受侵犯。

四、司法所为你确立了社区矫正小姐,小组成员由________组成,协助对你进行监督、教育、帮助,你应积极配合。

特此宣告。

(公章)

年　月　日

社区矫正人员(签名):

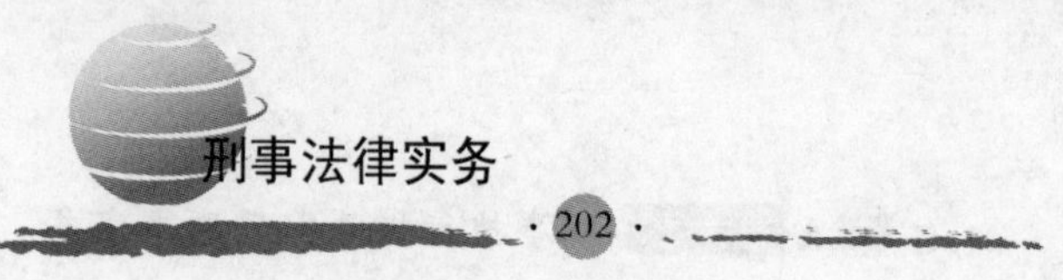

接受社区矫正保证书

接受社区矫正保证书

________区(县级市)________街(镇)司法所:

我因被判处管制/宣告缓刑/暂予监外执行/裁定假释,于________年____月____日开始接受社区矫正,矫正期从________年____月____日至________年____月____日止。在社区矫正期间,我保证自觉遵守国家法律、行政法规和社区矫正有关规定,依法接受社区矫正机构的监管和教育。

社区矫正人员签名:

未成年社区矫正人员监护人签名:

年　　月　　日

3.建立社区矫正人员档案

依据《社区矫正实施办法》第十条的规定,县级司法行政机关应当为社区矫正人员建立社区矫正执行档案,包括适用社区矫正的法律文书,以及接收、监管审批、处罚、收监执行、解除矫正等有关社区矫正执行活动的法律文书。司法所应当建立社区矫正工作档案包括:司法所和矫正小组进行社区矫正的工作记录、社区矫正人员接受社区矫正的相关材料等。同时留存社区矫正执行档案副本。社区矫正执行档案目录的格式和内容如下表。

社区矫正人员执行档案目录

序号	资料名称	页码	备注
1	社区矫正人员基本信息表		
2	社区矫正人员身份证、户口簿、居住地证明材料复印件		
3	适用社区矫正的法律文书		
4	社区矫正调查评估资料		
5	社区矫正人员考核奖惩资料		
6	社区矫正人员进入特定区域(场所)、外出(居住地变更)、会见境外人士等相关资料		
7	其他应当归档的资料		
8	解除社区矫正证明书		
9	解除社区矫正通知书		

4.社区矫正小组及其主要职责

依据《社区矫正实施办法》第八条的规定,司法所应当为社区矫正人员确定专门的矫正小组。矫正小组由司法所工作人员担任组长,由本办法第三条第二款、第三款所列相关人员组成。社区矫正人员为女性的,矫正小组应当有女性成员。实践中,社区矫正小组的组成人员除了司法所的工作人员外,还包括了社会工作者和志愿者,村(居)民委员会等部门的人员。社区矫正小组的职责主要包括：

(1)协助司法所对社区矫正人员进行监管和帮教。

(2)督促社区矫正人员遵守相关规定。

(3)定期向司法所反映社区矫正人员的日常生活、学习、工作等情况。

(4)对于社区矫正人员的违法犯罪行为及违反监督管理规定的行为，立即向司法所报告。

(5)根据小组成员所在单位和身份确定的其他社区矫正事项。一般来说，社区矫正小组的职责会被明确列入与司法所签订的社区矫正责任书。

5. 制定社区矫正方案

依据《社区矫正实施办法》第八条的规定，司法所应当为社区矫正人员制定矫正方案，在对社区矫正人员被判处的刑罚种类、犯罪情况、悔罪表现、个性特征和生活环境等情况进行综合评估的基础上，制定有针对性的监管、教育和帮助措施。根据矫正方案的实施效果，适时予以调整。上述规定明确了司法所为社区矫正方案的指定机关，并且明确了执行方案的主要参考要素包括犯罪情况、悔罪表现、行为人的个人特征等，并且该方案不是一成不变的，而且可以依据社区矫正的实际执行效果进行调整。

6. 社区矫正方案的实施

社区矫正方案的实施是指社区矫正机关依据社区矫正方案中的意见，帮助社区矫正人员实现矫正目标的行动和过程。社区矫正方案的执行一般包括如下内容：

(1)实施矫正教育。

矫正教育包括了入矫教育、中期教育和解矫教育三个方面。每个类型的矫正教育包含了不同的内容，它们的主要目的包括：

首先，是使社区矫正人员明白我国社区矫正制度的概念及意义；要使社区矫正人员清楚了解我国社区矫正的相关政策和文件，特别是矫正所在地社区矫正的主要政策法规及文件；是使社区矫正人员明确违反后的不利后果。

其次是社区矫正的中期教育，中期教育的主要内容是促使社区矫正人员形成新的思想以及行为规范，具体内容包括形势政策、爱国主义、国家法制、心理健康、文化培训、职业技能培训教育等内容。

最后是解矫教育，所谓解矫教育主要是指在社区矫正即将结束的阶段，对于整个社区矫正的过程进行总结，帮助矫正人员做好解除矫正的思想和心理准备。帮助社区矫正人员制定在解除矫正后的生活、就业计划，促使其能够迅速回归社会，同时也为后面将要进行的安置帮扶工作提供良好基础。

(2)进行社区服务。

社区服务是指社区矫正对象在社区矫正期限内无偿在社区内从事一定时间的公益劳动，或者为社区成员提供服务的一种社区矫正方法。从事社区服务对于矫正对象的意义在于，首先该劳动从刑法角度对于社区矫正对象具有惩罚性，是一种强制性的义务，社区矫正对象除了有法定理由外必须要参与，依据《社区矫正实施办法》第二十三条规定，对于不按照规定参加社区服务活动，经教育仍不改正的，县级司法行政机关应当给予警告，并出具书面意见，这将使社区矫正对象深刻认识到过往行为的性质及法律后果，有助于发挥刑罚特殊预防的作用，使他将来不会再犯。另一方面社区矫正人员能够通过实施无偿劳动，感受到为他人、为社区、为社会作出贡献的成就感，增强矫正对象的社会主体意识。社区服务的内容一般包括以下几个方面：保洁、环卫、看护等辅助性劳动；签订公益劳动协议书的双方认可的为社会服务的公益劳动；为被害者（被害单位或者被害人）开展补偿性劳动；在工作单位从事非本岗位性、非营利性、为公众服务的公益性劳动；其他适宜社区矫正人员从事的为社会、公众服务的劳动。

(3)开展行为监督。

依据社区服刑人员的不同犯罪类型和风险等级，司法行政机关应依法执行各项行为管控制度，避免发生托管、漏管，防止重新违法犯罪。社区矫正中常见的行为监督制度如下：

第一，迁居管理制度。依据《社区矫正实施办法》第十四条的规定，区矫正人员未经批准不得变更居住的县（市、区、旗）。社区矫正人员因居所变化确需变更居住地的，应当提前一个月提出书面申请，由司法所签署意见后报经县级司法行政机关审批。县级司法行政机关在征求社区矫正人员新居住地县级司法行政机关的意见后作出决定。经批准变更居住地的，县级司法行政机关应当自作出决定之日起三个工作日内，将有关法律文书和矫正档案移交新居住地县级司法行政机关。有关法律文书应当抄送现居住地及新居住地县级人民检察院和公安机关。社区矫正人员应当自收到决定之日起七日内到新居住地县级司法行政机关报到。

第二，请假制度。依据《社区矫正实施办法》第十三条的规定社区矫正人员未经批准不得离开所居住的市、县（旗）。社区矫正人员因就医、家庭重大变故等原因，确需离开所居住的市、县（旗），在七日以内的，应当报经司法所批准；超过七日的，应当由司法所签署意见后报经县级司法行政机关批准。返回居住地时，应当立即向司法所报告。社区矫正人员离开所居住市、县（旗）不得超过一个月。

第三，会客管理制度。社区矫正人员未经法定审核批准程序不得会见犯罪嫌疑人、同案犯以及其他非法组织成员。未被剥夺政治权利的社区矫正人员如需接收媒体采访或者会见境外非亲属人员必须事先向司法所报告，司法所应当将来访媒体或者来访客人的基本情况、会见事由进行登记备案。

第四，禁止令制度。禁止令是对社区矫正人员在执行期间从事特定活动，进入特定区域、场所、解除特定的人的禁止。依据《社区矫正实施条例》第十二条的规定，对于人民法院禁止令确定需经批准才能进入的特定区域或者场所，社区矫正人员确需进入的，应当经县级司法行政机关批准，并告知人民检察院。特定区域和场所主要包括夜总会、酒吧、迪厅、网吧等娱乐场所；未经执行机关批准，禁止进入举办大型群众性活动的场所；中小学校区、幼儿园园区及周边地区，确因本人就学、居住等原因，经执行机关批准的除外；其他确有必要禁止进入的区域、场所。

(4)进行帮困扶助。

帮困扶助是督促社区矫正人员安心接受矫正，实现再社会化目标的重要保障。在帮困扶助的过程中，应依据矫正对象的不同需要，帮助他们解决生活、就业方面的困难。例如：对于符合低保条件的矫正对象（特别是伤残、家庭困难人员）纳入低保范围，对于有一定工作技能并且有就业需要的矫正对象可以协助为其安排就业岗位。

社区矫正人员外出（居住地变更）审批表

<table>
<tr><td>姓名</td><td></td><td>性别</td><td></td><td>罪名</td><td></td><td>刑期</td><td></td></tr>
<tr><td>矫正内容</td><td></td><td>矫正期限</td><td></td><td>起止日</td><td colspan="3">自　　年　月　日起
至　　年　月　日止</td></tr>
<tr><td>现居住地</td><td colspan="3"></td><td>外出目的地（拟迁往地）</td><td colspan="3"></td></tr>
<tr><td>户　籍　地</td><td colspan="3"></td><td>身份证号码</td><td colspan="3"></td></tr>
<tr><td>外出理由及时间（居住地变更理由）</td><td colspan="7">（公章）
年　月　日</td></tr>
<tr><td>司法所意见</td><td colspan="7">（公章）
年　月　日</td></tr>
<tr><td>现居住地县级司法行政机关意见</td><td colspan="7">（公章）
年　月　日</td></tr>
<tr><td>备注</td><td colspan="7"></td></tr>
</table>

说明：用于居住地变更时，抄送现居住地县级人民检察院、公安（分局）；变更后，复印送新居住地县级人民检察院、公安（分）局。

社区矫正人员主更居住地证明(存根)

(　　)字第　　号

______司法局：

本区(市)监督的社区矫正人员______，经审核，同意其变更居住地，由现居住地：____________迁往新居住地：____________。根据社区矫正管理规定，社区人员应当自______年____月____日起七日之内到你处报到，接受社区矫正，请做好相关的文书档案和人员接收工作。

附：社区矫正人员联系地址：____________。

联系方式：____________。

县级司法行政机关(公章)

年　　月　　日

社区矫正人员外出批准书(存根)

(　　)字第　　号

社区矫正人员______：

根据你因____________(事由)的外出申请，经审核，同意你前往____________，期限自______年____月____日至______年____月____日。你在此期间须遵守法律和社区矫正的有关规定，并按时返回。

(公章)

年　　月　　日

社区矫正人员会见境外人士（接受媒体采访）审批表

<table>
<tr><td>姓名</td><td></td><td>性别</td><td></td><td>民族</td><td></td><td>籍贯</td><td></td></tr>
<tr><td>出生年月</td><td></td><td>地址</td><td colspan="5"></td></tr>
<tr><td>罪名</td><td></td><td>刑期</td><td></td><td>附加剥权</td><td colspan="3"></td></tr>
<tr><td>刑期起止日</td><td colspan="3"></td><td>矫正类别</td><td colspan="3"></td></tr>
<tr><td>矫正
期限</td><td colspan="3"></td><td>矫正起止日</td><td colspan="3"></td></tr>
<tr><td>会见境外
人士或
接受媒体
采访原因</td><td colspan="7"></td></tr>
<tr><td>会见（采访）
时间</td><td colspan="2">年　　月　　日</td><td colspan="2">会见（采访）地点</td><td colspan="3"></td></tr>
<tr><td>媒体或
境外人士
的有关情况
及采访或
会见的
具体内容</td><td colspan="7"></td></tr>
<tr><td colspan="8">以上内容由社区矫正人员对象本人的填写</td></tr>
<tr><td>司法所意见</td><td colspan="7">（公章）
年　　月　　日</td></tr>
<tr><td>县级司法
行政机关
意见</td><td colspan="7">（公章）
年　　月　　日</td></tr>
</table>

说明：此表一式两份，县级司法行政机关、司法所各留存一份。

社区矫正人员进入特定区域(场所)审批表

<table>
<tr><td>姓名</td><td></td><td>性别</td><td></td><td>罪名</td><td colspan="2"></td><td>刑期</td><td></td></tr>
<tr><td>矫正
内容</td><td></td><td>矫正期限</td><td></td><td>起止日</td><td colspan="4">自　　年　　月　　日起
至　　年　　月　　日止</td></tr>
<tr><td>禁止令内容</td><td colspan="3"></td><td>禁止期限
起止日</td><td colspan="4"></td></tr>
<tr><td>居住地</td><td colspan="3"></td><td>申请进入的
区域(场所)</td><td colspan="4"></td></tr>
<tr><td>申请理由
及时间起止</td><td colspan="8">(公章)
年　月　日</td></tr>
<tr><td>司法所
意见</td><td colspan="8">(公章)
年　月　日</td></tr>
<tr><td>县级司法
行政机关
意见</td><td colspan="8">(公章)
年　月　日</td></tr>
<tr><td>备注</td><td colspan="8"></td></tr>
</table>

说明:抄送居住地县级人民检察院。

社区矫正人员进入特定区域(场所)批准书

( )字第 号

社区矫正人员________:

经审核,现同意你于________年____月____日至________年____月____日进入(特定区域、场所名称)。你必须遵守社区矫正的有关规定,不得从事任何与申请事由无关的活动。

县级司法行政机关(公章)
年 月 日

【案例分析】

17 岁少年被判缓刑一年内不得进入娱乐场所[①]

小欢 2009 年从湖南老家来到宁波,生活一下子变得没了约束,他开始放纵自己,每天晚上都会去附近酒吧、迪厅潇洒。其后,他和几个朋友因为小事与别人大打出手,几个年轻人把对方拖入包厢拳打脚踢之后,拿着刀子勒索钱财,张口就是 3 万元。警方很快赶到,控制了他们。北仑法院判决小欢触犯敲诈勒索罪,但因为犯罪未遂,又是未成年人,北仑法院只判处其有期徒刑 1 年,缓刑 1 年,同时向小欢出具了一张禁止令。法官表示"主要是禁止他在缓刑考验期内出入酒吧、舞厅等娱乐场所。禁止令有利于约束他在缓刑期间的行为,引导未成年人培养健康向上的爱好和娱乐习惯,使其重新开启年轻的人生"。

七、违反社区矫正的法律后果

社区矫正人员有违反监督管理规定或者人民法院禁止令情形的,司法行政机关经查证核实的,应依据违反规定的情况提出处理意见。

依据《社区矫正实施办法》第二十三条规定,社区矫正人员有下列情形之一的,县级司法行政机关应当给予警告,并出具书面决定:

① 参见贾磊:《17 岁少年被判缓刑一年内不得进入娱乐场所》。

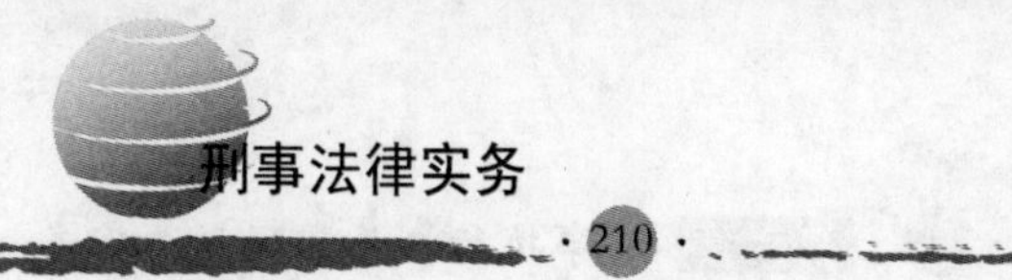

(1)未按规定时间报到的；

(2)违反关于报告、会客、外出、居住地变更规定的；

(3)不按规定参加教育学习、社区服务等活动，经教育仍不改正的；

(4)保外就医的社区矫正人员无正当理由不按时提交病情复查情况，或者未经批准进行就医以外的社会活动且经教育仍不改正的；

(5)违反人民法院禁止令，情节轻微的；

(6)其他违反监督管理规定的。在作出书面决定的同时，应立即对矫正对象实施训诫教育，使不服从监管的社区矫正人员悔罪改错，最大限度减少托管和再犯罪，切实提高社区矫正的质量和效果。①

训诫词范本

管制类社区矫正人员训诫词

我是××警官，这位是××警官。我们是市司法局派驻××区(县级市)参与社区矫正工作的司法警察，今天我们代表执法机关，对你进行训诫谈话：

一、×××(社区矫正人员姓名)，你现在是管制类社区矫正人员，是在社区服刑的罪犯，虽然你不需要在监狱内服刑，但你必须清楚认识到你现在的身份是罪犯。

二、在接受社区矫正期间，你的××行为严重违反了社区矫正监督管理规定，根据最高人民法院、最高人民检察院、公安部、司法部《社区矫正实施办法》第二十三条规定，你已经被××区(县级市)司法局给予书面警告。你作为一名管制类社区矫正人员，之前触犯了法律被判处刑罚，本应受牢狱之苦，但党和政府对你宽大处理，判处你非监禁刑，在社区接受矫正，而你却没有好好珍惜，违反社区矫正监管规定，现在我们对你的所作所为提出严厉批评。

三、希望你能珍惜现在相对自由的生活，彻底反省罪错，痛改前非，服从监管，努力改造，争取早日回归社区。假如你再次违反监督管理规定或者人民法院禁止令，××区(县级市)司法局将提请同级公安机关对你依法给予治安管理处罚。

备注：下划线部分仅适用于训诫曾受过警告的社区矫正人员。

社区矫正人员违反监督管理规定或者人民法院禁止令，依法应予治安管理处罚的，县级司法行政机关应当及时提请同级公安机关依法给予处罚。公安机关应当将处理结果通知县级司法行政机关。

---

① 对不负监管、违反监管规定，尚不构成警告条件的也要及时训诫。

治安管理处罚建议书

（　　）字第　　号

社区矫正人员________，男（女），________年____月____日出生，________族，居住地__________________，户籍地__________________。身份证号码__________________。因____________罪经____________人民法院于________年____月____日判处________。________年____月____日经__________________人民法院公安局、监狱管理局）裁定（决定、批准）假释（暂予监外执行）。在管制（缓刑、假释、暂予监外执行）期间，依法实行社区矫正。社区矫正期限自________年____月____日起至________年____月____日止。

该社区矫正人员有违反社区矫正监督管理规定（人民法院禁止令）的行为，具体事实如下：____

____

____

____

____

根据《中华人民共和国治安管理处罚法》第六十条、《社区矫正实施办法》第二十四条之规定，建议对社区矫正人员________给予治安管理处罚。

此致

____________________公安（分）局

（公章）

年　　月　　日

注：抄送____________________人民检察院

缓刑、假释的社区矫正人员有下列情形之一的，由居住地同级司法行政机关向原裁判人民法院提出撤销缓刑、假释建议书并附相关证明材料，人民法院应当自收到之日起一个月内依法作出裁定：

(1)违反人民法院禁止令，情节严重的；

(2)未按规定时间报到或者接受社区矫正期间脱离监管，超过一个月的；

(3)因违反监督管理规定受到治安管理处罚，仍不改正的；

(4)受到司法行政机关三次警告仍不改正的；

(5)其他违反有关法律、行政法规和监督管理规定，情节严重的。司法行政机关撤销缓刑、假释的建议书和人民法院的裁定书同时抄送社区矫正人员居住地同级人民检察院和公安机关。

撤销假释建议书

（　　）字第　　号

社区矫正人员________，男(女)，________年____月____日出生，________族，居住地____________________，户籍地____________________。因犯____________罪经________________人民法院于________年____月____日以(____)字第________号刑事判决书判处________________。附加________________。经________________中级人民法院(________)字第________号刑事裁定书裁定假释。假释考验期为____________________。在假释考验期间，依法实行社区矫正，社区矫正期限自________年____月____日起至________年____月____日止。

该社区矫正人员有违反(行政法规、社区矫正监督管理规定)的行为，具体事实如下：____
____

根据《中华人民共和国刑法》第八十六条、《社区矫正实施办法》第二十五条之规定，建议对社区矫正人员________给予撤销假释。

此致

____________________人民法院

(公章)

年　　月　　日

注：抄送____________________人民检察院，____________________公安(分)局

暂予监外执行的社区矫正人员有下列情形之一的，由居住地县级司法行政机关向批准、决定机关提出收监执行的建议书并附相关证明材料，批准、决定机关应当自收到之日起十五日内依法作出决定：

(1)发现不符合暂予监外执行条件的；

(2)未经司法行政机关批准擅自离开居住的市、县(旗)，经警告拒不改正，或者拒不报告行踪，脱离监管的；

(3)因违反监督管理规定受到治安管理处罚，仍不改正的；

(4)受到司法行政机关两次警告，仍不改正的；

(5)保外就医期间不按规定提交病情复查情况，经警告拒不改正的；

(6)暂予监外执行的情形消失后，刑期未满的；

(7)保证人丧失保证条件或者因不履行义务被取消保证人资格，又不能在规定期限内提出新的保证人的；

(8)其他违反有关法律、行政法规和监督管理规定，情节严重的。

司法行政机关的收监执行建议书和决定机关的决定书，应当同时抄送社区矫正人员居住地同级人民检察院和公安机关。

收监执行建议书

( )字第 号

社区矫正人员________，男(女)，________年____月____日出生，________族，居住地____________________，户籍地____________________。因____________________罪经____________________人民法院于________年____月____日以(____)字第____号刑事判决书判处____________________。附加____________________。刑事期自________年____月____日起至________年____月____日止。

________年____月____日由____________________人民法院(公安局、监理狱管理局)决定(批准)暂予监外执行。在暂予监外执行期间，依法实行社区矫正。社区矫正期限自________年____月____日至________年____月____日。

该社区矫正人员有违反(行政法规、社区矫正监督管理规定)的行为，具体事实如下：

____

根据《中华人民共和国刑事诉讼法》第二百五十七条、《社区矫正实施办法》第二十六条之规定，建议对社区矫正人员________收监执行刑罚。

此致

____________________人民法院

(公章)

年 月 日

注：抄送____________________人民检察院，____________________公安(分)局

人民法院裁定撤销缓刑、假释或者对暂予监外执行罪犯决定收监执行的，居住地县级司法行政机关应当及时将罪犯送交监狱或者看守所，公安机关予以协助。监狱管理机关对暂予监外执行罪犯决定收监执行的，监狱应当立即赴羁押地将罪犯收监执行。公安机关对暂予监外执行罪犯决定收监执行的，由罪犯居住地看守所将罪犯收监执行。

社区矫正人员死亡、被决定收监执行或者被判处监禁刑罚的，社区矫正终止。

社区矫正人员在社区矫正期间死亡的，县级司法行政机关应当及时书面通知批准、决定机关，并通报县级人民检察院。

八、解除矫正

解除矫正是指社区矫正人员在社区矫正期内严格遵守相关规定，在社区矫正期限届满后，恢复社区矫正人员的权利和自由的活动。

1.解除矫正前的准备工作

社区矫正期满前，社区矫正人员应当作出个人总结，司法所应当根据其在接受社区矫正期间的表现、考核结果、社区意见等情况作出书面鉴定，并对其安置帮教提出建议。因此，司法所应当在矫正期限届满前安排与社区矫正人员的谈话，督促社区矫正人员写出个人书面总结，司法所依据社区矫正人员在矫正期间的表现、考核结果、社区意见等情况作出书面鉴定意见。

社区矫正期满鉴定表

姓名		性别		出生年月	
居住地		户籍地			
罪名		原判刑期			
矫正类别		矫正期限		起止日	自　年　月　日 至　年　月　日
禁止令内容		禁止期限起止	自　年　月　日 至　年　月　日		
司法所鉴定意见及安置帮教建议	（公章） 年　月　日				
备注					

2.公开进行矫正宣告

社区矫正人员矫正期满，司法所应当组织解除社区矫正宣告。宣告由司法所工作人员主持，按照规定程序公开进行。参加宣告仪式的包括村(居)民委员会、群众代表、社区矫正人员所在单位、社区矫正人员的家庭成员或者监护人、保证人等。宣告事项应当包括：宣读对社区矫正人员的鉴定意见；宣布社区矫正期限届满，依法解除社区矫正；对判处管制的，宣布执行期满，解除管制；对宣告缓刑的，宣布缓刑考验期满，原判刑罚不再执行；对裁定假释的，宣布考验期满，原判刑罚执行完毕。

解除社区矫正宣告书

解除社区矫正宣告书

社区矫正人员____________________：

根据《中华人民共和国刑法》、《中华人民共和国刑事诉讼法》及《社区矫正实施办法》之规定，依据人民法院(公安局、监狱管理局)________号判决书(裁定书、决定书)，在管制(缓刑、假释、暂予监外起至)________年____月____日止。现矫正期满，依法解除社区矫正。现向你宣告以下事项：

1.对你接受社区矫正期间表现的鉴定意见：____。

2.管制期满，依法解除管制(缓刑考验期满，原判刑罚不再执行；假释考验期满，原判刑罚执行完毕)。

(公章)

年　　月　　日

社区矫正人员签字：

3.依法办理解除矫正的法律手续

县级司法行政机关应当向社区矫正人员发放解除社区矫正证明书，并书面通知决定机关，同时抄送县级人民检察院和公安机关。暂予监外执行的社区矫正人员刑期届满的，由监狱、看守所依法为其办理刑满释放手续。

解除社区矫正证明书

解除社区矫正证明书(存根)

社区矫正人员________,居住地________________,户籍地______________,________年____月____日被________________人民法院判处________________。依据________________人民法院(公安局、监狱管理局)________号判决书(裁定书、决定书),管制(缓刑、假释、暂予监外执行,被依法实行社区矫正。于________年____月____日矫正期满,依法解除社区矫正)。

(公章)

年　　月　　日

【本章小结】

通过本章的学习,让学生了解减刑、假释、社区矫正制度的概念以及其主要任务及主要指导思想,了解减刑、假释、社区矫正制度的机构设置及具体职责,掌握减刑、假释、社区矫正制度的适用条件,掌握减刑、假释、社区矫正制度的办案流程与注意事项。

【技能训练】

撰写社区矫正调查评估意见书

目标:依据下列资料撰写社区矫正调查评估意见书。能掌握社区矫正评估涉及的相关角度及内容。

内容:王某,女,1997 年生,曾于 2011 年因犯盗窃罪被判处管制 1 年。刑期结束后,2013 年,其伙同李某、赵某(均为未成年人)抢劫丁某苹果手机一台,其后被抓获。

王某基本情况如下:

1. 个人及家庭基本情况

王某,初中毕业,未婚,无业,居住地广荔湾区××街道××号××房,现住广州市越秀区××街道××号××房,父母双亡。

2. 被告人的社会关系

被告人是由其母亲的朋友陈某及张某抚养长大的(二人系夫妻),但是被告人与其二人的女儿张×慧关系不好,现陈某及张某二人已明确表示对王某无法再进行监管了。

3. 人格特点

被告人性格孤僻,脾气暴躁,我行我素,自控能力差,喜欢打架,和周围邻居关系不融洽。

4. 被告人社区矫正条件

被告人所在社区民风淳朴,邻里关系较好,法律意识较强,社区居民不愿意接收王某到社区服刑。

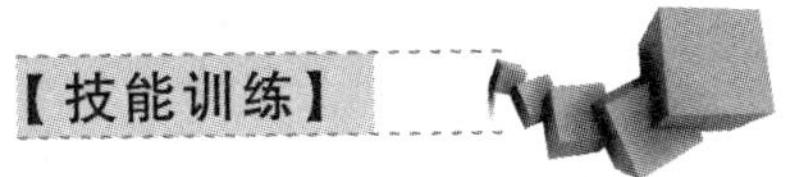

【技能训练】

模拟减刑案件的庭审

基本案情:被告人李某某因犯故意伤害罪被判处10年有期徒刑,在服刑期间,所在监狱遭受洪水袭击,李某某在洪水中救出多名狱友,并协助监狱管理部门维持好被监禁人员的秩序,在灾难结束后,执行机关以李某某在灾害中有重大立功表现为由向监狱所在地的中级人民法院提交了建议让李某某减刑的相关资料。该中级人民法院组成了合议庭对于该减刑案件进行了审理。

由学生模拟法院合议庭,根据我国刑法和刑事诉讼法的相关规定,模拟减刑案件的审理,并思考:

(1)本案是否需要公开开庭审理?

(2)被告人李某某被减刑后相应的法律后果。

【实践活动】

进行社区矫正调查评估

一、过程设计

(一)目的

使学生加深对社区矫正适用审核的理解,根据犯罪人的实际自身、家庭等情况,开展社区矫正调查。

(二)内容

了解社区矫正的有关法律规定,调查策略的运用方法和技巧,调查评估意见书的制作。

(三)条件

案例、模拟讯问室、被调查人的相关资料。

(四)组织

(1)由实验指导教师设计实验场景,下发有关案情资料;

(2)参加实验的学生分组、分工,明确各自的职责任务和工作内容,熟悉案情,制订讯问计划,布置讯问场所;

(3)实训指导教师联系扮演司法行政机关工作人员、被调查人亲属、被调查人朋友(安排2～3人);

(4)调查前的准备工作;

(5)学生分组实际操作,教师进行指导;

(6)教师点评。

(五)作业

提交调查评估意见书

二、实训案例(供参考)

某年7月6日中午,王某(15岁)、伙同李某(14岁)、张某(14岁)、高某(16岁)在××市××广场附近共同抢劫黄××(18岁)iPhone5手机一台,经公安机关侦查,很快将上述人员全部抓获并交××区检察院提起公诉,××区法院认为:由于本案中的王某为未成年人,系初犯,且案发后其亲属赔偿了受害人的损失,取得了受害人的谅解,因此拟对判处缓刑(适用社区矫正),为落实王某的情况,××区法院遂发函委托王某所在的××区司法行政机关进行调查评估,司法行政机关经调查后掌握了如下情况:

(1)王某早年丧母,其父亲对他不管不问,其实际上是被舅父、舅妈一家抚养长大的,其舅父、舅母均表示愿意承担起对其进行监管的责任;

(2)王某的学习成绩一般,但是在其所就读学校与老师、同学的关系较好;

(3)王某最大的爱好是上网,经常一放学就跑去网吧;

(4)王某过往并没有其他违法、犯罪记录。

教师可依据本案的基本案情添加其他情节。

【本章练习】

一、不定项选择题

1.可适用减刑的刑罚有(　　)。

A.管制　　B.拘役　　C.有期徒刑　　D.无期徒刑

2.对被判处无期徒刑的罪犯(　　)。

A.一律不能适用假释　　B.有条件的适用假释

C.改为有期徒刑后,才能适用假释　　D.患有严重疾病才能适用假释

3.行使减刑裁定权的机关是(　　)。

A.基层人民法院　　B.中级人民法院

C.中级以上人民法院　　D.劳动改造机关

4.对累犯以及因(　　)等暴力性犯罪被判处10年以上有期徒刑、无期徒刑的犯罪分子,不得假释。

A.绑架　　B.爆炸　　C抢劫　　D.强奸

5.假释考验期限,从(　　)起算。

A.判决宣告之日　　B.判决执行之日　　C.判决确定之日　　D.假释之日

6.下列人员中,不适用假释的有(　　)。

A.累犯　　B.因杀人被判处无期徒刑的犯罪分子

C.危害国家安全的犯罪分子　　D.有前科的罪犯

7.社区矫正的适用对象包括(　　)。

A.判处管制的　　B.被宣告缓刑的　　C.被裁定假释的　　D.被取保候审的

8.(　　)承担社区矫正日常工作。

A.司法所　　B.监狱　　C.工商所　　D.区(县)级法院

9.人民法院可以依据犯罪情况,禁止判处管制、宣告缓刑的犯罪分子在管制期限、缓刑

考验期限进入以下哪些场所？（　　）

A. 夜总会　　B. 酒吧　　C. 迪厅　　D. 网吧

10.（　　）可以协助社区矫正机构进行社区矫正。

A. 村(居)民委员会　　B. 社区矫正人员所在单位

C. 就读学校　　D. 家庭成员或监护人

二、案例分析题

李某因犯数罪被人民法院依法判处有期徒刑 20 年，服刑 16 年后假释，在假释考验期第 3 年，李某盗窃某商店珠宝而未被发现。假释考验期满后第 4 年，李某因故意伤害而被逮捕，他还交代了自己曾经盗窃珠宝商店的事实。你认为对于李某的行为应该如何处理？

第七章 特别刑事程序常用实务

【学习目标】

■ 知识目标：

了解未成年刑事案件诉讼程序的概念和特点；

了解办理未成年刑事案件诉讼程序的特有原则；

重点了解未成年刑事案件中的法律援助辩护、附条件不起诉和犯罪记录封存制度；

掌握刑事和解制度的概念；

掌握刑事和解制度的适用条件和适用程序；

了解依法不负刑事责任的精神病人的强制医疗程序的适用条件、启动方式及办案程序、救济程序；

了解依法不负刑事责任的精神病人的强制医疗制度的交付执行、解除程序及检察监督程序。

■ 能力目标：

能够重点把握未成年人刑事犯罪案件中法律援助辩护、附条件不起诉和犯罪记录封存制度的适用程序；

能够掌握刑事案件中适用刑事和解制度的适用范围；

能够把握刑事和解案件适用的正面和反面条件；

能够掌握依法不负刑事责任的精神病人的强制医疗制度的适用条件及办案程序。

第一节 未成年人案件刑事实务

【案例引导】

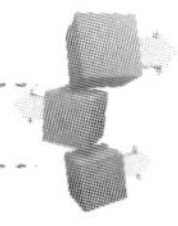

给未成年犯罪人一个未来

16周岁的小鹏是某中专学校的学生，去年因盗窃被公安机关抓获。学校在得知小鹏涉嫌盗窃罪的通知后，作出了开除小鹏学籍的决定。法院对小鹏盗窃一案开庭审理后，认定小鹏犯了盗窃罪，但因他犯罪时不满18周岁，所以法院予以从轻处罚，判处小鹏有期徒刑1年，缓刑一年。宣判后，小鹏在父母的陪同下来到学校，要求继续读书。不料，学校却拿出一份开除学籍的处分决定，声称学校与小鹏已不存在任何关系。无奈，小鹏只好求助于处理此案的法院。于是，法院向学校发出了司法建议书，建议学校遵照法律有关规定接受小鹏返校，但校长仍以收留一名盗窃犯给学校声誉带来不良影响为由，不接受法院的建议。法院只得通过教委，组织该校认真学校《预防未成年人犯罪法》。通过学习，学校认识到了自己的责任，随后作出了同意小鹏返校就读的决定。

一、未成年人犯罪的概念与特征

1. 未成年人犯罪的概念

在我国，刑事法律意义上的未成年人是指已满14周岁不满18周岁者。处在这个年龄阶段上的人实施了危害社会、应受刑罚处罚的行为，即属于未成年人犯罪。

2. 未成年犯罪人的特征

未成年人犯罪同成年人犯罪虽然都是危害社会、应受刑罚处罚的行为，但是由于犯罪人尚未成年，在心理、生理等方面与成年人相比有很大的不同，这些因素必然会对未成年人犯罪的方法、动机、行为方式等产生直接的影响。与成年人相比，未成年人的心理和生理有以下特征：

(1)生理变化明显。

未成年人正值青春发育期，身体各组织、各器官发育很快，心智也迅速发育，第二特征也日见明显，新陈代谢加剧，显得精力旺盛。

(2)心理上进入了由幼稚转向成熟的过渡时期，具有半儿童、半成年人的特点。

这种过渡主要由生理变化引起的，表现为较强的模仿欲和好奇心，对外界反应敏感，独立意识使他们不再事事依赖别人，自尊心很强。但由于身体和智力还处在发展的过程中，思

维比较幼稚，辨别是非的能力较弱，情绪不稳定，容易受外界环境的不良影响。

二、未成年人刑事案件诉讼程序的特有原则

我国法律专门规定了未成年人刑事案件诉讼程序的特有原则：

1. 教育、感化、挽救原则

《刑事诉讼法》第二百六十六条第一款规定，对犯罪的未成年人实行教育、感化、挽救的方针，坚持教育为主、惩罚为辅的原则。《人民检察院办理未成年人刑事案件的规定》第十八条规定，移送审查起诉的案件具备以下条件的，检察人员可以安排在押的未成年犯罪嫌疑人与其法定代理人、近亲属等进行会见、通话。

(1)案件事实已基本查清，主要证据确实、充分，安排会见、通话不会影响诉讼活动正常进行。

(2)未成年犯罪嫌疑人有认罪、悔罪表现，或者虽尚未认罪、悔罪，但通过会见、通话有可能促使其转化，或者通过会见、通话有利于社会、家庭稳定。

(3)未成年犯罪嫌疑人的法定代理人、近亲属对其犯罪原因、社会危害性以及后果有一定的认识，并能配合公安司法机关进行教育。

《最高人民法院关于适用〈中华人民共和国刑事诉讼法〉的解释》(以下简称"刑诉解释")第四百八十五条规定，法庭辩论结束后，法庭可以根据案件情况，对未成年被告人进行教育，可以邀请诉讼参与人，以及《刑事诉讼法》第二百七十条第一款规定的其他成年亲属、代表以及社会调查员、心理咨询师等参加。适用简易程序审理的案件，对未成年被告人进行法庭教育，适用前述规定。

2. 社会调查原则

《刑事诉讼法》第二百六十八条规定了未成年人刑事案件中的社会调查制度，具体而言，公安机关、人民检察院、人民法院办理未成年人刑事案件，根据案件情况可以对未成年犯罪嫌疑人、被告人的成长经历、犯罪原因、监护教育等情况进行调查。

《公安机关办理刑事案件程序规定》第三百一十一条第二款规定，公安机关办理未成年人刑事案件，根据情况可以对未成年犯罪嫌疑人的成长经历、犯罪原因、监护教育等情况进行调查并制作调查报告。

《高检规则》第四百八十六条规定，人民检察院根据情况可以对未成年犯罪嫌疑人的成长经历、犯罪原因、监护教育等情况进行调查，并制作社会调查报告，作为办案和教育的参考。人民检察院开展社会调查，可以委托有关组织和机构进行。人民检察院应当对公安机关移送的社会调查报告进行审查，必要时可以进行补充调查。人民检察院制作的社会调查报告应当随案移送人民法院。

《刑诉解释》第四百七十六条规定，对人民检察院移送的关于未成年被告人性格特点、家庭情况、社会交往、成长经历、犯罪原因、犯罪前后的表现、监护教育等情况的调查报告，以及辩护人提交的反映未成年被告人上述情况的书面材料，法庭应当接受。必要时，人民法院可以委托未成年被告人居住地的县级司法行政机关、共青团组织以及其他社会团体组织对未成年被告人的上述情况进行调查，或者自行调查。

《刑诉解释》第四百八十四条 对未成年被告人情况的调查报告，以及辩护人提交的有关

未成年被告人情况的书面材料，法庭应当审查并听取控辩双方意见。上述报告和材料可以作为法庭教育和量刑的参考。

3. 分案处理原则

分案处理原则，是指处理未成年人刑事案件时，应当在时间上和地点上都与成年人犯罪的案件分开进行。

《刑事诉讼法》第二百六十九条第二款规定，对被拘留、逮捕和执行刑罚的未成年人与成年人应当分别关押、分别管理、分别教育。

《人民检察院办理未成年人刑事案件的规定》第二十三条规定，人民检察院审查未成年人与成年人共同犯罪案件，一般应当将未成年人与成年人分案起诉。但是具有下列情形之一的，可以不分案起诉：①未成年人系犯罪集团的组织者或者其他共同犯罪中的主犯的；②案件重大、疑难、复杂，分案起诉可能妨碍案件审理的；③涉及刑事附带民事诉讼，分案起诉妨碍附带民事诉讼部分审理的；④具有其他不宜分案起诉情形的。

《刑事诉讼法解释》第四百六十四条规定，对分案起诉至同一人民法院的未成年人与成年人共同犯罪案件，可以由同一个审判组织审理；不宜由同一个审判组织审理的，可以分别由少年法庭、刑事审判庭审理。未成年人与成年人共同犯罪案件，由不同人民法院或者不同审判组织分别审理的，有关人民法院或者审判组织应当互相了解共同犯罪被告人的审判情况，注意全案的量刑平衡。

4. 不公开审理原则

《刑事诉讼法》第二百七十四条规定，审判的时候被告人不满18周岁的案件，不公开审理。但是，经未成年被告人及其法定代理人同意，未成年被告人所在学校和未成年人保护组织可以派代表到场。

5. 及时原则

及时原则是在诉讼进行的每个阶段，司法机关和司法人员都应当及时对案件作出处理，不拖拉、不延误。诉讼及时本来是任何诉讼都应当遵循的原则，但鉴于未成年人刑事案件的特殊性，强调未成年人诉讼程序的及时性显得尤为必要。诉讼及时原则要求刑事诉讼的进行不能过快或太慢。诉讼进行得过快，控辩双方就难以充分地收集材料和证据，难以充分地提出主张和举证，案件事实的查明和法律的正确适用就会受到影响；诉讼进行得太慢，容易造成诉讼延误，不仅可能造成证据灭失、毁损等，更可能使当事人的权利受到损害，同时也会造成司法资源的浪费。而且，未成年犯罪案件大部分属于初犯、偶犯或者冲动型犯罪，未成年人生理、心理都还不成熟，诉讼时间过长，特别是羁押时间过长将会给其未来带来长期影响。因次，对于未成年人刑事案件更应当及时进行。

6. 和缓原则

和缓原则要求未成年人犯罪的案件，一定要注意结合未成年犯罪嫌疑人、被告人的身心特点，尽量不采用激烈、严厉的诉讼方式。比如，尽量不同或者少用强制措施，在讯问时，应注意以教育式、启发式进行耐心细致的开导，语气尽量温和。在审判时，应当采用少年法庭的形式，注意给法庭创设温情、和缓的气氛。在实践中，有些地方法院采用“圆桌法庭”的形式审理未成年人刑事案件，收到较好的效果。

三、未成年人刑事案件诉讼程序的特点

1.必须查明犯罪嫌疑人、被告人的准确出生日期

对于未成年人的刑事案件,不论是立案阶段,还是侦查、起诉及审判阶段,都必须重点查明犯罪嫌疑人、被告人确切的出生时间,因为年龄因素很可能决定是否启动刑事司法程序以追究其刑事责任。未成年犯罪嫌疑人、被告人的准确出生日期要具体到"日",这是未成年人刑事案件的特殊性所要求和决定的。

问题:未成年人的"周岁"如何计算?

应该按照公历的年月日计算,从周岁生日的第二天起算。

2.由专门机构或者专职人员承办

办理未成年人违法犯罪案件的人员应当具有心理学、犯罪学、教育学等专业基本知识和有关法律知识,并具有一定的办案经验。《刑事诉讼法》第二百六十六条第二款规定,人民法院、人民检察院和公安机关办理未成年人刑事案件,应当保障未成年人行使其诉讼权利,保障未成年人得到法律帮助,并由熟悉未成年人身心特点的审判人员、检察人员、侦查人员承办。

《刑事诉讼法》第四百六十一条规定,审理未成年人刑事案件,应当由熟悉未成年人身心特点、善于做未成年人思想教育工作的审判人员进行,并应当保持有关审判人员工作的相对稳定性。未成年人刑事案件的人民陪审员,一般由熟悉未成年人身心特点,热心教育、感化、挽救失足未成年人工作,并经过必要培训的共青团、妇联、工会、学校、未成年人保护组织等单位的工作人员或者有关单位的退休人员担任。

《刑诉解释》第四百六十二条规定,中级人民法院和基层人民法院可以设立独立建制的未成年人案件审判庭。尚不具备条件的,应当在刑事审判庭内设立未成年人刑事案件合议庭,或者由专人负责审理未成年人刑事案件。高级人民法院应当在刑事审判庭内设立未成年人刑事案件合议庭。具备条件的,可以设立独立建制的未成年人案件审判庭。未成年人案件审判庭和未成年人刑事案件合议庭统称少年法庭。

《刑诉解释》第四百六十三条规定,下列案件由少年法庭审理:

(1)被告人实施被指控的犯罪时不满十八周岁、人民法院立案时不满二十周岁的案件;

(2)被告人实施被指控的犯罪时不满十八周岁、人民法院立案时不满二十周岁,并被指控为首要分子或者主犯的共同犯罪案件。其他共同犯罪案件有未成年被告人的,或者其他涉及未成年人的刑事案件是否由少年法庭审理,由院长根据少年法庭工作的实际情况决定。

《刑诉解释》第四百六十五条规定,对未成年人刑事案件,必要时,上级人民法院可以根据《刑事诉讼法》第二十六条的规定,指定下级人民法院将案件移送其他人民法院审判。

3.诉讼工作的全面性和细致性

办理未成年人刑事案件,除了须完成与未成年人案件同样的查明案情、收集证据和确认犯罪人等各项工作外,诉讼活动还应当更加全面和细致,必须更加注意案件细节问题的调查取证和确认。《刑诉解释》第四百七十四条规定,对未成年人刑事案件,人民法院决定适用简

易程序审理的,应当征求未成年被告人及其法定代理人、辩护人的意见。上述人员提出异议的,不适用简易程序。

4. 未成年犯罪嫌疑人、被告人享有特别的诉讼权利

(1)法定代理人、合适成年人在场制度。

《刑事诉讼法》及相关司法解释对未成年人刑事案件中法定代理人、合适成年人在场制度有着明确的规定:

《刑事诉讼法》第二百七十条规定,对于未成年人刑事案件,在讯问和审判的时候,应当通知未成年犯罪嫌疑人、被告人的法定代理人到场。无法通知、法定代理人不能到场或者法定代理人是共犯的,也可以通知未成年犯罪嫌疑人、被告人的其他成年亲属,所在学校、单位、居住地基层组织或者未成年人保护组织的代表到场,并将有关情况记录在案。到场的法定代理人可以代为行使未成年犯罪嫌疑人、被告人的诉讼权利。到场的法定代理人或者其他人员认为办案人员在讯问、审判中侵犯未成年人合法权益的,可以提出意见。讯问笔录、法庭笔录应当交给到场的法定代理人或者其他人员阅读或者向他宣读。讯问女性未成年犯罪嫌疑人,应当有女工作人员在场。审判未成年人刑事案件,未成年被告人最后陈述后,其法定代理人可以进行补充陈述。

《刑诉解释》第四百六十六条第二款还规定,到场的其他人员,除依法行使刑事诉讼法第二百七十条第二款规定的权利外,经法庭同意,可以参与对未成年被告人的法庭教育等工作。

《刑诉解释》第四百七十五条规定,被告人实施被指控的犯罪时不满十八周岁,开庭时已满十八周岁不满二十周岁的,人民法院开庭时,一般应当通知其近亲属到庭。经法庭同意,近亲属可以发表意见。近亲属无法通知、不能到场或者是共犯的,应当记录在案。

《刑诉解释》第四百八十八条规定,定期宣告判决的未成年人刑事案件,未成年被告人的法定代理人无法通知、不能到庭或者是共犯的,法庭可以通知《刑事诉讼法》第二百七十条第一款规定的其他成年亲属、代表到庭,并在宣判后向未成年被告人的成年亲属送达判决书。

(2)不公开审理原则。

《刑事诉讼法》第二百七十四条规定,审判的时候被告人不满十八周岁的案件,不公开审理。但是,经未成年被告人及其法定代理人同意,未成年被告人所在学校和未成年人保护组织可以派代表到场。《刑事解释》第四百六十七条规定,开庭审理时被告人不满十八周岁的案件,一律不公开审理。经未成年被告人及其法定代理人同意,未成年被告人所在学校和未成年人保护组织可以派代表到场。到场代表的人数和范围,由法庭决定。到场代表经法庭同意,可以参与对未成年被告人的法庭教育工作。

《刑诉解释》第四百六十九条规定,审理未成年人刑事案件,不得向外界披露该未成年人的姓名、住所、照片以及可能推断出该未成年人身份的其他资料。查阅、摘抄、复制的未成年人刑事案件的案卷材料,不得公开和传播。被害人是未成年人的刑事案件,适用前两款的规定。

《刑诉解释》第四百八十七条规定,对未成年人刑事案件宣告判决应当公开进行,但不得采取召开大会等形式。对依法应当封存犯罪记录的案件,宣判时,不得组织人员旁听;有旁听人员的,应当告知其不得传播案件信息。

(3)法律援助制度。

《刑事诉讼法》第二百六十七条规定,未成年犯罪嫌疑人、被告人没有委托辩护人的,人民法院、人民检察院、公安机关应当通知法律援助机构指派律师为其提供辩护。《高检规则》第四百八十五条规定,人民检察院受理案件后,应当向未成年犯罪嫌疑人及其法定代理人了解其委托辩护人的情况,并告知其有权委托辩护人。未成年犯罪嫌疑人没有委托辩护人的,人民检察院应当书面通知法律援助机构指派律师为其提供辩护。这里的"未成年犯罪嫌疑人"是指在诉讼过程中未满十八周岁的人。犯罪嫌疑人实施涉嫌犯罪行为时未满十八周岁,在诉讼过程中已满十八周岁的,人民检察院可以根据案件的具体情况适用上述规定。《刑诉解释》第四百七十二条规定,审判时不满十八周岁的未成年被告人没有委托辩护人的,人民法院应当通知法律援助机构指派律师为其提供辩护。《刑诉解释》第四百七十三条规定,未成年被害人及其法定代理人因经济困难或者其他原因没有委托诉讼代理人的,人民法院应当帮助其申请法律援助。

(4)心理疏导和测评。

《刑诉解释》第四百七十七条规定,对未成年人刑事案件,人民法院根据情况,可以对未成年被告人进行心理疏导;经未成年被告人及其法定代理人同意,也可以对未成年被告人进行心理测评。

(5)犯罪记录封存制度。

《刑诉解释》第四百九十条规定,犯罪时不满十八周岁,被判处五年有期徒刑以下刑罚以及免除刑事处罚的未成年人的犯罪记录,应当封存。2012 年 12 月 31 日以前审结的案件符合前款规定的,相关犯罪记录也应当封存。司法机关或者有关单位向人民法院申请查询封存的犯罪记录的,应当提供查询的理由和依据。对查询申请,人民法院应当及时作出是否同意的决定。

《高检规则》第五百零三条规定,犯罪的时候不满十八周岁,被判处五年有期徒刑以下刑罚的,人民检察院应当在收到人民法院生效判决后,对犯罪记录予以封存。

《高检规则》第五百零六条规定,被封存犯罪记录的未成年人,如果发现漏罪,且漏罪与封存记录之罪数罪并罚后被决定执行五年有期徒刑以上刑罚的,应当对其犯罪记录解除封存。

《高检规则》第五百零七条规定,人民检察院对未成年犯罪嫌疑人作出不起诉决定后,应当对相关记录予以封存。具体程序参照本规则第五百零四条至第五百零六条的规定。

《公安部规定》第三百二十条第一款、第三款规定,未成年人犯罪的时候不满十八周岁,被判处五年有期徒刑以下刑罚的,公安机关应当依据人民法院已经生效的判决书,将该未成年人的犯罪记录予以封存。被封存犯罪记录的未成年人,如果发现漏罪,合并被判处五年有期徒刑以上刑罚的,应当对其犯罪记录解除封存。

5.严格限制强制措施的适用

在刑事诉讼中,对未成年犯罪嫌疑人应当谨慎适用强制措施,尽量不用或少用。

《刑事诉讼法》第二百六十九条规定,对未成年犯罪嫌疑人、被告人应当严格限制适用逮捕措施。人民检察院审查批准逮捕和人民法院决定逮捕,应当讯问未成年犯罪嫌疑人、被告人,听取辩护律师的意见。对被拘留、逮捕和执行刑罚的未成年人与成年人应当分别关押、分别管理、分别教育。

《高检规则》第四百八十七条规定，人民检察院办理未成年犯罪嫌疑人审查逮捕案件，应当根据未成年犯罪嫌疑人涉嫌犯罪的事实、主观恶性、有无监护与社会帮教条件等，综合衡量其社会危险性，严格限制适用逮捕措施。

《高检规则》第四百八十八条：对于罪行较轻，具备有效监护条件或者社会帮教措施，没有社会危险性或者社会危险性较小，不逮捕不致妨害诉讼正常进行的未成年犯罪嫌疑人，应当不批准逮捕。

对于罪行比较严重，但主观恶性不大，有悔罪表现，具备有效监护条件或者社会帮教措施，具有下列情形之一，不逮捕不致妨害诉讼正常进行的未成年犯罪嫌疑人，可以不批准逮捕：

(1)初次犯罪、过失犯罪的；

(2)犯罪预备、中止、未遂的；

(3)有自首或者立功表现的；

(4)犯罪后如实交代罪行，真诚悔罪，积极退赃，尽力减少和赔偿损失，被害人谅解的；

(5)不属于共同犯罪的主犯或者集团犯罪中的首要分子的；

(6)属于已满十四周岁不满十六周岁的未成年人或者系在校学生的；

(7)其他可以不批准逮捕的情形。

《高检规则》第四百八十九条规定，审查逮捕未成年犯罪嫌疑人，应当重点查清其是否已满十四、十六、十八周岁。对犯罪嫌疑人实际年龄难以判断，影响对该犯罪嫌疑人是否应当负刑事责任认定的，应当不批准逮捕。需要补充侦查的，同时通知公安机关。

6. 特殊讯问、询问制度

(1)人民法院审理未成年人刑事案件，在讯问和开庭时，应当通知未成年被告人的法定代理人到场。

(2)法定代理人无法通知、不能到场或者是共犯的，也可以通知未成年被告人的其他成年家属，所在学校、单位、居住地的基层组织或者未成年人保护组织的代表到场，并将有关情况记录在案。

(3)讯问女性未成年犯罪嫌疑人，应当有女工作人员到场。

(4)审判未成年人刑事案件，未成年被告人最后陈述后，其法定代理人可以进行补充陈述。

(5)讯问未成年被害人、证人，适用上述规则。

(6)对未成年人刑事案件，人民法院决定适用简易程序审理的，应当征求未成年被告人及其法定代理人、辩护人的意见。上述人员提出异议的，不适用简易程序。

(7)开庭前和休庭时，法庭根据情况，可以安排未成年被告人与其法定代理人或者其他成年亲属、代表会见。

7. 附条件不起诉制度

为了充分体现宽严相济、区别对待的刑事政策，刑事诉讼法还确立了附条件不起诉制度。

(1)适用范围。

对于未成年人涉嫌刑法分则第四章、第五章、第六章规定的犯罪，可能判处1年有期徒刑以下刑罚，符合起诉条件，但有悔罪表现的，人民检察院可以作出附条件不起诉的决定。

(2)适用程序。

①人民检察院在作出附条件不起诉的决定前，应当听取公安机关、被害人的意见。

②对附条件不起诉的决定，公安机关可以要求复议、提请复核或者被害人可以申诉。

③未成年犯罪嫌疑人及其法定代理人对人民检察院决定附条件不起诉有异议的，人民检察院应当作出起诉的决定。

(3)监督、考察机关：在附条件不起诉的考验期内，由人民检察院对被附条件不起诉的未成年犯罪嫌疑人进行监督考察。未成年犯罪嫌疑人的监护人，应当对未成年犯罪嫌疑人加强管教，配合人民检察院做好监督工作。

(4)考验期限：附条件不起诉的考验期为 6 个月以上 1 年以下，从人民检察院作出附条件不起诉的决定之日起计算。

(5)被附条件不起诉的未成年犯罪嫌疑人的义务：

①遵守法律法规，服从监督；

②按照考察机关的规定报告自己的活动情况；

③离开所居住的市、县或者迁居，应当报经考察机关批准；

④按照考察机关的要求接受矫治和教育。

(6)附条件不起诉决定的撤销。

①撤销机关：人民检察院。

②撤销情形：被附条件不起诉的未成年犯罪嫌疑人，在考验期内有下列情形之一的，人民检察院应当撤销附条件不起诉的决定，提起公诉：

第一，实施新的犯罪或者发现决定附条件不起诉以前还有其他犯罪需要追诉的；

第二，违反治安管理规定或者考察机关有附条件不起诉的监督管理规定时，情节严重的。

(7)处理结果。

被附条件不起诉的未成年犯罪嫌疑人，在考验期内有下列情形之一的，人民检察院应当撤销附条件不起诉的决定，提起公诉：

①实施新的犯罪或者发现决定附条件不起诉以前还有其他犯罪需要追诉；

②违反治安管理规定或者考察机关有关附条件不起诉的监督管理规定，情节严重的。被附条件不起诉的未成年犯罪嫌疑人，在考验期内没有上述情形，考验期满的，人民检察院应当作出不起诉的决定。

【案例分析】

未成年人刑事案件审理中，应当如何运用庭审教育？

2006 年，年仅 17 岁的郭某某因不堪忍受学习压力只身一人来到徐州，在一家茶馆打工期间，因受贪财图利思想的驱使，盗窃老板金手镯等物，价值人民币 4 万余元。在开庭前，她的母亲来到法院拿出了一封在家里给女儿写的信，信中倾诉了作为一名母亲对女儿走上犯罪道路的自责和对女儿深深的思念之情。法官看见这封信后，马上意识到这是一个“道具”，可为教育时运用。于是在法庭教育阶段，法官动情地向郭某某读了这封信。郭某某看着身旁的父母，望着法庭出示的信，忏悔之心溢于言表，失声痛哭，当庭表示要吸取这次失足的教训，好好改造，重新做人。

本案涉及未成年人刑事案件审理中的庭审教育问题。我国《刑事诉讼法》、《未成年人保护法》和《预防未成年人犯罪法》明文规定，对犯罪的未成年人实行教育、感化、挽救的方针，坚持教育为主、惩罚为辅的原则。最高人民法院《关于审理未成年人刑事案件的若干规定》强调，审理未成年人刑事案件应当根据未成年被告人的生理、心理特点，在审判的方式、方法上，注重疏导，寓教于审，惩教结合。如今，未成年人刑事案件审理程序中的法庭教育已为审理未成年人刑事案件所普遍运用，成为区别于成年人刑事案件审理程序的重要特征之一。

在审判实践中，法庭教育的方法是否得当，直接影响着法庭教育的效果。大多数的少年法庭在审理未成年人刑事案件时，都想方设法提高教育的质量，增强教育的效果。但也有不少审判人员在开庭审理时对法庭教育的准备不足，法庭教育仅是走过场，对法庭教育的方法问题不甚关心。少年法庭的法庭教育是一项工作量很大的审判实务，要圆满完成法庭教育的任务，审判人员就必须在教育的方法上做好充分的准备，寻找最佳教育方法。良好的法庭教育方法是由多种要素组成的，一般包括以下几个方面：

1.确定法庭教育的教育发言者

在法庭教育阶段的设置明确后，审判人员要根据案件的情况，确定教育发言者的具体人员。若是宣判前教育的，合议庭成员不宜作为教育者做专门的教育发言；若是宣判时教育的，合议庭成员就是法庭教育者的主体之一。可进行教育发言的主体通常有公诉人、辩护人、法定代理人、合议庭成员，这是基本主体。除此之外，为了增强教育效果和感化力度，还可根据案件不同情况和审理的需要，安排其他人员参与庭审教育。如通知诉讼参与人中的被害人参加法庭教育，让未成年被告人直接感受其犯罪行为给他人带来的痛苦；也可邀请有利于教育挽救工作的教师、社区干部参与法庭教育。未成年人的成年近亲属如果与被告人有特殊关系，有利于教育工作的，也可通知其参与法庭教育。

2.安排教育者发言的顺序

根据未成年人刑事案件的审判实践，法庭教育时，教育发言者的发言顺序不是一成不变的，审判人员没有必要固定发言者的先后顺序，要结合案件的具体情况，视被告人主观恶性程度之深浅、悔改心情之强弱、教育者表达能力之高低、与被告人关系之疏密，来决定每个教育者发言的先后顺序。我们应当看到，法庭教育是针对某个具体的人而开展的，失足少年之间个性差异、案件差异、环节差异是明显存在的，以一成不变的方法去对待千变万化的被教育对象，其教育效果之不理想也是可想而知的。有的案件可以是公诉人先发言，有的可以是法定代理人先发言，有的则可以是教师先发言，等等，视具体情况而定。

3.精心组织教育内容，避免教育内容的同义反复

少年法庭之所以安排不同的主体对失足少年进行教育，并不是要他们把同样内容的话，通过不同的人来重复，那样做没有实际意义，而是希望通过不同教育主体的发言，体现我们党和国家对失足少年的一贯政策，反映我们全社会对失足少年的共同关心和帮助。所以每个教育者的发言，在教育的内容上应避免雷同而各有侧重。教育的内容也要和教育者的身份相适应。公诉人在教育时可以国家的法律为基点，向失足少年讲明其行为与法律的冲突点，即坚持以法为依据的教育；辩护人可以社会道德规范、公民应遵守的行为规则为重点，剖析失足少年的可咎之处，即坚持以理为根本的教育；法定代理人以父母之恨、家庭之悲、亲属之痛为出发点，诉说失足少年的行为所带来的创伤和打击，即坚持以情为手段的教育。其他教育者则可以通过特殊的身份，用“横向对比、纵向回忆”的方法，促使失足少年回心转意。而合议庭的教育则应扬长避短，用已掌握的材料，对被告人犯罪的原因进行剖析，阐述犯罪的社会危害性，告知失足少年在社会秩序中应处理好的关系，同时对其他教育者没有到位的教育发言做适应的补充，拾遗补缺。

4.提高组织法庭教育的驾驭能力

法庭教育是一个动态过程，不仅教育者的发言顺序是经常变化的，被告人的情绪是动荡变化的，更重要的是案件的情况是千变万化的，所以，审判长或其他合议庭组成人员，应对法庭教育阶段的节奏、气氛做相应的调控，要将各教育者的发言在审判人员的精心组织下形成最大的教育合力。法庭教育是否成功，主要看审判人员是否真正驾驭了法庭教育。在法庭教育时，各教育者的思路都在做快速运动，他们要寻找一个最能发挥教育作用的时机进行发言，如果审判人员通过本人的语言运用、“道具”运用，营造出合适的教育时机，这种法庭教育无论在形式上还是效果上都是不错的。所谓语言运用，就是审判长不能机械地发出“现在由公诉人教育”、“现在由法定代理人教育”等缺少活力的指令，而是要通过带有法律理念、情感哲理色彩话语的叙述，向人们提示下面要进行法庭教育的主体是谁，提示教育者做好准备，把人们的注意力逐渐引向教育者，自然地从一个教育者的发言过渡到另一个教育者的发言。所谓“道具”运用，就是审判长在组织法庭教育时，借用一些与失足少年有关的、能使少年触物生情的物品向被告人展示，如信件、生日卡、奖状、照片、团员证、学生手册等。这些物品凝聚着少年的一段美好的回忆，一段愉快的生活、一段光荣的历史，能促使少年尚未泯灭的良知早日复苏。在准备工作充分的前提下，语言、“道具”运用得当，是审判长组织、指挥、引导法庭教育成功的关键。

庭审教育是落实寓教于审的重要环节。在法庭教育阶段，教育的主体最集中，教育的内容最丰富，教育的特征最明显，每一位参与庭审教育的人员从不同角度出发，精心选择感化点，认真开展各有侧重的庭审教育，将能形成强烈的合力作用，对未成年被告人的思想和心灵产生震动和冲击，从而达到预期的庭审教育效果。

第二节 刑事和解实务

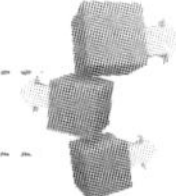

【案例引导】

安徽省首例刑事和解经典案例

2007年12月29日晚23时许，夏某某来到前妻住处看望女儿。由于话不投机，和前妻发生了争吵。前妻回到娘家，弟弟王某见姐姐哭泣，当即赶到姐姐家和前姐夫发生争执扭打。双方在扭打中，夏某某顺手摸起床边的一把水果刀朝王某腰部捅了一刀(经鉴定，为重伤)。夏某某很快因为涉嫌故意伤害被关押。案件移送检察院审查起诉后，王某对夏的怒气还未消，执意要求司法机关严惩夏某某。而关在号房里的夏某某则对自己的行为后悔不已。但夏某某也告诉承办检察官，自己在案发过程中也被王某打了。经过医院检查，发现夏某某眉骨外伤性骨折，伤情鉴定为轻伤。案情随即出现前所未有的复杂性。前姐夫夏某某把前小舅子打成了重伤，前小舅子同时把前姐夫打成了轻伤，依照法律规定，双方之间应各承担一定的责任。见双方持这样的态度，承办案件的检察官多次对双方进行劝解，最终感化双方。在两人的态度发生转变后，检察官随后给夏某某办理了取保候审手续，夏某某十分感动，出监后不久即与王某达成了和解协议，以最快的速度把赔偿款筹齐交给了王某，并且表示对王某造成自己轻伤一事不予追究。检察机关随后建议公安机关按照刑事和解的相关规定，对王某轻伤害一案撤销案件，对此王某十分感动，表示愿意谅解夏某某。检察机关对夏某某伤害一案提起诉讼后，建议法院对夏某某从轻处罚。法院审理后，判处夏某某有期徒刑3年，缓刑3年。至此，一起剑拔弩张的刑事案件在检察官的调处下得以妥善解决。①

一、刑事和解程序的适用条件

1. 积极条件

依据《刑事诉讼法》第二百七十七条的规定，犯罪嫌疑人、被告人真诚悔罪，通过向被害人赔偿损失、赔礼道歉等方式获得被害人谅解，被害人自愿和解的，双方当事人可以和解。这意味着，适用刑事和解的诉讼案件的积极条件有：

① 参见高丙凯:《安徽省首例刑事和解经典案例》。

(1)犯罪嫌疑人、被告人真诚悔罪。所谓真诚悔罪，是指犯罪嫌疑人、被告人已经充分认识到自己犯罪行为给被害人等相关人员和组织带来的损害，并且通过积极赔偿、赔礼道歉等方式表现出来。

(2)获得被害人的谅解。被害人谅解是达成刑事和解的决定性条件。刑事和解以当事人双方，特别是被害人的谅解意愿为前提，而被害人谅解是被害人表达和解意愿的行为方式。

(3)被害人自愿和解。被害人自愿和解是指，被害人作出谅解并且达成和解协议是出于其自由意志作出的，而非受到外来压力的影响而作出的。

此外，《高检规则》第五百一十条第一款还规定，和解的公诉案件还应当同时符合下列条件："……(2)被害人明确表示对犯罪嫌疑人予以谅解；(3)双方当事人自愿和解，符合有关法律规定；(4)属于侵害特定被害人的故意犯罪或者有直接被害人的过失犯罪；(5)案件事实清楚，证据确实、充分。"《刑诉解释》第四百九十六条也要求满足"事实清楚、证据充分的"的条件。《公安机关办理刑事案件程序规定》(以下简称"公安部规定")第三百二十四条也规定，双方当事人和解的，公安机关应当审查案件事实是否清楚……

2.消极条件

《刑事诉讼法》第二百七十七条第二款规定，犯罪嫌疑人、被告人在五年以内曾经故意犯罪的，不适用本章规定的程序。

《高检规则》第五百一十条第三款规定，犯罪嫌疑人在犯刑事诉讼法第二百七十七条第一款规定的犯罪前五年内曾故意犯罪，无论该故意犯罪是否已经追究，均应当认定为前款规定的五年以内曾经故意犯罪。

二、刑事和解程序的案件适用范围

依据《刑事诉讼法》第二百七十七条第一款的规定，公诉案件中的刑事和解适用于轻微刑事案件。具体而言：

(1)因民间纠纷引起，涉嫌刑法分则第四章、第五章规定的犯罪案件，可能判处三年有期徒刑以下刑罚的；

(2)需要注意的是，此处的"三年有期徒刑以下刑罚"是指宣告刑而非法定刑，"民间纠纷"是指公民之间有关人身、财产权益和其他日常生活中发生的纠纷。

《公安部办理刑事案件程序规定》(简称《公安部规定》)第三百二十三条规定，有下列情形之一的，不属于因民间纠纷引起的犯罪案件：①雇凶伤害他人的；②涉及黑社会性质组织犯罪的；③涉及寻衅滋事的；④涉及聚众斗殴的；⑤多次故意伤害他人身体的；⑥其他不宜和解的。

(3)除渎职犯罪以外的可能判处七年有期徒刑以下刑罚的过失犯罪案件。

【案例分析】

在未成年刑事审判中探索适用刑事和解

被告人陈子华等13人，均为16岁至17岁、男性，系广东省某职业技术学院学生。李云，男，16岁，为同一学院的学生。2005年1月14日，陈子华等13人因怀疑李云拿走了其中一人的手机，遂在学校宿舍里轮番对李云进行拳打脚踢，并多次使李云的头部撞到地面、墙壁、床沿，最终导致李云昏迷不醒，后送医院抢救无效死亡。

广东省广州市中级人民法院审理后认为，被告人陈子华等13人故意伤害他人身体，致人死亡，其行为均构成故意伤害罪。13名被告人因犯罪时未满18周岁，均予以减轻处罚。13名被告人在案发后，认罪态度较好，可以酌情从轻处罚。同时，被告人、被害人所在的广州某职业技术学院，本着平息纠纷、维护社会稳定的态度，赔偿并支付被害人1112936元。各被告人的法定代理人积极主动与被害人家属沟通、道歉，并在判决前赔偿共计92000元。在法庭的主持下，双方达成了协议，被告人再赔偿被害人经济损失390000元。被害人家属建议法庭对各被告人从宽处理。被告人所在的学院表示愿意落实监管措施、接受他们返校读书，广州中院对各被告人均被判处有期徒刑并宣告缓刑。

本案是一起典型的未成年人刑事犯罪案件。全部被告人和被害人都是未成年人。法院在查清事实后，主持刑事和解，对被害人家属、被告人的和解意愿进行了正确的引导和保护，满足了各方的利益需要，收到良好的社会效果。由此得到的启示是，在符合一定条件的情况下，刑事和解可以在未成年司法中适当运用，以更好地处理未成年人刑事案件。

在刑事和解这一程序中，被害人能够就犯罪事件直接叙说，发泄对所受伤害的委屈或疑惑，接受犯罪人的道歉并表示宽恕，最终得到经济赔偿；因此，刑事和解的实质就是将犯罪所侵害的社会关系尽量恢复的纠纷解决机制，对处理未成年刑事案件具有特别积极的意义。

三、刑事和解程序的案件适用阶段

依据《刑事诉讼法》第二百七十八条的规定，双方当事人和解的，公安机关、人民检察院、人民法院应当听取当事人和其他有关人员的意见，对和解的自愿性、合法性进行审查，并主持制作和解协议书。由此可见，刑事和解程序可以适用于公安机关立案开始直至人民法院作出最终判决的全部阶段程序。在不同的诉讼阶段，由不同的办案机关负责刑事和解程序的具体工作。

四、刑事和解程序的达成主体

1.自行和解

《刑事诉讼法》第四百九十六条规定，对符合《刑事诉讼法》第二百七十七条规定的公诉案件，事实清楚、证据充分的，人民法院应当告知当事人可以自行和解；当事人提出申请的，人民法院可以主持双方当事人协商以达成和解。根据案件情况，人民法院可以邀请人民调解员、辩护人、诉讼代理人、当事人亲友等参与促成双方当事人和解。

《高检规则》第五百一十四条规定，双方当事人可以自行达成和解，也可以经人民调解委员会、村民委员会、居民委员会、当事人所在单位或者同事、亲友等组织或者个人调解后达成和解。人民检察院对于本规则第五百一十条规定的公诉案件，可以建议当事人进行和解，并告知相应的权利义务，必要时可以提供法律咨询。

2.代为和解

(1)被害人。

《刑事诉讼法》第四百九十七条规定，符合刑事诉讼法第二百七十七条规定的公诉案件，被害人死亡的，其近亲属可以与被告人和解。近亲属有多人的，达成和解协议，应当经处于同一继承顺序的所有近亲属同意。被害人系无行为能力或者限制行为能力人的，其法定代理人、近亲属可以代为和解。

《高检规则》第五百一十一条规定，被害人死亡的，其法定代理人、近亲属可以与犯罪嫌疑人和解。被害人系无行为能力或者限制行为能力人的，其法定代理人可以代为和解。

(2)加害人。

《刑事诉讼法》第四百九十八条规定，被告人的近亲属经被告人同意，可以代为和解。被告人系限制行为能力人的，其法定代理人可以代为和解。

《高检规则》第五百一十二条规定，犯罪嫌疑人系限制行为能力人的，其法定代理人可以代为和解。犯罪嫌疑人在押的，经犯罪嫌疑人同意，其法定代理人、近亲属可以代为和解。

五、和解事项

《高检规则》第五百一十三条规定，双方当事人可以就赔偿损失、赔礼道歉等民事责任事项进行和解，并且可以就被害人及其法定代理人或者近亲属是否要求或者同意公安机关、人民检察院、人民法院对犯罪嫌疑人依法从宽处理进行协商，但不得对案件的事实认定、证据采信、法律适用和定罪量刑等依法属于公安机关、人民检察院、人民法院职权范围的事宜进行协商。

六、刑事和解程序中自愿性、合法性的审查

《刑事诉讼法》第二百七十八条规定，双方当事人和解的，公安机关、人民检察院、人民法院应当听取当事人和其他有关人员的意见，对和解的自愿性、合法性进行审查，并主持制作和解协议书。

《高检规则》第五百一十五条规定，人民检察院应当对和解的自愿性、合法性进行审查，重点审查以下内容：①双方当事人是否自愿和解；②犯罪嫌疑人是否真诚悔罪，是否向被害人赔礼道歉，经济赔偿数额与其所造成的损害和赔偿能力是否相适应；③被害人及其法定代理人或者近亲属是否明确表示对犯罪嫌疑人予以谅解；④是否符合法律规定；⑤是否损害国

家、集体和社会公共利益或者他人的合法权益；⑥是否符合社会公德。审查时，应当听取双方当事人和其他有关人员对和解的意见，告知刑事案件可能从宽处理的法律后果和双方的权利义务，并制作笔录附卷。

《刑诉解释》第四百九十九条规定，对公安机关、人民检察院主持制作的和解协议书，当事人提出异议的，人民法院应当审查。经审查，和解自愿、合法的，予以确认，无须重新制作和解协议书；和解不具有自愿性、合法性的，应当认定无效。和解协议被认定无效后，双方当事人重新达成和解的，人民法院应当主持制作新的和解协议书。

《刑诉解释》第五百条规定，审判期间，双方当事人和解的，人民法院应当听取当事人及其法定代理人等有关人员的意见。双方当事人在庭外达成和解的，人民法院应当通知人民检察院，并听取其意见。经审查，和解自愿、合法的，应当主持制作和解协议书。

七、和解协议书的制作

当事人达成和解协议，公安机关、人民检察院和人民法院通过查阅相关书面材料、听取当事人和其他有关人员的意见等方式进行审查后认为和解是自愿的、合法的，应当主持制作和解协议书。

依据《公安部规定》第三百二十六条、《高检规则》第五百一十六条和《刑诉解释》第五百零一条的规定，和解协议书包括的主要内容包括：和解协议书一式三份，双方当事人各持一份，另一份交公安机关、人民检察院或者人民法院附卷备查。

此外，《高检规则》第五百一十六条第二款规定，和解协议书应当由双方当事人签字，可以写明和解协议书系在人民检察院主持下制作。检察人员不在当事人和解协议书上签字，也不加盖人民检察院印章。

《刑诉解释》第五百零一条第二款、第四款规定，和解协议书应当由双方当事人和审判人员签名，但不加盖人民法院印章。对和解协议中的赔偿损失内容，双方当事人要求保密的，人民法院应当准许，并采取相应的保密措施。

八、和解协议的履行

《高检规则》第五百一十七条，和解协议书约定的赔偿损失内容，应当在双方签署协议后立即履行，至迟在人民检察院作出从宽处理决定前履行。确实难以一次性履行的，在被害人同意并提供有效担保的情况下，也可以分期履行。

《刑诉解释》第五百零二条第一款规定，和解协议约定的赔偿损失内容，被告人应当在协议签署后即时履行。

《公安部规定》第三百二十六条第二款规定，和解协议应当及时履行。

九、达成和解协议后提起附带民事诉讼的处理

《刑诉解释》第五百零三条规定，双方当事人在侦查、审查起诉期间已经达成和解协议并全部履行，被害人或者其法定代理人、近亲属又提起附带民事诉讼的，人民法院不予受理，但有证据证明和解违反自愿、合法原则的除外。

《刑诉解释》第五百零四条规定，被害人或者其法定代理人、近亲属提起附带民事诉讼后，双方愿意和解，但被告人不能即时履行全部赔偿义务的，人民法院应当制作附带民事调解书。

十、和解协议的反悔

《刑诉解释》第五百零二条第二款规定，和解协议已经全部履行，当事人反悔的，人民法院不予支持，但有证据证明和解违反自愿、合法原则的除外。

《高检规则》第五百二十一条规定，人民检察院拟对当事人达成和解的公诉案件作出不起诉决定的，应当听取双方当事人对和解的意见，并且查明犯罪嫌疑人是否已经切实履行和解协议、不能即时履行的是否已经提供有效担保，将其作为是否决定不起诉的因素予以考虑。当事人在不起诉决定作出之前反悔的，可以另行达成和解。不能另行达成和解的，人民检察院应当依法作出起诉或者不起诉决定。当事人在不起诉决定作出之后反悔的，人民检察院不撤销原决定，但有证据证明和解违反自愿、合法原则的除外。

十一、和解协议的无效

一般认为，和解不具有自愿性、合法性的，应当认定无效。

《高检规则》第五百二十二条规定，犯罪嫌疑人或者其亲友等以暴力、威胁、欺骗或者其他非法方法强迫、引诱被害人和解，或者在协议履行完毕之后威胁、报复被害人的，应当认定和解协议无效。已经作出不批准逮捕或者不起诉决定的，人民检察院根据案件情况可以撤销原决定，对犯罪嫌疑人批准逮捕或者提起公诉。

十二、对和解案件的处理

依据《刑事诉讼法》第二百七十九条规定，对于达成和解协议的案件，公安机关可以向人民检察院提出从宽处理的建议。人民检察院可以向人民法院提出从宽处罚的建议；对于犯罪情节轻微，不需要判处刑罚的，可以作出不起诉的决定。人民法院可以依法对被告人从宽处罚。

依据《高检规则》第五百一十八条规定，双方当事人在侦查阶段达成和解协议，公安机关向人民检察院提出从宽处理建议的，人民检察院在审查逮捕和审查起诉时应当充分考虑公安机关的建议。

依据《高检规则》第五百一十九条规定，人民检察院对于公安机关提请批准逮捕的案件，双方当事人达成和解协议的，可以作为有无社会危险性或者社会危险性大小的因素予以考虑，经审查认为不需要逮捕的，可以作出不批准逮捕的决定；在审查起诉阶段可以依法变更强制措施。

依据《高检规则》第五百二十条规定，人民检察院对于公安机关移送审查起诉的案件，双方当事人达成和解协议的，可以作为是否需要判处刑罚或者免除刑罚的因素予以考虑，符合法律规定的不起诉条件的，可以决定不起诉。对于依法应当提起公诉的，人民检察院可以向人民法院提出从宽处罚的量刑建议。

依据《刑诉解释》第五百零五条规定，对达成和解协议的案件，人民法院应当对被告人从轻处罚；符合非监禁刑适用条件的，应当适用非监禁刑；判处法定最低刑仍然过重的，可以减轻处罚；综合全案认为犯罪情节轻微不需要判处刑罚的，可以免除刑事处罚。共同犯罪案件，部分被告人与被害人达成和解协议的，可以依法对该部分被告人从宽处罚，但应当注意全案的量刑平衡。

附刑事和解协议书范本

刑事和解协议书

甲方(受害人):×××,男,汉族,××××年×月×日出生,身份证号:××××住址:×××。

乙方(侵害人):×××,男,汉族,××××年×月×日出生,身份证号:××××,现关押于×××。

乙方代理人:×××,男,汉族,××××年×月×日出生,身份证号:××××,住址:×××。

见证人:×××律师事务所律师 ×××,执业证号:×××,地址:×××。

纠纷事实与主要责任:

2010年3月2日,乙方与甲方发生争执并在争执过程中造成甲方受伤。2010年3月3日,乙方因涉嫌故意伤害罪被×××公安局刑事拘留。

由于乙方的过错行为,给甲方造成了身体上的创伤,对此,乙方深有悔意。现双方就本案的赔偿等相关事宜,经过诚恳、友好的协商,一致同意达成和解协议:

1.乙方对自己的行为给甲方造成的损害,深感歉意,请求甲方予以宽恕。

2.乙方一次性赔偿甲方各项赔偿金人民币×××万元。赔偿金包括但不限于最高人民法院《关于审理人身损害赔偿案件适用法律若干问题的解释》〔2003〕20号之赔偿项目等所有一切与双方伤害有关的诸如今后的后遗症、并发症等全部损害赔偿费用。即此赔偿数额为现在或将来、直接或间接与该次伤害纠纷有关的索赔的最终和全部赔偿数额。

3.双方于________年____月____日在见证人见证下,乙方或乙方代理人向甲方支付各项赔偿金人民币×××万元。乙方或乙方代理人付清上述赔偿款项后,双方因本案纠纷所产生的一切债权债务关系全部终止,甲方不再追究乙方的民事赔偿责任,也不再以其他任何途径和方法索偿。

4.甲方对乙方的故意伤害行为给予谅解。在见证人见证下,乙方或乙方代理人向甲方支付赔偿金后,甲方撤回附带民事诉讼的书面请求,并向法院出具对乙方的谅解书及从宽处理的书面请求。(乙方本着化解矛盾的态度,对甲方的行为给予谅解,并同意请求公安机关对本案做调解处理,不再请求公安机关追究甲方的刑事责任)

5.双方确认本协议内容是双方在公平、自愿原则下共同商议决定,是各方真实意思表现,不存在欺诈或胁迫情形。

6.本协议自双方签字之日起生效。本协议一式五份,双方各执一份,×××公安局、×××人民检察院、×××人民法院各存档一份,具有同等法律效力。

甲方签名:(按手印)

签订时间:　　　　年　　月　　日

乙方签名:(按手印)

签订时间:　　　　年　　月　　日

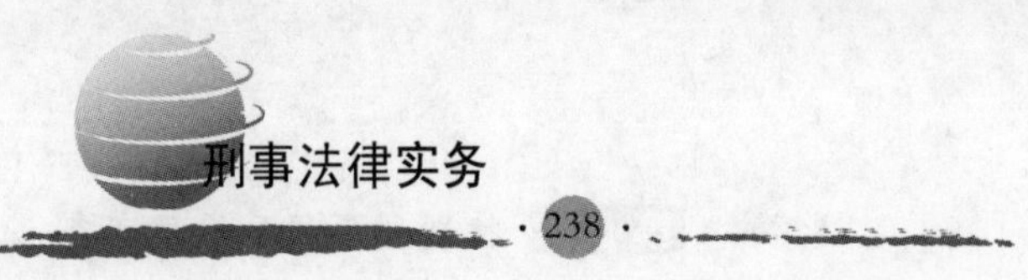

第三节 依法不负刑事责任的精神病人的强制医疗程序

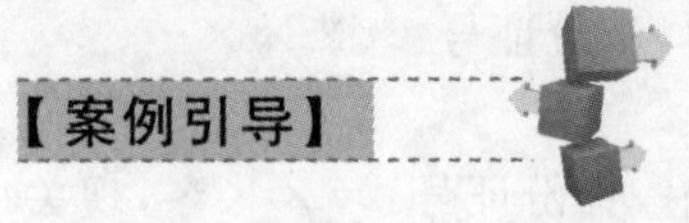
【案例引导】

黑龙江哈尔滨南岗区检察院首例强制医疗案件宣判

2012年5月15日，被申请人郑玲在哈尔滨市南岗区民益街持刀将正在玩耍的被害人陈某(女，殁年4岁)连刺五刀后逃跑，造成陈某主动脉损伤，失血死亡。经司法鉴定，郑玲为精神分裂症，无刑事责任能力。

哈尔滨市南岗区人民检察院受理此案后，综合考虑郑玲的精神状态、社会危害性等因素，决定对其提起强制医疗申请。这是我省首例开庭审理的强制医疗案件，为确保案件质量，承办人在开庭审理前做了充分的准备工作，例如到被申请人所在医院了解其目前的治疗情况，到居住地了解其日常生活状况、精神状态、其父母的监护能力等。在庭审过程中，承办人通过大量证据证实被申请人不仅实施了故意杀人的犯罪行为，而且有继续危害社会的可能性。根据此类案件的特点，公诉人将举证的重点放在被申请人继续危害社会的可能性上，从鉴定意见、被申请人治疗后的自身状态及其家庭状况等角度，对继续危害社会的可能性和强制医疗的必要性进行了深入阐述。最终，南岗法院综合全案证据，对被申请人作出了强制医疗决定。①

一、依法不负刑事责任的精神病人的强制医疗程序概述

1. 概念

强制医疗是出于避免社会危害和保障精神疾病患者健康利益的目的而采取的一项对精神疾病患者的人身自由予以一定限制并对其所患精神疾病进行治疗的特殊保安处分。

2. 特征

第一，适用对象的特殊性。强制医疗制度的适用对象仅仅局限于具有暴力倾向且有社会危险性的精神病人。

第二，适用措施的强制性。

第三，适用目的的双重性。一是通过积极康复治疗，达到维护精神病人身体健康利益的

① 参见王萍芳、闫佳楠：《黑龙江哈尔滨南岗区检察院首例强制医疗案件宣判》。

目的；二是通过强制性治疗，消除被强制对象的人身危险性，使其不再对社会公众构成威胁，从而实现保障公众安全、维护社会和谐有序的目的。

二、依法不负刑事责任的精神病人的强制医疗程序的适用条件

根据《刑事诉讼法》第二百八十四条、《刑诉解释》第五百二十四条和《高检规则》第五百三十九条的规定，对实施暴力行为的精神病人，适用强制医疗，需要满足以下三个条件：

(1)实施了危害公共安全或者严重危害公民人身安全的暴力行为，社会危害性已经达到了犯罪程度。

(2)法定鉴定程序确认为无刑事责任能力。在侦查、审查起诉阶段，公安机关、检察院有权启动精神鉴定程序。在审判阶段，针对控辩双方有争议的鉴定意见进行核实时，法院可以启动重新鉴定或者补充鉴定。犯罪嫌疑人的辩护人、近亲属有权申请启动精神病鉴定程序。

(3)有继续危害社会的可能。

三、依法不负刑事责任的精神病人的强制医疗程序的启动方式

根据刑事诉讼法对依法不负刑事责任的精神病人的强制医疗程序的规定，有以下两种启动方式：

(1)公安机关发现精神病人符合强制医疗条件的，应当写出强制医疗意见书，移送人民检察院。对于公安机关移送的或者在审查起诉过程中发现的精神病人符合强制医疗条件的，人民检察院应当向人民法院提出强制医疗的申请。

(2)人民检察院在审理案件过程中发现被告人符合强制医疗条件的，可以作出强制医疗的决定。

四、依法不负刑事责任的精神病人的强制医疗程序的办案程序

1. 管辖

人民检察院申请对依法不负刑事责任的精神病人强制医疗的案件，由被申请人实施暴力行为所在地的基层人民法院管辖；由被申请人居住地的人民法院审判更为适宜的，可以由被申请人居住地的基层人民法院管辖。

2. 审理组织

依据《刑事诉讼法》第二百八十六条第一款的规定，人民法院受理强制医疗的申请后，应当组成合议庭进行审理。

3. 法定代理人到场和法律援助制度

依据《刑事诉讼法》第二百八十六条第二款、《刑诉解释》第五百二十八条的规定，人民法院审理强制医疗案件，应当通知被申请人或者被告人的法定代理人到场。被申请人或者被告人没有委托诉讼代理人的，人民法院应当通知法律援助机构指派律师担任其诉讼代理人，为其提供法律援助。

4. 审理方式、程序和期限

(1)《刑诉解释》第五百二十九条规定，审理强制医疗案件，应当组成合议庭，开庭审理。

但是被申请人、被告人的法定代理人请求不开庭审理，并经人民法院审查同意的除外。

审理人民检察院申请强制医疗的案件，应当会见被申请人。

(2)《高检规则》第五百四十九条规定，人民法院对强制医疗案件开庭审理的，人民检察院应当派员出庭。

(3)依据《刑事诉讼法》第二百八十七第一款的规定，人民法院经审理，对于被申请人或者被告人符合强制医疗条件的，应当在一个月内作出强制医疗的决定。

5. 审理强制医疗案件后的裁决方式

(1)《刑诉解释》第五百三十一条规定，对申请强制医疗的案件，人民法院审理后，应当按照下列情形分别处理：

①符合《刑事诉讼法》第二百八十四条规定的强制医疗条件的，应当作出对被申请人强制医疗的决定；

②被申请人属于依法不负刑事责任的精神病人，但不符合强制医疗条件的，应当作出驳回强制医疗申请的决定；被申请人已经造成危害结果的，应当同时责令其家属或者监护人严加看管和治疗；

③被申请人具有完全或者部分刑事责任能力，依法应当追究刑事责任的，应当作出驳回强制医疗申请的决定，并退回人民检察院依法办理。

(2)法院在审理案件过程中作出强制医疗决定的程序。

依据《刑诉解释》第五百五十三条的规定，对第一审人民法院在审理案件过程中发现被告人可能符合强制医疗条件的，人民法院审理后，应当按照下列情况分别处理：

①被告人符合强制医疗条件的，应当判决宣告被告人不负刑事责任，同时作出对被被告人强制医疗的决定；

②被告人属于依法不负刑事责任的精神病人，但不符合强制医疗条件的，应当判决宣告被告人无罪或者不负刑事责任；被告人已经造成危害结果的，应当同时责令其家属或者监护人严加看管和治疗；

③被告人具有完全或者部分刑事责任能力，依法应当追究刑事责任的，应当依照普通程序继续审理。

《刑诉解释》第五百三十四条规定，人民法院在审理第二审刑事案件过程中，发现被告人可能符合强制医疗条件的，可以依照强制医疗程序对案件作出处理，也可以裁定发回原审人民法院从新审判。

6. 临时的保护性约束措施的适用

依据《刑事诉讼法》第二百八十五条第三款的规定，对实施暴力行为的精神病人，在人民法院决定强制医疗前，公安机关可以采取临时的保护性约束措施。

【案例分析】

农妇患精神病毒杀幼子　法院予以强制医疗病情好转

广东茂名信宜市法院17日解除了对精神病人赖某清的强制医疗，这是中国刑事诉讼法在特别程序中增设“依法不负刑事责任的精神病人的强制医疗程序”后当地首例解除强制医疗案件。2013 年 10 月 5 日早上 7 时许，家住信宜市金垌镇木威石垌村的农妇赖某清，在给儿子卢某庆喂粥后，受到女儿哭声的刺激，感到十分烦躁，出现了厌世情绪。由于担心自己死后儿子没人照顾，赖某清产生了毒死儿子的念头，她从婆婆房间内取出农药“仲丁威”一瓶，将部分农药倒进碗里，用汤匙喂给未满一周岁儿子卢某庆服食，随后自己也将瓶内农药喝下。家人发现后将中毒倒地的赖某清和卢某庆送往医院抢救，卢某庆经抢救无效死亡。经鉴定，赖某清作案时患有精神病，丧失辨认及控制能力，评定为无刑事责任能力。

根据新刑事诉讼法的规定，信宜法院为赖某清指定了法律援助律师，组成合议庭开庭审理，赖的丈夫卢某贵参加了庭审。2014 年 1 月 22 日经合议庭评议决定作出对被告人赖某清进行强制治疗的决定。被告人赖某清被强制医疗住院后，在丈夫卢某贵积极配合和信宜市精神病医院的精心治疗下病情逐渐好转。信宜市精神病医院于 2014 年 9 月 15 日作出了患者诊断评估报告，认为赖某清“病情稳定，无人身危害性，可出院后定期复诊、维持治疗”。次日，卢某贵向信宜法院申请解除强制医疗。

信宜法院受理申请后，经过阅卷，审查、审阅了申请人、指定代理人的意见，并会见被申请人赖某清，认为其所患的精神疾病，经过半年多的住院治疗后，经鉴定精神症状已经消除，自制力已恢复，病情已缓解；医疗机构也认为，在有家属护理的情况下，出院继续服药治疗，赖某清将不具有人身危险性，不需要继续对其强制治疗，法院于是依法解除对被申请人赖某清的强制医疗，并责令其家属严加看管和治疗。

五、依法不负刑事责任的精神病人的强制医疗程序的救济程序

依据《刑事诉讼法》第二百八十七条第二款、《刑诉解释》第五百三十六条的规定，被决定强制医疗的人、被害人及其法定代理人、近亲属对强制医疗决定不服的，可以自收到决定书之日起五日内向上一级人民法院申请复议。复议期间不停止执行强制医疗的决定。

《刑诉解释》第五百三十七条规定，对不服强制医疗程序决定的复议申请，上一级人民法院应当组成合议庭审理，并在一个月内，按照下列情形分别作出复议决定：

(1)被决定强制医疗的人符合强制医疗条件的，应当驳回复议申请，维持原决定；

(2)被决定强制医疗的人不符合强制医疗条件的，应当撤销原决定；

(3)原审违反法定诉讼程序，可能影响公正审判的，应当撤销原决定，发回原审人民法院重新审判。

六、依法不负刑事责任的精神病人的强制医疗程序的交付执行

依据《刑诉解释》第五百三十五条的规定，人民法院决定强制医疗的，应当于作出决定后

5 日内，向公安机关送达强制医疗决定书和强制医疗执行通知书，由公安机关将被决定强制医疗的人送交强制医疗。

七、依法不负刑事责任的精神病人的强制医疗程序的解除程序

依据《刑事诉讼法》第二百八十八的规定，强制医疗机构应当定期对被医疗的人进行诊断评估。对于已不具有人身危险性，不需要继续强制医疗的，应当及时提出解除意见，报决定强制医疗的人民法院批准。被强制医疗的人及其近亲属有权申请解除强制医疗。

《刑诉解释》第五百四十条规定，被强制医疗的人及其近亲属申请解除强制医疗的，应当向决定强制医疗的人民法院提出。被强制医疗的人及其近亲属提出的解除强制医疗申请被人民法院驳回，六个月后再次提出申请的，人民法院应当受理。

《刑诉解释》第五百四十一条规定，强制医疗机构提出解除强制医疗意见，或者被强制医疗的人及其近亲属申请解除强制医疗的，人民法院应当审查是否附有对强制医疗的人的诊断评估报告。强制医疗机构提出解除强制医疗意见，未附诊断评估报告的，人民法院应当要求其提供。被强制医疗的人及其近亲属向人民法院申请解除强制医疗，强制医疗机构未提供诊断评估报告的，申请人可以申请人民法院调取。必要时，人民法院可以委托鉴定机构对被强制医疗的人进行鉴定。

《刑诉解释》第五百四十二条规定，强制医疗机构提出解除强制医疗意见，或者被强制医疗的人及其近亲属申请解除强制医疗的，人民法院应当组成合议庭进行审查，并在一个月内，按照下列情形分别处理：

(1)被强制医疗的人已不具有人身危险性，不需要继续强制医疗的，应当作出解除强制医疗的决定，并可责令被强制医疗的人的家属严加看管和治疗；

(2)被强制医疗的人仍具有人身危险性，需要继续强制医疗的，应当作出继续强制医疗的决定。

人民法院应当在作出决定后 5 日内，将决定书送达强制医疗机构、申请解除强制医疗的人、被决定强制医疗的人和人民检察院。决定解除强制医疗的，应当通知强制医疗机构在收到决定书的当日解除强制医疗。

八、依法不负刑事责任的精神病人的强制医疗程序的检察监督

依据《刑事诉讼法》第二百八十九条的规定，人民检察院对强制医疗的决定和执行实行监督。

《高检规则》第五百五十条规定，人民检察院发现人民法院或者审判人员审理强制医疗案件违反法律规定的诉讼程序，应当向人民法院提出纠正意见。人民检察院认为人民法院作出的强制医疗决定或者驳回强制医疗申请的决定不当，应当在收到决定书副本后二十日以内向人民法院提出书面纠正意见。

《刑诉解释》第五百四十三条规定，人民检察院认为强制医疗决定或者解除强制医疗决定不当，在收到决定书后二十日内提出书面纠正意见的，人民法院应当另行组成合议庭审理，并在一个月内作出决定。

《高检规则》第五百五十一条规定，人民法院在审理案件过程中发现被告人符合强制医

疗条件，作出被告人不负刑事责任的判决后，拟作出强制医疗决定的，人民检察院应当在庭审中发表意见。

【本章小结】

通过本章的学习，让学生重点掌握刑事诉讼法中特别程序中的未成年刑事案件诉讼程序与刑事和解制度；了解未成年刑事案件诉讼程序的概念和特点，掌握实践中办理未成年刑事案件诉讼程序的特有原则，重点了解未成年刑事案件中的法律援助辩护、附条件不起诉和犯罪记录封存制度；掌握刑事和解制度及依法不负刑事责任的精神病人的强制医疗制度的基础概念；掌握刑事和解制度的适用条件和适用程序。掌握依法不负刑事责任的精神病人的强制医疗制度的办案流程与注意事项。

【技能训练】

模拟未成年人犯罪案件的审理

基本案情：被告人董某某、宋某某(时年17周岁)迷恋网络游戏，平时经常结伴到网吧上网，时常彻夜不归。2010年7月27日11时许，因在网吧上网的网费用完，二被告人即伙同王某(作案时未达到刑事责任年龄)到河南省平顶山市红旗街社区健身器材处，持刀对被害人张某某和王某某实施抢劫，抢走张某某5元现金及手机一部。后将所抢的手机卖掉，所得赃款用于上网。

由学生模拟法院合议庭，根据我国刑法和刑事诉讼法的相关规定，模拟未成人犯罪案件的审理，并思考：

(1)本案被告人能否适用缓刑？

(2)法院能否对被告人适用“禁止令”？

【实践活动】

模拟刑事和解协议的谈判

目的：让学生掌握刑事和解制度在实践中应当如何适用，尤其要注意刑事和解双方达成协议之前的博弈；明确公安司法机关在其中所扮演的角色。

内容：2013年12月10日1时许，被告人谭某甲驾驶普通二轮摩托车从安仁县灵官镇驶往安仁县城关镇方向，行驶到安仁县原清溪镇枫树村路段时，撞倒侯某某和被害人王某某，造成王某某受伤的交通事故。事故发生后，侯某某即拨打了120急救电话。在等急救车的过程中，被告人谭某甲预付被害人王某某医药费300元。急救车到达后，将被害人王某某及侯某某载走，被告人谭某甲亦驾驶摩托车离开现场。2014年1月17日，安仁县公安局交通警察大队作出安公交认字〔2013〕第1226号道路交通事故认定书，认定被告人谭某甲驾驶机动车行经没有交通信号的道路时，遇行人在道路上，未做到有效避让，是造成事故发生的直接原因，负本次事故的全部责任；被害人王某某无本次事故交通违法行为，不负本次事故责任。上述事实有被告人谭某甲的供述，证人证言，辨认笔录，抓获经过，户籍证明，鉴定意见，交通事故认定书等证据予以证实。

步骤：

(1)确立参加人员、分配角色；

(2)列出案件争议焦点问题；

(3)谈判完成，由老师点评。

要求：为防止庭审活动走过场，担任不同角色的同学不得事先沟通，不得背台词，各种法律文书齐备。按要求着装，注意谈判纪律，力求谈判活动接近真实。

【本章练习】

一、单项选择题

1. 甲在犯罪时不满18周岁，开庭审理时已满18周岁，法庭应当如何确定审理的形式？(　　)

A. 应当公开审理　　B. 应当不公开审理

C. 可以不公开审理　　D. 可以公开审理

2.《刑事诉讼法》规定，未成年人犯罪的案件一律或一般不公开审理。关于该规定中未成年人"年龄"的理解，下列哪一选项是正确的？(　　)

A. 张某被采取强制措施时17岁，不应当公开审理

B. 李某在审理时15岁，不应当公开审理

C. 钱某犯罪时16岁，不应当公开审理

D. 赵某被立案时18岁，不应当公开审理

3. 对于适用当事人和解的公诉案件诉讼程序而达成和解协议的案件，下列哪一做法是错误的？(　　)

A. 公安机关可以撤销案件

B. 检察院可以向法院提出从宽处罚的建议

C. 对于犯罪情节轻微，不需要判处刑罚的，检察院可以不起诉

D. 法院可以依法对被告人从宽处罚

4. 关于附条件不起诉，下列哪一说法是错误的？(　　)

A. 只适用于未成年人案件

B. 应当征得公安机关、被害人的同意

C. 未成年犯罪嫌疑人及其法定代理人对附条件起诉有异议的应当起诉

D. 有悔罪表现时，才可以附条件不起诉

二、多项选择题

1.《刑事诉讼法》规定，审判的时候被告人不满18周岁的案件，不公开审理。但是，经未成年被告人及其法定代理人同意，未成年被告人所在学校和未成年人保护组织可以派代表到场。关于该规定的理解，下列哪些说法是错误的？(　　)

A. 该规定意味着经未成年被告人及其法定代理人同意，可以公开审理

B. 未成年被告人所在学校和未成年人保护组织派代表到场是公开审理的特殊形式

C. 未成年被告人所在学校和未成年人保护组织经同意派代表到场是为了维护未成年被告人合法权益和对其进行教育

D. 未成年被告人所在学校和未成年保护组织经同意派代表到场与审判的时候被告人不满 18 周岁

2. 关于犯罪记录封存的使用条件，下列哪些选项是正确的？（　　）

A. 犯罪的时候不满 18 周岁　　B. 被判处 5 年以下有期徒刑

C. 初次犯罪　　D. 没有受过其他处罚

3. 关于审理未成年人刑事案件，下列哪些选项是正确的？（　　）

A. 不能使用简易程序

B. 在法庭上，必要时才对未成年被告人使用戒具

C. 休庭时，可以允许其法定代理人或者其他成年近亲属、教师会见未成年被告人

D. 对未成年人案件，宣告判决应当公开进行

4. 检察院在审查起诉未成年人刑事案件时，应当进行下列哪些活动？（　　）

A. 应当听取辩护人的意见

B. 应当听取未成年被害人的意见

C. 应当听取未成年被害人的法定代理人的意见

D. 在押的未成年犯罪嫌疑人有认罪、悔罪表现的，检查人员可以安排其与法定代理人、近亲属等会见、通话

5. 检察机关对未成年人童某涉嫌犯罪的案件进行审查后决定附条件不起诉。在考验期间，下列哪些情况下可以对童某撤销不起诉的决定、提起公诉？（　　）

A. 根据新的证据确认童某更改过年龄，在实施涉嫌犯罪行为时已满十八周岁的

B. 发现决定附条件不起诉以前还有其他犯罪需要追诉的

C. 违反考察机关有关附条件不起诉的监管规定，情节严重的

D. 违反治安管理规定，情节严重的

6. 根据《人民检察院办理未成年人刑事案件的规定》，对于检察院审查批准逮捕未成年犯罪嫌疑人，下列哪些做法是正确的？（　　）

A. 讯问未成年犯罪嫌疑人，应当通知法定代理人到场

B. 讯问女性未成年犯罪嫌疑人，应当有女检察人员参加

C. 讯问未成年犯罪嫌疑人一般不得使用戒具

D. 对难以判断犯罪嫌疑人实际年龄，影响案件认定的，应当作出不批准逮捕的决定

7. 对于犯罪情节轻微，且具有规定情形，依照《刑法》不需要判处刑罚或者免除刑罚的未成年犯罪嫌疑人，一般应当依法作出不起诉的决定。下列哪些情形适用该规定？（　　）

A. 被胁迫参加犯罪的　　B. 是又聋又哑的人的

C. 因紧急避险过当构造犯罪的　　D. 有自首或者重大立功表现的

8. 犯罪嫌疑人甲系不满 18 周岁的未成年人，在侦查阶段，依法享有下列哪些诉讼权利？（　　）

A. 在讯问时，侦查机关应当通知其法定代理人到场

B. 在讯问时，侦查机关可以通知其法定代理人到场

C. 被第一次讯问后，甲可以聘请辩护律师提供法律援助

D. 被第一次讯问后，甲的近亲属可以为其聘请律师

9. 关于可以适用当事人和解的公诉案件诉讼程序的案件范围，下列哪些选项是正确的？（　）

A. 交通肇事罪　　B. 暴力干涉婚姻自由罪

C. 过失致人死亡罪　　D. 刑讯逼供罪

10. 李某因琐事将邻居王某打成轻伤。案发后，李家积极赔偿，赔礼道歉，得到王家谅解。如检察院根据双方和解对李某作出不起诉决定，需要同时具备下列哪些条件？（　）

A. 双方和解具有自愿性、合法性

B. 李某实施伤害的犯罪情节轻微，不需要判处刑罚

C. 李某五年以内未曾故意犯罪

D. 公安机关向检察院提出从宽处理的建议

11. 犯罪嫌疑人刘某涉嫌故意杀人被公安机关立案侦查。在侦查过程中，侦查人员发现刘某行为异常。经鉴定，刘某属于依法不负刑事责任的精神病人，需要对其实施强制医疗。

(1)关于有权启动强制医疗程序的主体，下列选项正确的是（　）。

A. 公安机关　　B. 检察院

C. 法院　　D. 刘某的监护人、法定代理人以及受害人

(2)法院审理刘某强制医疗一案，下列做法不符合法律规定的是（　）。

A. 由审判员和人民陪审员共3人组成合议庭

B. 鉴于刘某自愿放弃委托诉讼代理人，法院只通知了刘某的法定代理人到场

C. 法院认为刘某符合强制医疗的条件，依法对刘某作出强制医疗的裁定

D. 本案受害人不服法院对刘某强制医疗裁定，可申请检察院依法提起抗诉

三、案例分析题

艾某某家庭生活困难。案发前艾某某曾数次出现幻视、幻听等精神恍惚症状，感觉很多陌生人骂她、打她，并告诉她家里的人和她都得死。案发当日，艾某某病情发作，劝说丈夫和两个儿子与其一起自杀，未果。下午2时许，艾某某趁丈夫下楼之际，在出租房内用双手将次子李某掐昏迷后又用床单勒其脖子，致李某机械性窒息，经抢救无效于当日死亡。作案后，艾某某用菜刀割伤自己的左腕部，后被及时救治。经沈阳市精神卫生中心鉴定，艾某某是重度抑郁症发作，伴精神病性症状，仍处于发病期，有继续危害社会的可能，需要继续临床治疗。

问题：根据上述介绍的案情，分析强制医疗程序的适用条件。

部分习题参考答案

【第一章】

案例分析题

答案略。

【第二章】

一、不定项选择题

1. ABC　2. BC　3. ACD　4. ABD　5. C　6. A　7. B　8. B　9. C　10. ABC

二、案例分析题

答：本案程序上存在着如下错误：

(1)人民法院不接受群众的扭送的做法是错误的。根据我国《刑事诉讼法》第八十四条第三款的规定：公安机关、人民检察院或者人民法院对于报案、控告、举报都应当接受。对于不属于自己管辖的，应当移送主管机关处理，并且通知报案人、控告人、举报人；对于不属于自己管辖而又必须采取紧急措施的，应当先采取紧急措施，然后移送主管机关。

(2)公安局直接拘留崔某不当。根据《刑事诉讼法》第六十四条第一款的规定，公安机关拘留人的时候，必须出示拘留证。

(3)公安局于5月16日向检察机关提请批准逮捕不当，根据《刑事诉讼法》第六十九条第一款的规定，公安机关对被拘留的人，认为需要逮捕的，应当在拘留后的三日以内，提请人民检察院审查批准。在特殊情况下，提请审查批准的时间可以延长一日至四日。

(4)公安局在检察机关不批准逮捕的情况下不释放崔某不当。根据《刑事诉讼法》第六十九条第三款的规定，人民检察院应当在接到公安机关提请批准逮捕书后的七日以内，作出批准逮捕或者不批准逮捕的决定。人民检察院不批准逮捕的，公安机关应当在接到通知后立即释放，并且将执行情况及时通知人民检察院。对于需要继续侦查，并且符合取保候审、监视居住条件的，依法取保候审或者监视居住。

(5)上一级检察机关经过复核，作出不批准逮捕的决定不当。根据《刑事诉讼法》第七十条的规定，公安机关对人民检察院不批准逮捕的决定，认为有错误的时候，可以要求复议，但是必须将被拘留的人立即释放。如果意见不被接受，可以向上一级人民检察院提请复核。上级人民检察院应当立即复核，作出是否变更的决定，通知下级人民检察院和公安机关执行。

(6)人民法院派法警逮捕崔某的做法不当，而是应当由公安机关执行逮捕决定。根据《刑事诉讼法》第五十九条的规定，逮捕犯罪嫌疑人、被告人，必须经过人民检察院批准或决定，由公安机关执行。

【第三章】

案例分析题

1. 答：

本案例中四名被告人主体适格，均有非法占有他人财物的目的，四名被告人的行为在客体上均侵害了公司财产所有权，而在主观上的故意既有盗窃的故意又有诈骗的故意客观行为也是骗中有窃、窃中有骗。但四名被告人骗的行为均非直接非法获取被害人财产的行为，而调换红包的行为则是直接非法获取被害人财物的核心行为，可以说骗是造势，而窃是关键。而秘密调换红包的行为属于是一种窃取行为，所以应当定性为盗窃罪。

2. 答：

(1)从主体方面看，被告人高某国属于公司工作人员，且具备完全的刑事责任能力，符合了职务侵占罪的主体要件。

(2)从客观方面看，被告人高某国实施了利用职务上的便利，伙同他人共同将公司财物非法占为己有的职务侵占行为，符合职务侵占罪的客观要件。

(3)从主观方面看，被告人高某国具有非法占有的目的，是直接故意，符合职务侵占罪的主观要件。

(4)从客体方面看，被告人高某国非法占有的是本公司的财物，侵犯了公司的财产所有权和正常的管理运作秩序，符合了职务侵占罪的客体要件。

【第四章】

一、不定项选择题

1. AD　2. A　3. ABC　4. D　5. BCD　6. B　7. ABD　8. ABD　9. AB　10. ABCD

二、案例分析题

答：

甲某行为存在如下错误：

(1)刑事案件应以律师事务所名义签订书面合同。

(2)收费后应当委托人开具正规发票。

(3)使用私刻公章应开具介绍信。

(4)卷宗应该保密，而不应复印泄露给家属。

【第五章】

一、不定项选择题

1. C　2. AB　3. BC　4. C　5. ABD　6. CD　7. ACD　8. B　9. AC　10. ABC

二、案例分析题

答：

(1)第二审人民法院应当在二审判决中一并改判。

(2)第二审人民法院应当对民事部分按审判监督程序予以纠正。

(3)第二审人民法院应当对刑事部分按照审判监督程序进行再审，并将附带民事诉讼部分与刑事部分一并审理。

(4)第二审人民法院可以根据当事人自愿的原则就新增加的诉讼请求或者反诉进行调解，调解不成的，告知当事人另行起诉。

(5)人民法院经审查认为不符合提起附带民事诉讼条件规定的，应当裁定驳回起诉。

(6)①调解应当在自愿合法的基础上进行，经调解达成协议的，审判人员应当及时制作调解书，调解书经双方当事人签收后即发生法律效力。②调解达成协议并当庭执行完毕的，可以不制作调解书，但应记入笔录，经双方当事人、审判人员、书记员签名或盖章即发生法律效力。③经调解无法达成协议或者调解书签收前当事人反悔的，附带民事诉讼应当同刑事诉讼一并判决。

【第六章】

一、不定项选择题

1. ABCD　2. B　3. C　4. ABCD　5. D　6. AB　7. ABC　8. A　9. ABCD　10. ABCD

二、案例分析题

答：

(1)对于李某由于在假释考验期内犯新罪，需要撤销假释。

(2)对于李某假释考验期内的盗窃行为应该做如下处理：对新犯的罪作出判决，依据刑法“先减后并”的规定进行并罚处理。

(3)李某的故意伤害行为发生在假释期满后5年内，应依照累犯规定从重处罚。

【第七章】

一、单项选择题

1. A　2. B　3. A　4. B

二、多项选择题

1. AB　2. AB　3. CD　4. ABCD　5. ABCD　6. ABCD　7. ABCD　8. ACD　9. AC　10. ABC　11. (1)BC　(2)BCD

三、案例分析题

答：

对行为人进行强制医疗有三个条件：一是行为人实施了暴力行为，危害了公共安全或者严重危害公民人身安全，且该行为的社会危害性已经达到犯罪程度；二是行为人经法定程序鉴定为依法不负刑事责任的精神病人；三是如不对行为人进行强制医疗，其还有继续危害社会的可能。三者缺一不可。

参考文献

References

[1] 陈光中. 刑事诉讼法[M]. 4 版. 北京:北京大学出版社,2012.

[2] 陈卫东. 刑事诉讼法理解与适用[M]. 北京:人民出版社,2012.

[3] 陈兴良. 刑法的价值构造[M]. 2 版. 北京:中国人民大学,2006.

[4] 程荣斌,陶杨. 刑事诉讼法练习题集[M]. 北京:中国人民大学出版社,2013.

[5] 杜福磊,赵朝琴. 法律文书写作[M]. 北京:高等教育出版社,2006.

[6] 樊崇义. 刑事诉讼法学[M]. 北京:法律出版社,2013.

[7] 樊崇义. 刑事诉讼法学[M]. 2 版. 北京:法律出版社,2009.

[8] Gisli H Gubjonsson . 审讯和供述心理学手册[M]. 乐国安,李安,等,译. 北京:中国轻工业出版社,2008.

[9] 高莹. 社区矫正工作手册[M]. 北京:法律出版社,2015.

[10] 韩玉胜,绍彦. 刑事执行[M]. 北京:中国人民大学出版社,2007.

[11] 黄永维. 中国减刑、假释制度的改革与发展[M]. 北京:法律出版社,2012.

[12] 季宗棠. 审讯侦查理论与实践[M]. 北京:中国人民公安大学出版社,2001.

[13] 李怀胜. 社区矫正工作实操指引[M]. 北京:中国法制出版社,2012.

[14] 梅因. 古代法[M]. 沈景一,译. 北京:商务印书馆,1996.

[15] 潘庆云. 法律文书[M]. 北京:中国政法大学出版社,2002.

[16] 庞德. 通过法律的社会控制[M]. 沈宗灵,等,译. 北京:商务印书馆,1984.

[17] 钱列阳,娄秋琴. 刑事诉讼律师基础实务[M]. 北京:中国人民大学出版社,2014.

[18] 任惠华,赵东平. 刑事犯罪侦查实务教程[M]. 北京:中国人民大学出版社,2013.

[19] 邵俊武. 法学教学方法论要[J]. 法学评论,2000(6).

[20] 万毅,林喜芬. 刑事诉讼法[M]. 北京:清华大学出版社,2010.

[21] 王爱民. 试论法律人才的培养与法学教学方法的革新[J]. 社会科学家,2005(6).

[22] 王传道. 刑事侦查学[M]. 北京:中国政法大学出版社,2013.

[23] 王明星. 刑法谦抑精神研究[M]. 北京:中国人民公安大学出版社, 2005.

[24] 谢雄伟,陈斌.刑事法律实务实验教程[M].北京:经济科学出版社,2010.
[25] 邢曼媛.案例在法学教学中的运用[J].山西高等学校社会科学学报,2000(12).
[26] 熊红文.公诉实战技巧[M].北京:中国检察出版社,2007.
[27] 徐静村.刑事诉讼法学[M]. 北京:法律出版社,2012.
[28] 徐宗新.刑事辩护实务操作技能与执业风险防范[M]. 北京:法律出版社,2012.
[29] 杨宗辉.刑事案件侦查实务[M].北京:中国检察出版社,2011.
[30] 尹丽华,严本道.刑事诉讼法学实验教程[M]. 北京:北京大学出版社,2007.
[31] 约翰·罗尔斯.正义论[M].何怀宏,何包钢,廖申白,等,译.北京:中国社会科学出版社,2009.
[32] 张明楷.论刑法的谦抑性[J].法商研究,1995(4).
[33] 中国人民大学律师学院.刑事辩护律师事务[M].北京:法律出版社 ,2014.
[34] 中华全国律师协会.律师执业基本技能[M].北京:北京大学出版社,2009.

后记

Postcript

经过编写团队各位作者的努力,《刑事法律实务》一书终于成稿了。该书的构思起源于本人的切身工作体会。由于本人自工作以来一直保留有双重身份:一方面在高等院校开展刑事法学理论的教学、科研工作;另一方面以兼职律师身份在律师事务所承办案件。在对这两种工作经历的反思、总结过程中,本人深深感到如果学生在校期间即便完成了"刑法"、"刑事诉讼法"课程的学习,其实并未具备能够处理刑事法律实务问题的基本综合技能,因此希望能够撰写一本打破传统架构,以融合《刑法》、《刑事诉讼法》知识,以培养应用型刑事法律实务人才为导向的实务教材。本人的构思得到了广州大学松田学院法律系谈萧主任的首肯并把本书纳入到其作为总主编的"全国高等学校应用型法学人才培养系列规划精品教材"。其后,广东财经大学的谢雄伟副教授在了解了我的想法后表示赞同,并愿意担任本书的主编,帮助我组建了编写团队。由于本书的体例较为新颖,与市面上一般的教科书有较为明显的区别,因此在接受了出版社约稿的要求后,我和谢雄伟主编在框架构建的过程中,一次又一次地提出意见,又一次一次地否决自己的意见,经过大半年时间的讨论,最终在 2014 年的 7 月形成了现有的框架。由于交稿的时间临近,编写小组的所有成员都是在超负荷工作的状态下撰写书稿的,虽然本书的编写者有部分曾经参与过广东财经大学以及广州大学松田学院法政系的刑事法律实务课程的授课工作,有前期的讲稿作为基础,但为了编撰本书,又重新选定了大量新的案例及依据刑事司法实务教学的需要增添了新的素材。由于全面开始撰写本书的时间为 2014 年的下半年,正值参与本书写作的司法实务工作者工作任务最重的时期,因此,大家基本上白天要在单位完成所在岗位的工作,下班后牺牲自己业余休息的时间埋头写作。特别值得一提的是,在本书写作的过程中,本书的主编谢雄伟副教授及朱文彬检察官家中顺利添丁,他们一方面要完成单位的本职工作,另一方面要承担起父亲的责任,在此情况下,仍能顺利完成稿件的写作,毫无疑问,这是向自己极限挑战后获得的胜利。本人衷心希望本书能够给予正在或者即将要开展刑事法律实务教学的院校借鉴的作用,也希望能够给予那些正在从事刑事法律实务工作的同行一定的启发。

最后,本人特别感谢本系列丛书总主编谈萧教授、我的授业恩师华南理工大学法学院博

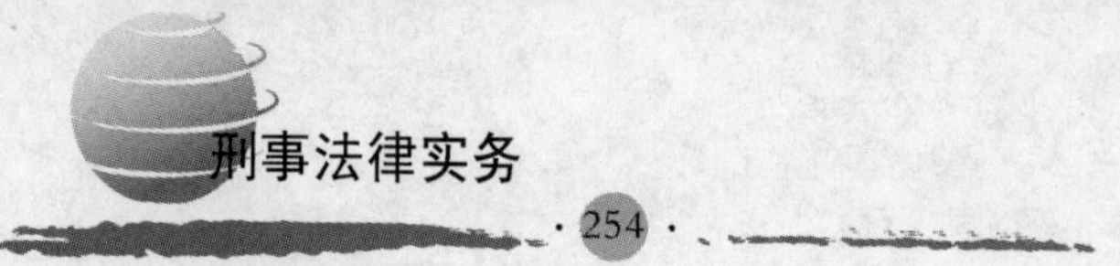

士生导师胡学相教授，感谢出版社领导和周小方编辑的关爱和支持。另外还要向支持本书编写的佛山市中级人民法院、广州市海珠区法院、增城市人民检察院、增城市司法局的相关领导致以最诚挚的敬意，正是你们的支持，才使得本书最终顺利编写完成，使本书的所有编写者能够为我们这个伟大时代的法治教育贡献出自己的一份力量。

方　元
2015 年 5 月 7 日
谨识于广州番禺祈福湖畔

教学支持说明

“全国高等学校应用型法学人才培养系列规划精品教材”系华中科技大学出版社“十二五”规划重点教材。

为了改善教学效果，提高教材的使用效率，满足高校授课教师的教学需求，本套教材备有与纸质教材配套的教学课件(PPT 电子教案)。

为保证本教学课件及相关教学资料仅为教材使用者所得，我们将向使用本套教材的高校授课教师和学生免费赠送教学课件或者相关教学资料，烦请授课教师和学生通过电话、邮件或加入法学图书出版新视野 QQ 群等方式与我们联系，获取“教学课件资源申请表”文档并认真准确填写后发给我们，我们的联系方式说明如下：

地址：湖北省武汉市珞喻路 1037 号华中科技大学出版社有限责任公司营销中心

邮编：430074

电话：027-81321902

传真：027-81321917

E-mail：yingxiaoke2007@163. com

法学图书出版新视野 QQ 群号：368646121

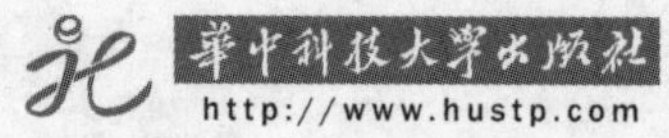

教学课件资源申请表

填表时间：________年____月____日

<table>
<tr><td colspan="8">1. 以下内容请教师按实际情况写，★为必填项。
2. 学生根据个人情况如实填写，相关内容可以酌情调整提交。</td></tr>
<tr><td rowspan="2">★姓名</td><td rowspan="2"></td><td rowspan="2">★性别</td><td rowspan="2">□男 □女</td><td rowspan="2">出生
年月</td><td rowspan="2"></td><td>★ 职务</td><td></td></tr>
<tr><td>★ 职称</td><td>□教授 □副教授
□讲师 □助教</td></tr>
<tr><td>★学校</td><td colspan="3"></td><td>★院/系</td><td colspan="3"></td></tr>
<tr><td>★教研室</td><td colspan="3"></td><td>★专业</td><td colspan="3"></td></tr>
<tr><td>★办公电话</td><td></td><td>家庭电话</td><td colspan="2"></td><td>★移动电话</td><td colspan="2"></td></tr>
<tr><td>★E-mail
(请清晰填写)</td><td colspan="4"></td><td>★QQ 号/微信号</td><td colspan="2"></td></tr>
<tr><td>★联系地址</td><td colspan="4"></td><td>★邮编</td><td colspan="2"></td></tr>
<tr><td colspan="2">★现在主授课程情况</td><td>学生人数</td><td>教材所属出版社</td><td colspan="4">教材满意度</td></tr>
<tr><td>课程一</td><td></td><td></td><td></td><td colspan="4">□满意 □一般 □不满意</td></tr>
<tr><td>课程二</td><td></td><td></td><td></td><td colspan="4">□满意 □一般 □不满意</td></tr>
<tr><td>课程三</td><td></td><td></td><td></td><td colspan="4">□满意 □一般 □不满意</td></tr>
<tr><td>其　他</td><td></td><td></td><td></td><td colspan="4">□满意 □一般 □不满意</td></tr>
<tr><td colspan="8">教 材 出 版 信 息</td></tr>
<tr><td>方向一</td><td></td><td colspan="6">□准备写 □写作中 □已成稿 □已出版待修订 □有讲义</td></tr>
<tr><td>方向二</td><td></td><td colspan="6">□准备写 □写作中 □已成稿 □已出版待修订 □有讲义</td></tr>
<tr><td>方向三</td><td></td><td colspan="6">□准备写 □写作中 □已成稿 □已出版待修订 □有讲义</td></tr>
<tr><td colspan="8">请教师认真填写表格下列内容，提供索取课件配套教材的相关信息，我社根据每位教师/学生填表信息的完整性、授课情况与索取课件的相关性，以及教材使用的情况赠送教材的配套课件及相关教学资源。</td></tr>
<tr><td>ISBN(书号)</td><td colspan="2">书名</td><td>作者</td><td colspan="2">索取课件简要说明</td><td colspan="2">学生人数
(如选作教材)</td></tr>
<tr><td></td><td colspan="2"></td><td></td><td colspan="2">□教学 □参考</td><td colspan="2"></td></tr>
<tr><td></td><td colspan="2"></td><td></td><td colspan="2">□教学 □参考</td><td colspan="2"></td></tr>
<tr><td colspan="8">★您对与课件配套的纸质教材的意见和建议，希望提供哪些配套教学资源：</td></tr>
</table>